10년 후 부자되는
**반값 농지경매**

10년 후 부자되는
**반값** 농지경매

초판 1쇄  2014년 4월 18일
　　5쇄  2019년 5월 17일

지은이 이기연 , 최광묵
펴낸이 설웅도　편집주간 안은주
영업책임 민경업

펴낸곳 맛있는책

출판등록 2006년 10월 4일(제25100-2009-000049호)
주소 서울시 강남구 테헤란로 78 길 14-12( 대치동 ) 동영빌딩 4 층
전화 02-466-1283　팩스 02-466-1301

문의(e-mail)
편집 editor@eyeofra.co.kr
마케팅 marketing@eyeofra.co.kr
경영지원 management@eyeofra.co.kr

ISBN : 978-89-93174-52-6 13320

# 10년 후 부자되는 반값 농지경매

이기연 · 최광묵 공저

796전

산4-1임

798-1전

798-3전

산5-1○

798-7전

798-4전

계획 관리지역
798-5전

224전

산○

산4-7임

산7-1임

798-6전

산4-8임

맛있는책

산4-2임

산4-10임

산6임

로3류(폭12m~15m)

산7임

38-9임

222전

## 이기연

### 현 법무법인 해냄 변호사

경희대학교 법학과와 원광대학교 법학전문대학원을 졸업하고 제1회 변호사시험에 합격하였다. 법무법인 명덕에 입사하여 구성원 변호사로 재직하던 중 (주)대보산업기획 고문 변호사로 위촉되어 경기도 화성지역 팔탄, 북양, 양감 등의 산업단지 인허가 업무를 수행하였다. 그 외에 R&D 캠퍼스 조성에 관한 자문, 토지 지목변경 용역, 공장설립에 관한 법률자문 등을 수행하며, 부동산 개발행위에 관한 경력을 쌓아왔다. 현재는 법무법인 해냄에 재직 중이며 행정 인허가 업무에 중점을 두고 정진하고 있다.

e-mail leekiyn82@gmail.com

## 최광묵

### 현 법무법인 해냄 사업승인 인허가팀 팀장

경희대학교 법학과를 졸업하였다. (주)대보산업기획 산업단지 인허가부서의 과장으로 근무하면서 인허가업무의 흐름을 배웠다. 이후 '지목114'에서 농지컨설팅 팀장으로 근무하면서 많은 컨설팅을 수행하며 실전경험을 쌓았다. 현재 법무법인 해냄에서 사업승인 인허가팀 팀장으로 근무하면서, 대중이 농지에 쉽게 접근할 수 있는 방안을 연구 중이며 부동산과 관련한 다양한 상담활동도 활발히 펼치고 있다. 개별 토지의 장단점을 날카로운 분석력으로 해부해 토지투자 및 개발 전문가로 거듭나고 있다.

e-mail developerkm@naver.com

# 이제 진짜 부자가 될 수 있는
# 기회는 농지경매에 있다!

오늘날 부동산의 가치는 경제 및 사회생활과 함께 많은 변화가 있었고, 앞으로도 그러할 것으로 보입니다. 요즘과 같은 사회의 변화기에 부동산 관련 법안이나 판례들이 눈만 뜨면 제정·개정되어 쏟아져 나오고 있는 실정입니다.

그간 투자대상으로 한정지어졌던 부동산들에 대한 투자를 답습하는 경우에 득보다 실이 많은 오늘날의 어려운 경기 속에서 갈팡질팡하는 의뢰인들의 모습을 보면서, 저희는 부동산전문가들뿐만 아니라, 일반인들도 쉽게 접근할 수 있는 농지 및 경매, 개발행위에 관한 책의 필요성을 절실히 느끼게 되었습니다. 한마디로, 이 책은 돈이 되는 농지를 알아보고 선별할 수 있는 안목과 농지에 대한 이해를 바탕으로 새로운 수익을 가져다줄 것입니다. 무엇보다 '농지'에 대한 생소함을 덜고 누구나 쉽게 읽고 이해할 수 있도록 특히 다음과 같은 부분에 있어서 중점을 두려고 노력하였습니다.

첫째, 살아있는 책, 오늘의 현실을 반영하고 생동감 있는 책이 되도록 하는데 역점을 두었습니다. 부동산 관련 서적들이 넘쳐나고 있지만 농지와 관련한 책, 나아가 "농지"와 "경매"까지 아우르는 책은 전무한 상황입니다. 또한 부동산에 관한 평범한 지식을 구하기 위해 책을 구입하는 독자는 거의 없다고 봐야 할 것이기에, 이 책을 통해 독자들이 다른 책에는 없는 농지에 관한 비밀병기를 얻을 수 있도록 'PART 1 농지의 정복'에서는 제대로 된 지식을 쌓고 적합한 활용이 가능하도록 내용을 구성하였습니다.

둘째, 농지와 경매에 대한 전반적인 문제를 이 한 권의 책으로 해결하고자 역점을 두었습니다. 저자들의 과욕인지는 모르겠지만, 이 한 권의 책을 통해 농지라는 특수한 분야의 부동산을 공부함과 동시에 가장 보편적인 부동산 투자기법인 경매에 관해서도 이해가 가능할 수 있도록, 'PART 2 농지의 경매'에서는 기본적인 경매용어와 절차, 일반인들이 어렵게 느낄 수 있는 법정지상권과 유치권 및 분묘기지권에 대한 정확한 지식을 쉽게 전달하도록 내용을 구성하였습니다.

셋째, 사례별 토지이용계획확인원을 통한 설명 및 챕터chapter별 질의응답을 구성하여 독자들의 실전능력 배양과 내용별 궁금증을 최소화하고자 하였습니다. 저희는 단순한 지식의 나열을 지양하는 데 중점을 두고 이 책을 저술하였습니다. 책 전반에 걸쳐 독자들이 일선에서 만날 수 있는 사례에 대하여 토지이용계획확인원을 이용한 설명을 들어 그 내용을 이해하기 쉽게 하였습니다. 특히 'PART 1 농지의 정복'에서는 각 챕터마다 질의응답 란을 통해 독자들에게 발생할 수 있는 궁금증을 바로 해소할 수 있도록 내용을 구성하였습니다.

이 책의 출간에 즈음하여 감사의 말씀을 드려야 할 분들이 많습니다. 이 책이 세상에 나오기까지 두 저자들에게 기획부터 내용과 구성에 관한 지도를 아끼지 않으신 전종철 교수님, 편안한 집필활동을 배려해주신 법무법인 해냄의 황도수 변호사님, 유주상 변호사님, 김형선 변호사님, 백갑선 변호사님, 오치석 변호사님, 이경희 미국변호사님과 직원여러분께 가슴 깊이 감사를 드립니다. 산업단지 인허가업무의 기회를 주신 법무법인 명덕의 손우태 대표변호사님과 한국토지공법학회의 석종현 단국대 명예교수님, ㈜대보산업기획의 박교식 대표이사님께도 감사드리며, 부동산포럼 '부동산특별시'의 이재문 대표님과 가족분들께도 이 자리를 빌어 감사의 마음을 전합니다. 그리고 모교 은사님이신 경희대 윤명선 명예교수님! 교수님께 배울 수 있어 더 없는 기쁨이었습니다. 모쪼록 건강하시길 바랍니다.

끝으로, 좋은 책이 나올 수 있도록 기꺼이 출판을 해주신 맛있는책의 설응도 대표님과 편집부에도 감사의 말씀을 드립니다. 무엇보다도, 독자분들께 행운이 함께 하시길 기원하며, 이 책이 조그마한 도움이라도 되었으면 하는 간절한 마음을 전합니다.

2014년 4월
이기연, 최광묵 드림

# 차/례

# PART 1
# 농지의 정복

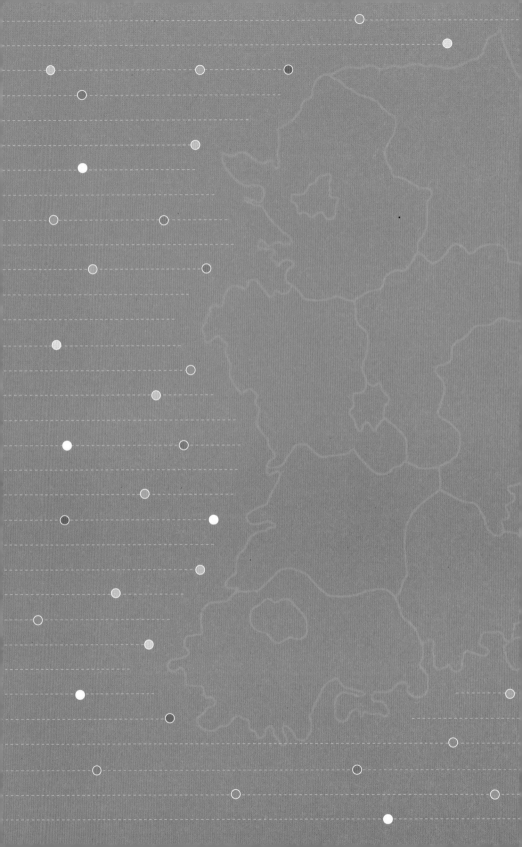

# CHAPTER 1

# 농지란 무엇인가?

## 토지의 지목

### 지목의 정의 및 표기

농지법에서는 '지목'을 중심으로 농지를 정의하고 있다. 따라서 농지를 이해하기 위해서는 먼저 지목에 대한 이해가 선행되어야 한다.

　지목은 토지의 주된 용도에 따라 토지의 종류를 구분하여 지적공부에 등록한 것을 말한다. 「측량·수로조사 및 지적에 관한 법률」(이하 '지적법') 에 따라 지목은 28가지로 구분한다. 28가지의 지목을 대장(토지대장, 임야대장)과 토지이용계획확인서에 표기할 때는 정식명칭을 사용하고, 도면(지적도, 임야도)에 등록할 때는 부호로 표기한다. 부호로 표기할 때는 공장용지, 주차장, 하천, 유원지를 제외한 나머지 지목은 첫 글자로 줄여서 표기한다.

## 🔻 28가지 지목의 표기

| 지목 | 부호 | 지목 | 부호 |
|------|------|------|------|
| 전 | 전 | 철도용지 | 철 |
| 답 | 답 | 제방 | 제 |
| 과수원 | 과 | 하천 | 천 |
| 목장용지 | 목 | 구거 | 구 |
| 임야 | 임 | 유지 | 유 |
| 광천지 | 광 | 양어장 | 양 |
| 염전 | 염 | 수도용지 | 수 |
| 대 | 대 | 공원 | 공 |
| 공장용지 | 장 | 체육용지 | 체 |
| 학교용지 | 학 | 유원지 | 원 |
| 주차장 | 차 | 종교용지 | 종 |
| 주유소용지 | 주 | 사적지 | 사 |
| 창고용지 | 창 | 묘지 | 묘 |
| 도로 | 도 | 잡종지 | 잡 |

## 지목의 종류

### 전 전

물을 상시적으로 이용하지 않고 곡물 · 원예작물(과수류는 제외한다) · 약초 · 뽕나무 · 닥나무 · 묘목 · 관상수 등의 식물을 주로 재배하는 토지와 식용으로 죽순을 재배하는 토지를 말한다.

### 답 답

물을 상시적으로 직접 이용하여 벼 · 연 · 미나리 · 왕골 등의 식물을 주로 재배하는 토지를 말한다.

## 과수원 과

사과 · 배 · 밤 · 호두 · 귤나무 등 과수류를 집단적으로 재배하는 토지와 이에 접속된 저장고 등 부속시설물의 부지를 말한다. 다만, 주거용 건축물의 부지는 "대"로 한다.

## 목장용지 목

다음 각 목의 토지를 말한다. 다만, 주거용 건축물의 부지는 "대"로 한다.
  가. 축산업 및 낙농업을 하기 위하여 초지를 조성한 토지
  나. 축산법에 따른 가축을 사육하는 축사 등의 부지
  다. 가목 및 나목의 토지와 접속된 부속시설물의 부지

## 임야 임

산림 및 원야를 이루고 있는 수림지 · 죽림지 · 암석지 · 자갈땅 · 모래땅 · 습지 · 황무지 등의 토지를 말한다.

## 광천지 광

지하에서 온수 · 약수 · 석유류 등이 용출되는 용출구와 그 유지에 사용되는 부지를 말한다. 다만, 온수 · 약수 · 석유류 등을 일정한 장소로 운송하는 송수관 · 송유관 및 저장시설의 부지는 제외한다.

## 염전 염

바닷물을 끌어들여 소금을 채취하기 위하여 조성된 토지와 이에 접속된 제염장 등 부속시설물의 부지를 말한다. 다만, 천일제염 방식으로 하지

아니하고 동력으로 바닷물을 끌어들여 소금을 제조하는 공장시설물의 부지는 제외한다.

## 대 대

다음 각 목의 토지는 대지로 한다.

가. 영구적 건축물 중 주거 · 사무실 · 점포와 박물관 · 극장 · 미술관 등 문화시설과 이에 접속된정원 및 부속시설물의 부지

나. 국토의 계획 및 이용에 관한 법률(이하 '국토계획법') 등 관계 법령에 따른 택지조성공사가 준공된 토지

## 공장용지 장

다음 각 목의 토지는 공장용지로 한다.

가. 제조업을 하고 있는 공장시설물의 부지

나. 산업집적활성화 및 공장설립에 관한 법률(이하 '산집법') 등 관계 법령에 따른 공장부지 조성공사가 준공된 토지다. 가목 및 나목의 토지와 같은 구역에 있는 의료시설 등 부속시설물의 부지

## 학교용지 학

학교의 교사와 이에 접속된 체육장 등 부속시설물의 부지를 말한다.

## 주차장 차

자동차 등의 주차에 필요한 독립적인 시설을 갖춘 부지와 주차전용 건축물 및 이에 접속된 부속시설물의 부지를 말한다. 다만, 다음 각 목의 어느

하나에 해당하는 시설의 부지는 제외한다.

　가. 주차장법에 따른 노상주차장 및 부설주차장(시설물의 부지 인근에 설치

　　된 부설주차장은 제외한다)

　나. 자동차 등의 판매 목적으로 설치된 물류장 및 야외전시장

## 주유소용지 주

다음 각 목의 토지를 말한다. 다만, 자동차 · 선박 · 기차 등의 제작 또는
정비공장 안에 설치된 급유 · 송유시설 등의 부지는 제외한다.

　가. 석유 · 석유제품 또는 액화석유가스 등의 판매를 위하여 일정한 설

　　비를 갖춘 시설물의 부지

　나. 저유소 및 원유저장소의 부지와 이에 접속된 부속시설물의 부지

## 창고용지 창

물건 등을 보관하거나 저장하기 위하여 독립적으로 설치된 보관시설물의
부지와 이에 접속된 부속시설물의 부지를 말한다.

## 도로 도

다음 각 목의 토지를 말한다. 다만, 아파트 · 공장 등 단일 용도의 일정한
단지 안에 설치된 통로 등은 제외한다.

　가. 일반 공중의 교통 운수를 위하여 보행이나 차량운행에 필요한 일정

　　한 설비 또는 형태를 갖추어 이용되는 토지

　나. 도로법 등 관계 법령에 따라 도로로 개설된 토지

　다. 고속도로의 휴게소 부지

라. 2필지 이상에 진입하는 통로로 이용되는 토지

## 철도용지 철

교통 운수를 위하여 일정한 궤도 등의 설비와 형태를 갖추어 이용되는 토지와 이에 접속된 역사 · 차고 · 발전시설 및 공작창 등 부속시설물의 부지를 말한다.

## 제방 제

조수 · 자연유수 · 모래 · 바람 등을 막기 위하여 설치된 방조제 · 방수제 · 방사제 · 방파제 등의 부지를 말한다.

## 하천 천

자연의 유수가 있거나 있을 것으로 예상되는 토지를 말한다.

## 구거 구

용수 또는 배수를 위하여 일정한 형태를 갖춘 인공적인 수로 · 둑 및 그 부속시설물의 부지와 자연의 유수가 있거나 있을 것으로 예상되는 소규모 수로부지를 말한다.

## 유지 유

물이 고이거나 상시적으로 물을 저장하고 있는 댐 · 저수지 · 소류지 · 호수 · 연못 등의 토지와 연 · 왕골 등이 자생하는 배수가 잘 되지 아니하는 토지를 말한다.

## 양어장 양

육상에 인공으로 조성된 수산생물의 번식 또는 양식을 위한 시설을 갖춘 부지와 이에 접속된 부속시설물의 부지를 말한다.

## 수도용지 수

물을 정수하여 공급하기 위한 취수 · 저수 · 도수 · 정수 · 송수 및 배수 시설의 부지 및 이에 접속된 부속시설물의 부지를 말한다.

## 공원 공

일반 공중의 보건 · 휴양 및 정서생활에 이용하기 위한 시설을 갖춘 토지로서 국토계획법에 따라 공원 또는 녹지로 결정 · 고시된 토지를 말한다.

## 체육용지 체

국민의 건강증진 등을 위한 체육활동에 적합한 시설과 형태를 갖춘 종합운동장 · 실내체육관 · 야구장 · 골프장 · 스키장 · 승마장 · 경륜장 등 체육시설의 토지와 이에 접속된 부속시설물의 부지를 말한다. 다만, 체육시설로서의 영속성과 독립성이 미흡한 정구장 · 골프연습장 · 실내수영장 및 체육도장, 유수를 이용한 요트장 및 카누장, 산림 안의 야영장 등의 토지는 제외한다.

## 유원지 원

일반 공중의 위락 · 휴양 등에 적합한 시설물을 종합적으로 갖춘 수영장 · 유선장 · 낚시터 · 어린이놀이터 · 동물원 · 식물원 · 민속촌 · 경마장 등의 토지와 이에 접속된 부속시설물의 부지를 말한다. 다만, 이들 시설과의 거리 등으로 보아 독립적인 것으로 인정되는 숙식시설 및 유기장의 부지와 하천 · 구거 또는 유지(공유인 것으로 한정한다)로 분류되는 것은 제외한다.

## 종교용지 종

일반 공중의 종교의식을 위하여 예배 · 법요 · 설교 · 제사 등을 하기 위한 교회 · 사찰 · 향교 등 건축물의 부지와 이에 접속된 부속시설물의 부지를 말한다.

## 사적지 사

문화재로 지정된 역사적인 유적 · 고적 · 기념물 등을 보존하기 위하여 구획된 토지를 말한다. 다만, 학교용지 · 공원 · 종교용지 등 다른 지목으로 된 토지에 있는 유적 · 고적 · 기념물 등을 보호하기 위하여 구획된 토지는 제외한다.

## 묘지 묘

사람의 시체나 유골이 매장된 토지, 도시공원 및 녹지 등에 관한 법률에 따른 묘지공원으로 결정 · 고시된 토지 및 장사 등에 관한 법률에 따른 봉안시설과 이에 접속된 부속시설물의 부지.

　다만, 묘지의 관리를 위한 건축물의 부지는 "대"로 한다.

## 잡종지 잡

다음 각 목의 토지를 말한다. 다만, 원상회복을 조건으로 돌을 캐내는 곳 또는 흙을 파내는 곳으로 허가된 토지는 제외한다.

   가. 갈대밭, 실외에 물건을 쌓아두는 곳, 돌을 캐내는 곳, 흙을 파내는
      곳, 야외시장, 비행장, 공동우물
   나. 영구적 건축물 중 변전소, 송신소, 수신소, 송유시설, 도축장, 자동
      차운전학원, 쓰레기 및 오물처리장 등의 부지
   다. 다른 지목에 속하지 않는 토지

## 지목의 설정방법 : 1필지 1지목

필지마다 하나의 지목을 설정하는 것이 원칙이나, 1필지의 토지가 둘 이
상의 용도로 활용되는 경우에는 주된 용도에 따라 지목을 설정한다.

> **■ 1필지로 정할 수 있는 기준**
> 소유자와 용도가 동일하고 지번이 연속된 토지는 1필지로 할 수 있다.

## 자주 쓰이는 지적용어

### 지적

지적이란 '지적법'을 기준으로 하여 관리하는 토지의 호적이라 할 수 있
다. 지목, 면적, 경계, 필지 분할 시점 등의 물리적 현황을 판단하는 기준
이 된다.

**지적공부**

통상 대장과 도면을 지적공부라 하며, 구체적으로는 다음에 해당하는 것을 말한다.

　① 대장 : 토지대장 · 임야대장 · 공유지연명부 · 대지권 등록부

　② 도면 : 지적도 · 임야도

　③ 경계점좌표등록부

**지번**

지번이란 필지에 부여하여 지적공부에 등록한 번호를 말한다. 지번은 아라비아 숫자로 표기하며, 임야대장 및 임야도에 등록하는 토지의 지번은 숫자 앞에 '산' 자를 붙인다. 지번은 본 번과 부번으로 구성하며, 본 번과 부번 사이에 '－' 표시로 연결하고 '의'라고 읽는다.

**경계**

경계란 필지별로 경계점 간을 직선으로 연결하여 지적공부에 등록한 선을 말한다.

**면적**

면적이란 지적공부에 등록한 필지의 수평면상 넓이를 말하며, 면적의 단위는 제곱미터($㎡$)로 한다.

**등록전환**

등록전환이란 임야대장 및 임야도에 등록된 토지를 토지대장 및 지적도

에 옮겨 등록하는 것을 말한다. 등록전환 과정에서 임야의 지번 숫자 앞에 붙었던 '산' 자는 빠진다.

## 토지분할

분할이란 지적공부에 등록된 1필지를 2필지 이상으로 나누어 등록하는 것을 말한다.

## 토지합병

합병이란 지적공부에 등록된 2필지 이상을 1필지로 합하여 등록하는 것을 말한다.

## 지목변경

지목변경이란 지적공부에 등록된 지목을 다른 지목으로 바꾸어 등록하는 것을 말한다. 지목변경을 신청할 수 있는 경우는 다음의 세 가지가 있으며, ①번이 가장 대표적인 신청사유다.

① 토지의 형질변경 등의 공사가 준공된 경우

② 토지 또는 건축물의 용도가 변경된 경우

③ 도시개발사업 등의 원활한 사업추진을 위하여 사업시행자가 공사 준공 전에 토지의 합병을 신청하는 경우

## 등기와 등록

등기부에는 '등기'한다고 하고, 지적공부에는 '등록'한다고 한다.

### 토지소유자의 정리

지적공부에 등록된 토지소유자의 변경사항은 등기 관서에서 등기한 것을 증명하는 등기필통지서, 등기필증, 등기부 등·초본 또는 등기 관서에서 제공한 등기전산정보자료에 의하여 정리한다.

# 농지의 정의

## 농지의 정의

농지는 농지법에 정의되어 있으며, 지목이 전·답, 과수원으로 되어 있는 토지와 그 밖에 법적 지목을 불문하고 실제로 농작물 경작지 또는 다년생 식물 재배지로 이용되는 토지를 말한다. 또한, 위 토지의 개량시설(유지, 양·배수시설, 수로, 농로, 제방 등)의 부지와 농지에 설치하는 고정식온실·버섯재배사 및 비닐하우스와 그 부속시설의 부지, 축사와 농림수산 식품부령으로 정하는 그 부속시설의 부지, 농막·간이퇴비장 또는 간이액비저장조의 부지도 농지에 해당한다.

## 다년생식물 재배지

다년생식물 재배지는 다음 각 호의 어느 하나에 해당하는 식물의 재배지를 말한다.

① 목초·종묘·인삼·약초·잔디 및 조림용 묘목

② 과수·뽕나무·유실수 그 밖의 생육기간이 2년 이상인 식물

③ 조경 또는 관상용 수목과 그 묘목(조경목적으로 식재한 것을 제외한다)

## 농지에서 제외되는 토지

① 「측량 · 수로조사 및 지적에 관한 법률」에 따른 지목이 전 · 답, 과수원이 아닌 토지로서 농작물 경작지 또는 다년생식물 재배지로 계속하여 이용되는 기간이 3년 미만인 토지

② 「측량 · 수로조사 및 지적에 관한 법률」에 따른 지목이 임야인 토지 (제1호에 해당하는 토지를 제외한다)로서 그 형질을 변경하지 아니하고 다년생식물 재배지 중 제2호 또는 제3호에 따른 다년생식물의 재배에 이용되는 토지

③ 「초지법」에 따라 조성된 초지

## 지목별 농지 사례 : 전, 답, 과

지목은 토지대장에서 확인할 수 있다. 따라서 토지대장을 놓고 지목을 확인하는 것이 원칙이나, 여기에서는 편의상 실무에서 많이 사용하는 토지이용계획확인서를 놓고 배워보기로 한다. (사례 1, 사례 2, 사례 3 참조)

지목이 '전'인 농지

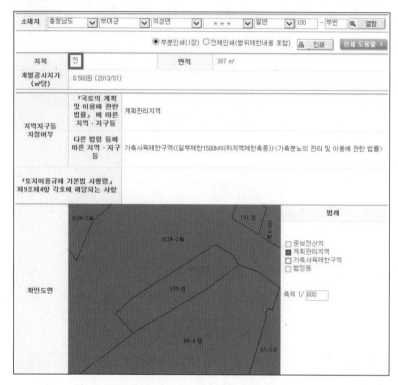

■ 빨간 네모 박스를 보면 왼쪽에 지목이라고 표시되어 있다. 지목은 '전'이며, 물을 상시로 이용하지 않고 곡물·원예작물·약초·뽕나무·닥나무·묘목·관상수 등의 식물을 주로 재배하는 토지와 식용으로 죽순을 재배하는 토지를 말한다. 해당 토지의 주된 사용 용도는 전이다.

## 사례 2 지목이 '답'인 농지

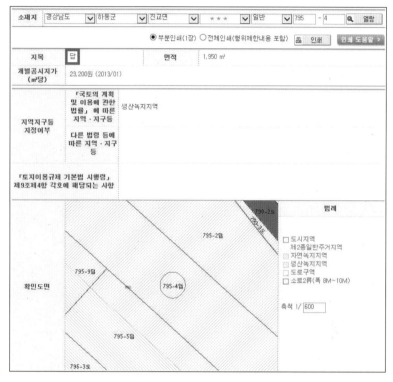

| 소재지 | 경상남도 ∨ 하동군 ∨ 진교면 ∨ ＊＊＊ ∨ 일반 ∨ 795 - 4 🔍 열람 |
|---|---|

● 부분인쇄(1장) ○ 전체인쇄(행위제한내용 포함)   🖨 인쇄   인쇄 도움말 ＞

| 지목 | 답 | | 면적 | 1,950 ㎡ |
|---|---|---|---|---|
| 개별공시지가 (㎡당) | 23,200원 (2013/01) | | | |

| 지역지구등 지정여부 | 「국토의 계획 및 이용에 관한 법률」에 따른 지역·지구등 | 생산녹지지역 |
|---|---|---|
| | 다른 법령 등에 따른 지역·지구 등 | |
| 「토지이용규제 기본법 시행령」 제9조제4항 각호에 해당되는 사항 | | |

확인도면

790-2도
795-2답
795-9답
795-4답
795-5답
796-3도

**범례**

☐ 도시지역
☐ 제2종일반주거지역
▨ 자연녹지지역
▨ 생산녹지지역
☐ 도로구역
☐ 소로2류(폭 8M~10M)

축척 1/ 600

▶ 이번 사례의 지목은 답이며, 답이란 위에서 설명한 바와 같이 물을 상시로 직접 이용하여 벼·연·미나리·왕골 등의 식물을 주로 재배하는 토지를 말한다. 해당 토지의 주된 사용 용도는 답이다.

## 사례 3 지목이 '과'인 농지

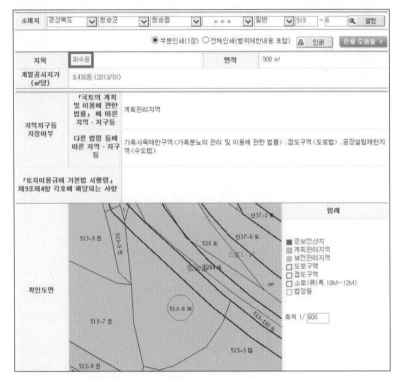

□ 지목은 '과'이며, 과수원이 되겠다. 마찬가지로 과수원이란 사과 · 배 · 밤 · 호두 · 귤나무 등 과수류를 집단적으로 재배하는 토지와 이에 접속된 저장고 등 부속시설물의 부지를 말한다. 해당 토지의 주된 사용 용도는 과수원이 되는 것이다.

# 질의응답으로 배워 보기
## [출처 : 2011 농지민원사례집]

 **Q.** 실제 농작물 경작에 이용되고 있는 지목이 임야인 토지가 농지인지?

**A. 지목이 임야인 토지의 형질을 변경하여 3년 이상 계속해서 농작물 경작이나 과수 등 다년생식물의 재배에 이용할 경우 농지에 해당**

농지란 전·답, 과수원, 그 밖에 법적 지목을 불문하고 실제로 농작물 경작지 또는 다년생식물 재배지로 이용되는 토지를 말합니다.(「농지법」제2조제1호의 가목)

다만, 다음의 토지는 농지의 범위에서 제외합니다.

① 「측량·수로조사 및 지적에 관한 법률」에 따른 지목이 전·답, 과수원이 아닌 토지로서 농작물 경작지나 다년생식물 재배에 계속하여 이용되는 기간이 3년 미만인 토지

② 「측량·수로조사 및 지적에 관한 법률」에 따른 지목이 임야인 토지로서 그 형질을 변경하지 아니하고 과수, 유실수 등 다년생식물의 재배에 이용되는 토지

③ 「초지법」에 따라 조성된 초지

즉, 지목이 임야인 토지라도 3년 이상 계속해서 농작물 경작에 이용되었거나, 그 형질을 변경하여 3년 이상 계속해서 과수 등 다년생식물의 재배에 이용된 것이 확인되면 이는 『농지법』에 따른 농지에 해당합니다.

– 해당 토지가 농지인지 산지인지 여부는 소재지 관할청에서 과세자료, 농지정보시스템, 항공사진 등 각종 자료와 현지조사 등을 거쳐 확인합니다.

 Q. 지목이 논·밭, 과수원이 아닌 농지의 개량시설을 다른 용도로 이용하고자 할 경우 농지전용 허가를 받아야 하는지?

A. 지목을 불문하고 농지의 개량시설인 유지, 양·배수시설, 수로, 농로, 제방 등의 부지는 농지에 해당

농지의 개량시설이란 유지, 양·배수시설, 수로, 농로, 제방과 농지보전이나 이용에 필요한 시설로 토양의 침식이나 재해로 인한 농작물의 피해를 방지하기 위하여 설치한 계단·흙막기·방풍림 등의 시설을 말한다.(「농지법 시행령」제2조제3항제1호) 이러한 농지개량시설의 부지를 다른 용도로 이용하고자 하는 경우에는 농지전용 허가를 받아야 합니다. 농지개량시설의 부지는 「농어촌정비법」에 따른 농업생산기반시설관리대장 등재여부에 관계없이 농지입니다. 또한, 농업생산기반시설의 폐지절차를 거쳤거나 해당시설로부터 이익을 받은 농지가 없어진 경우에도 동 부지는 농지로 볼 수 있습니다.

 Q. 벚나무 묘목을 식재하였을 경우 농지이용행위에 해당하는지?

A. 조경목적일 경우 불법전용에 해당

농지란 전·답, 과수원, 그 밖에 법적 지목을 불문하고 실제로 농작물 경작지 또는 다년생식물 재배지로 이용되는 토지를 말합니다.(「농지법」제2

조제1호의 가목)

다년생식물의 재배지는 다음 식물의 재배지를 말합니다.(「농지법 시행령」
제2조제1항)

① 목초, 종묘, 인삼, 약초, 잔디 및 조림용 묘목

② 과수, 뽕나무, 유실수 그 밖의 생육기간이 2년 이상인 식물

③ 조경 또는 관상용 수목과 그 묘목

따라서, 벚나무와 같은 조경 또는 관상용 수목을 재배목적으로 식재하
는 경우는 농지이용행위에 해당합니다. 그러나 조경목적(정원)으로 다년
생식물을 식재하는 것은 농지전용에 해당됩니다.

 **Q. 비닐하우스에서 화훼류 등을 일정 기간 재배하여 판매할 경우 농지이용행위에 해당하는지?**

**A. 화훼를 재배하여 판매하는 것은 농지이용행위에 해당**

농지란 전·답, 과수원, 그 밖에 법적 지목을 불문하고 실제로 농작물
경작지 또는 다년생식물 재배지로 이용되는 토지를 말합니다.(「농지법」제2
조제1호의 가목)

또한, 농지에 설치하는 고정식온실, 비닐하우스 및 버섯재배사와 그 부
속시설의 부지도 농지에 해당합니다.(「농지법 시행령」제2조제3항제2호가목)

따라서, 비닐하우스에서 다년생식물을 직접 재배하거나 인근 농장 등

에서 분양받아 재배하여 판매하는 행위는 농지이용행위로 인정할 수 있습니다.

> ■ 인근농장에서 화훼류가 식재된 화분을 구입하여 판매하는 행위도 농지이용행위로 볼 수 있고, 판매할 때까지는 물, 비료 등 재배관리를 해야 하므로 농지이용행위에 해당함

# 농지 소유 제한

## 농지를 소유할 수 있는 자

농지의 소유자격은 원칙적으로 농업인과 농업법인으로 제한한다. 농지는
자기의 농업경영에 이용하거나 이용할 자가 아니면 이를 소유할 수 없도
록 규정하고 있다.(「농지법」제6조 제1항)

> ■ 농업경영 목적으로 농지를 취득할 수 있는 주체는 농업인, 농업법인, 앞으로 농업
> 인이 되고자 하는 개인으로 한다.

## 농지 소유제한의 예외

농지법상 농지는 자기의 농업경영에 이용하거나 이용할 자가 아니면 소
유하지 못하는 것이 원칙이나, 다음의 어느 하나에 해당하는 경우에는 예

외적으로 자기의 농업경영에 이용하지 않더라도 농지를 소유할 수 있다.

① 농지법시행일(1996.1.1.) 이전부터 소유하고 있는 농지

② 국가나 지방자치단체가 농지를 소유하는 경우

③ 학교나 농림수산식품부령이 정하는 공공단체·농업연구기관·농업생산자단체 또는 종묘 기타 농업 기자재를 생산하는 자가 그 목적사업을 수행하기 위하여 필요로 하는 시험지·연구지·실습지 또는 종묘생산지로 쓰기 위하여 농지를 취득하여 소유하는 경우

④ 주말·체험 영농 목적으로 세대당 1천㎡ 미만의 범위에서 농지를 소유하는 경우

⑤ 상속(상속인에게 한 유증도 포함)에 의하여 1만㎡ 이내의 농지를 소유하는 경우

⑥ 8년 이상 농업경영을 하던 자가 이농 당시 소유하고 있던 농지 중 1만㎡ 이내의 농지를 계속 소유하는 경우

⑦ 농·수·축협, 은행 등 농지저당기관이 경매를 2회 이상 진행하여도 경락인이 없는 담보 농지를 취득하는 경우

⑧ 농지의 타용도 사용이 확정된 경우로 농지전용허가를 받거나 농지전용신고를 한 자가 당해 농지를 소유하는 경우

　　㉮ 도시지역에 주거지역·상업지역 또는 공업지역을 지정하거나 도시·군계획시설을 결정할 때 해당 지역 예정지 또는 시설 예정지에 농지가 포함되어 있는 경우

　　㉯ 계획관리지역에 지구단위계획구역을 지정할 때에 해당 구역 예정지에 농지가 포함되어 있는 경우

　　㉰ 도시지역의 녹지지역 및 개발제한구역의 농지에 대하여 개발

행위를 허가하거나 토지의 형질변경허가를 하는 경우

⑨ 개발사업 지구의 1,500㎡ 미만의 농지

⑩ 농어업인이 아닌 자가 한계농지 등의 정비사업으로 조성된 1,500㎡ 미만 농지를 분양받을 경우

⑪ 시장 · 군수가 고시한 "영농여건불리농지"를 소유하는 경우

⑫ 한국농어촌공사가 농지를 취득하여 소유하는 경우

⑬ 「농어촌정비법」에 따라 아래의 농지를 취득하여 소유하는 경우

  ㉮ 농업생산기반 정비사업을 위해 농지를 소유하는 경우

  ㉯ 농업생산기반 정비사업 사업을 함에 있어 환지 및 교환 · 분할 · 합병이 있을 경우

  ㉰ 농어촌 관광휴양단지를 개발하려는 경우

  ㉱ 한국농어촌공사 또는 한계농지 등의 정비사업 시행자가 한계농지 등 정비지구의 농지를 매입할 경우

⑭ 매립농지를 취득하여 소유하는 경우

⑮ 토지수용으로 농지를 취득하여 소유하는 경우

⑯ 농림수산식품부 장관과 협의를 마치고 「공익사업을 위한 토지 등의 취득 및 보상에 관한 법률」에 따라 농지를 취득하여 소유하는 경우

⑰ 국토계획법에 따라 계획관리지역과 자연녹지지역 안의 농지를 한국토지주택공사가 공공 목적의 비축용 토지로 소유하는 경우


## 농지의 소유 상한

농지법에서는 다음의 경우에 한하여 농지의 소유 한도를 정하고 있다.

① 상속으로 농지를 취득한 자로서 농업경영을 하지 아니하는 자는 그 상속 농지 중에서 총 1만㎡까지만 소유할 수 있다.

② 8년 이상 농업경영을 한 후 이농한 자는 이농 당시의 소유 농지중에서 총 1만㎡까지만 소유할 수 있다.

③ 주말·체험 영농을 하려는 자는 1천㎡ 미만의 농지를 소유할 수 있고, 면적의 계산은 그 세대원 전부가 소유하는 총면적으로 한다.

④ 상속으로 농지를 취득한 자로서 농업경영을 하지 않는 자 또는 8년 이상 농업경영을 한 후 이농한 자가 총 1만㎡를 초과하여 소유하고 있는 농지를 한국농어촌공사에 위탁하여 임대하거나 사용하는 경우 소유할 수 있다.

## 농업경영목적의 농지는 소유상한이 없다

① 농업진흥지역의 농지

경지정리·농업용수 등 생산기반이 잘 정비되어 있고 원칙적으로 농작물 재배와 농업용시설의 설치 등 농업생산과 관련된 토지이용행위만 허용되기 때문에 대규모 영농을 지원하기 위하여 소유상한을 두지 않는다.

② 농업진흥지역 외의 농지

규모화된 영농이 가능하도록 하고 농업의 규모화를 통한 경쟁력 강화를 위해 소유상한을 두지 않는다.

③ 국가·지방자치단체가 취득하는 농지, 시험·연구·실습목적의 농지 농업경영을 할 자가 상속받은 농지, 농지저당기관의 담보농지, 전용을 허가받은 농지 등은 소유상한을 적용하지 않는다. 단, 상속·이농 등으로 허용되는 비농업인의 소유상한을 둔다.

## 농지소유 상한은 다음의 경우에 대하여 제한한다

① 주말·체험 영농목적 농지 : 가구당 1천㎡ 미만으로 농지의 소유가 허용된다.

세대원 총 소유면적이 1천㎡를 초과하는 경우에는 농업경영목적으로 취득하여야 한다. 예를 들어, 한 집의 어머니가 800㎡의 농지를 소유하고 있는 상황에서 세대원인 딸이 500㎡의 농지를 취득하고자 할 때는 농업경영목적으로 농지취득자격증명을 발급해 주어야 한다.

② 8년 자경 후 이농 당시 소유농지 : 타인에게 임대를 통하여 1만㎡까지 소유가 허용되나, 휴경 시 농지처분대상이 된다. 단, 농지은행에 위탁하여 임대하는 경우에는 소유상한과 관계없이 위탁기간 동안 소유가 허용된다.

③ 상속받은 농지 : 타인에게 임대를 통하여 1만㎡까지 소유할 수 있으나 휴경 시 농지처분대상이 된다. 단, 농지은행에 위탁하여 임대하는 경우에는 소유상한과 관계없이 위탁기간 동안 소유가 허용된다.

# 질의응답으로 배워 보기
## [출처 : 2011 농지민원사례집]

**사례**
Q. 상속으로 취득한 농지를 계속 소유할 수 있는지?
A. 1ha까지 소유할 수 있으며, 1ha를 초과하는 농지는 농지은행에 위탁하여 임대하는 기간 동안 계속해서 소유 가능

상속으로 취득한 농지를 상속받은 자가 자기의 농업경영에 이용하는 경우에는 소유제한이 없습니다.

그러나 이를 자기의 농업경영에 이용하지 아니하는 자는 타인에게 임대 등을 통해서 그 상속 농지 중에서 총 1ha*까지만 소유할 수 있으며, 1ha를 초과하는 농지는 처분하여야 합니다.(「농지법」제7조제1항)
   - 다만, 한국농어촌공사(농지은행)에 위탁하여 임대하는 경우에는 면적 제한 없이 위탁하여 임대하는 기간 동안 소유가 가능합니다.

참고로, 농지를 상속받는 경우에는 농지취득자격증명을 발급받지 않아도 등기가 가능합니다.(「농지법」제8조제1항제1호)

---

* 1ha = 10,000㎡

# 농지원부

## 농지원부의 발급

### 농지원부의 정의 및 발급

농지원부는 농지의 소유 및 이용실태를 파악하고 이를 효율적으로 이용·관리하기 위하여 작성하여 두는 것을 말한다. 농지원부는 농업인의 주소를 관할하는 시·구·읍·면에 작성하여 비치하고 있으며, 농업인 주소지의 관할청에서 신청하면 발급받을 수 있다. 농지가 주소지 시·구·읍·면 관내에 있는 경우에는 해당 기관을 방문하지 않고도 민원24(www.minwon.go.kr)를 통해 온라인으로 농지원부를 발급받을 수 있다.

> ■ 예를 들어 강남구에 사는 홍길동이 강원도에 A농지, 경상도에 B농지가 있으면 농지원부 발급신청은 강남구청 즉, 홍길동의 주소지에서 신청하면 된다.

## 농지원부의 작성대상

농지원부는 1,000㎡(고정식 온실·비닐하우스 등의 경우 330㎡) 이상의 농지에서 농작물을 경작하거나 다년생식물을 경작 또는 재배하는 농업인, 농업법 인 및 준 농업법인 별로 작성하여 관리하며, 1세대에 농업인이 2인 이상 이면 그 세대를 기준으로 작성한다.

## 농지원부의 작성 시점

농지원부는 농지를 소유하거나 임차한 것이 확인되는 시점에서 바로 작 성하며, 농지원부의 내용에 변동사항이 발생한 때에 그 변동사항을 지체 없이 정리하여야 한다. 농지원부가 작성된 농업인·농업법인 등이 더 이 상 농작물 또는 다년생식물을 경작 또는 재배하지 않게 된 경우에는 그 농지원부를 폐쇄하고 따로 편철하여 10년간 보존한다.

## 농지원부와 취득세 감면

농지원부가 2년 이상 지나고 농지의 소재지나 연접 시·군에 거주하면 서 도시지역에 해당하지 않는 농지를 취득할 경우에는 전체보유농지가 30,000㎡ 안의 범위에서 취득세를 50% 감면받을 수 있다.

## 농지원부의 활용

농지원부는 농지 소유 및 이용실태 현황 파악 등 농지관리 업무의 기초자 료와 농업 관련 지원사업 대상자 선정 시 경작상황, 경영규모 파악 등 농 정시책 추진을 위한 기초자료로 활용되며, 기타 농업인, 자경 여부 확인 에도 이용된다.

# 질의응답으로 배워 보기
[출처 : 2011 농지민원사례집]

 **사례 1** Q. 농지원부 등본은 어디에서 발급받을 수 있는지?
A. 주소지의 관할청 또는 온라인을 통해 어디서나 발급 가능

농지원부는 농지소유 실태와 농지이용 실태를 파악하여 이를 효율적으로 이용하고 관리하기 위하여 농업인의 주소지를 관할하는 시·구·읍·면에 작성·비치하고 있습니다.

따라서, 농지원부는 주소지의 관할청에서 발급받을 수 있습니다. 농지가 주소지 시·구·읍·면 관내에 있는 경우 해당기관을 방문하지 않고도 민원24(www.minwon.go.kr)를 통해 온라인발급이 가능하며, 무인민원(KIOSK)을 통해서도 발급이 가능합니다.
　- 소유농지 중 주소지 시·구·읍·면 관할구역 밖의 관외농지가 포함되어 있는 경우에도 민원24로 발급신청이 가능하며, 담당자 확인을 거친 후 온라인발급이 가능합니다.(무인민원은 발급불가)

다만, 농지원부에는 개인정보 및 재산 관련 내용이 포함되어 있어 정당한 이해관계자에 한하여 농지원부(사본)의 열람 또는 등본교부를 하게 되며 인터넷발급의 경우에도 소정의 인증절차를 거치게 됩니다.

Q. 농지원부는 언제 작성하게 되는지?
A. 농지의 소유 및 임차가 확인되는 시점

농지원부는 농지를 소유하거나 임차한 것이 확인되는 시점에서 바로 작성(최초작성일, 소유·임차농지 현황 등)하고, 경작상황은 확인되는 즉시 갱신하게 됩니다.

주소지 시·구·읍·면에서는 작성·비치하고 있는 농지원부의 내용에 변동사항이 발생한 때에 그 변동사항을 지체 없이 정리하여야 합니다.
 - 농지원부가 작성된 농업인·농업법인 등이 더 이상 농작물 또는 다년생식물을 경작 또는 재배하지 아니하게 된 경우에는 그 농지원부를 폐쇄하고 따로 편철하여 10년 간 보존하여야 합니다.

농지원부는 작성대상이 되는 농업인·농업법인의 주소지(소재지)를 기준으로 관할 시·구·읍·면장이 작성하여 비치하되, 거주지(소재지) 시·구·읍·면의 관할구역 밖에 소재하는 농지를 포함하여 작성·비치하고 있습니다.

Q. 임차하여 농업경영에 종사하는 경우 농지원부 작성은?
A. 농지원부 작성대상은 임차인

농지원부는 농지의 소유권자가 아닌 실제 농작물을 경작하거나 다년생식물을 재배하는 자를 대상으로 작성하므로 임차인이 농지원부의 작성대상이 됩니다.

따라서, 농지를 임차하여 농업경영에 종사하는 경우에는 임차인과 임대인의 임대차계약(구두, 서면) 내용을 확인하여 농지원부를 작성하여야 합니다.

– 서면 계약의 경우에는 임대차계약서로 확인하고, 구두 계약의 경우에는 농지 소유자 확인 또는 마을대표 등 인근 주민의 확인이 필요합니다.

다만, 1996.1.1. 이후 취득농지로서 개인간 임대차가 허용되지 않는 농지는 농지은행을 통한 임대차 여부를 확인한 후 농지원부에 등록하여야 합니다.

 **Q. 공부상 지목이 임야인 토지에 과수를 재배하는 경우 농지원부 작성이 가능한지?**

**A. 그 형질을 변경하여 계속해서 3년 이상 과수 등을 재배하고 있는 토지인 경우 농지원부 작성대상**

농지란 전 · 답, 과수원, 그 밖에 법적 지목을 불문하고 실제로 농작물 경작지 또는 다년생식물 재배지로 이용되는 토지를 말합니다.(「농지법」제2조제1호의가목)

– 다만, 다음의 토지는 농지의 범위에서 제외합니다.

① 「측량 · 수로조사 및 지적에 관한 법률」에 따른 지목이 전 · 답, 과수원이 아닌 토지로서 농작물 경작지나 다년생 식물 재배에 계속하여 이용되는 기간이 3년 미만인 토지

② 「측량 · 수로조사 및 지적에 관한 법률」에 따른 지목이 임야인 토지로서 그 형질을 변경하지 아니하고 과수, 유실수 등 다년생식물의

재배에 이용되는 토지

③「초지법」에 따라 조성된 초지

따라서, 공부상 지목이 임야인 토지라도 그 형질을 변경하여 계속해서 3년 이상 과수 등을 재배하고 있는 토지인 경우에는 「농지법」상 농지에 해당되므로 농지원부 작성 대상입니다.

 **Q. 2인 이상 농지를 공유하고 있는 경우 농지원부 작성은?**
**A. 실제 경작하는 면적에 따라 작성**

한 필지 농지를 2인 이상 공동소유하는 경우 토지대장의 지분에 따라 실제 경작면적을 농지원부에 등재하여야 합니다.

한 필지에 2인 이상이 경작한 경우 필지 내 경계표시로 특정부분에서 각각 경작하는 것이 확인되거나 관련자료, 현지조사 등을 통해 실제 경작하는 것이 확인되는 경우 농지원부에 등재 가능합니다.

공동소유하고 있으나 그 중 한 사람이 전체 농지를 실제 경작하는 경우에는 지분에 따라 소유농지와 임차농지로 구분하여 농지원부에 등재 가능합니다.

－ 임차농지로 등재할 경우는 임차인과 임대인의 임대차계약(구두. 서면) 내용을 확인하여야 합니다.

－ 1996.1.1. 이후 취득한 농지는 「농지법」제23조에서 허용하는 경우가 아니면, 원칙적으로 개인 간 임대나 사용대를 금지하고 있으므로 취득시기 및 합법성 여부를 반드시 확인하여야 합니다.

**사례 6**

Q. 자경증명은 어떻게 발급받을 수 있는지?
A. 자경증명발급신청서를 농지소재지 관할청에 제출

　자경증명은 「농지법」제2조에 따라 자경하고 있는 농업인 또는 농업법인이면 발급신청이 가능합니다.

　- 경작면적에 관계없이 「농지법」제2조에 따른 농업인 또는 농업법인이 직접 신청하여야 합니다.(동의 · 위임을 받은 자도 가능)

　자경증명을 발급받고자 하는 자는 자경증명발급신청서(「농지법 시행규칙」 제60호 서식)를 해당 농지소재지를 관할하는 발급기관에 제출하여야 합니다. 신청인의 농업경영상황을 조사한 후 자경하는 사실이 명백한 경우 신청일로부터 4일 이내에 발급하여야 합니다.

> ■ **자경이란?**
> • 농업인이 그 소유농지에서 농작물의 경작 또는 다년생식물의 재배에 상시 종사하거나 농작업의 2분의 1 이상을 자기의 노동력에 의하여 경작 또는 재배하는 것
> • 농업법인이 그 소유농지에서 농작물을 경작하거나 다년생식물을 재배하는 것

■ 농지법 시행규칙 [별지 제58호서식]

# 농 지 원 부

## 1. 일반현황

| 고유번호 | | | | | | | | − | | − | | − | | | | | |
|---|---|---|---|---|---|---|---|---|---|---|---|---|---|---|---|---|---|

최초작성일자 :  년  월  일

| 농업인 또는 농업법인 | 성명 또는 명칭 | 주민(법인)등록번호 | 농업외겸업 |
|---|---|---|---|
| | | | |

| 준농업법인 | 명칭 | 조직형태 | 사업목적 |
|---|---|---|---|
| | | | |
| 주소 | | | |

| 작성자 | 확인자 | 최종확인 |
|---|---|---|
| | | |

| 농업경영 변동사항 | 기록자 확인 |
|---|---|
| | |

| 세대원(업무집행사원)사항 | | | 농지소유 비동거 가족사항 | | | 기록사항변경 | | |
|---|---|---|---|---|---|---|---|---|
| 성 명 | 주민등록번호 | 관계 | 성 명 | 주민등록번호 | 관계 | 사유 | 일자 | 확인 |
| | − | | | − | | | | |
| | − | | | − | | | | |
| | − | | | − | | | | |
| | − | | | − | | | | |
| | − | | | − | | | | |
| | − | | | − | | | | |

364mm×257mm[백상지 80g/㎡]

| 고유 번호 | | | | | – | – | |
|---|---|---|---|---|---|---|---|

| 일련번호 | 농 지 의 표 시 | | | | 농지구분 | 경지정리 | 경작구분 | 공유자수 | 소유자성명 | 임차인 | | 임차기간 | 주재배작물 | 기록변경 | | |
|---|---|---|---|---|---|---|---|---|---|---|---|---|---|---|---|---|
| | 농지 소재지 | 지번 | 지목 | 면적(㎡) | | | | | | 성명 | 주민등록번호 | | | 일자 | 변경사유 | 확인 |
| | | | 공부 실제 | | | | | | | | | | | | | |
| | | | | | | | | | | | – | ~ | | | | |
| | | | | | | | | | | | – | ~ | | | | |
| | | | | | | | | | | | – | ~ | | | | |
| | | | | | | | | | | | – | ~ | | | | |
| | | | | | | | | | | | – | ~ | | | | |
| | | | | | | | | | | | – | ~ | | | | |
| | | | | | | | | | | | – | ~ | | | | |
| | | | | | | | | | | | – | ~ | | | | |
| | | | | | | | | | | | – | ~ | | | | |
| | | | | | | | | | | | – | ~ | | | | |

| 고유번호 | | | | | | | | | | | | | – | | – | | – | | | |

| 농 지 의 표 시 | | | | | | | | | 농지구분 | 경지정리 | 임차인 | | | 임차기간 | 주재배작물 | 기록변경 | | |
|---|---|---|---|---|---|---|---|---|---|---|---|---|---|---|---|---|---|---|
| 일련번호 | 경작구분 | 농지 소재지 | | 지번 | 지 목 | | 면적(㎡) | | | | 성명 | 주민등록번호 | 공유자수 | | | 일자 | 변경사유 | 확인 |
| | | | | | 공부 | 실제 | | | | | | | | | | | | |
| | | | | | | | | | | | | – | | ~ | | | | |
| | | | | | | | | | | | | – | | ~ | | | | |
| | | | | | | | | | | | | – | | ~ | | | | |
| | | | | | | | | | | | | – | | ~ | | | | |
| | | | | | | | | | | | | – | | ~ | | | | |
| | | | | | | | | | | | | – | | ~ | | | | |
| | | | | | | | | | | | | – | | ~ | | | | |
| | | | | | | | | | | | | – | | ~ | | | | |
| | | | | | | | | | | | | – | | ~ | | | | |
| | | | | | | | | | | | | – | | ~ | | | | |

<table>
<tr>
<td rowspan="2">고유<br>번호</td>
<td colspan="13"> ┊ ┊ ┊ ┊ ┊ ┊ ┊ ┊ ┊   —  —  — ┊ ┊ ┊ </td>
</tr>
</table>

| 년<br>월<br>일 | 구분 | 전 | | 답 | | 과수원 | | 그 밖에 | | 계 | | 변경<br>사유 | 기록자<br>(인) |
|---|---|---|---|---|---|---|---|---|---|---|---|---|---|
| | | 필지수 | 면적<br>(㎡) | 필지수 | 면적<br>(㎡) | 필지수 | 면적<br>(㎡) | 필지수 | 면적<br>(㎡) | 필지수 | 면적<br>(㎡) | | |
| | 소유 | | | | | | | | | | | | |
| | 자경 | | | | | | | | | | | | |
| | 임대 | | | | | | | | | | | | |
| | 임차 | | | | | | | | | | | | |
| | 소유 | | | | | | | | | | | | |
| | 자경 | | | | | | | | | | | | |
| | 임대 | | | | | | | | | | | | |
| | 임차 | | | | | | | | | | | | |
| | 소유 | | | | | | | | | | | | |
| | 자경 | | | | | | | | | | | | |
| | 임대 | | | | | | | | | | | | |
| | 임차 | | | | | | | | | | | | |
| | 소유 | | | | | | | | | | | | |
| | 자경 | | | | | | | | | | | | |
| | 임대 | | | | | | | | | | | | |
| | 임차 | | | | | | | | | | | | |

# CHAPTER 4

# 농지의 취득

## 농지취득자격증명(농취증)

### 농지취득자격증명

농지는 자기의 농업경영에 이용하거나 이용할 자가 아니면 소유하지 못한다. 농지를 취득하려는 자는 반드시 해당 농지 소재지를 관할하는 시·구·읍·면의 장에게 농지취득자격증명을 발급받아야 한다.

농지취득자격증명 규정은 강행규정으로서 농지의 소유권이전등기에 필수적인 첨부서류이다. 따라서 농지취득자격증명을 발급받지 못하면 소유권 이전이 되지 않는다. 일반 매매에서는 특약 등을 통해 문제를 사전에 예방할 수도 있지만, 경매에서는 낙찰자가 농지취득자격증명을 발급받을 수 있는 자격에 해당하지 않는다면 입찰보증금을 몰수당할 수도 있기 때문에 농지취득자격증명이 매우 중요하다.

※ 「국토계획법」에 따라 농지가 토지거래허가구역 내에 있는 경우, 토지거래허가를 받으면 농지취득자격증명을 받은 것과 동일한 것으로 본다. 토지거래허가 신청 시, 농지취득자격증명에 적합한지에 대한 여부는 농취증을 담당하는 부서와 업무협의를 통해 확인한다.

## 농지취득자격증명이 불필요한 농지

농지를 취득할 때 모든 경우에 농지취득자격증명이 필요한 것은 아니므로, 농지취득자격증명이 불필요한 농지에 해당하는지 여부를 확인하여야 한다. 다음의 해당하는 경우에는 농지취득 시 농지취득자격증명을 필요로 하지 않는다.

① 국가나 지방자치단체가 농지를 소유하는 경우

② 상속(상속인에게 한 유증을 포함)으로 농지를 취득하여 소유하는 경우

③ 농지저당권자(금융기관 등)가 그 담보농지를 취득하여 소유하는 경우

④ 농지전용협의를 마친 농지를 소유하는 경우

⑤ 농업기반시설을 인수한 한국농어촌공사가 농어촌정비법에 따라 소유권을 승계하는 경우

⑥ 환지계획에 따라 소유권을 취득하는 경우

⑦ 교환 · 분할 · 합병의 시행에 따라 소유권을 취득하는 경우

⑧ 농어촌관광휴양단지 개발에 따라 농지를 취득하는 경우

⑨ 한계농지정비사업의 시행자가 정비지구의 농지를 매입할 경우

⑩ 매립농지를 취득하여 소유하는 경우

⑪ 토지수용으로 농지를 취득하여 소유하는 경우

⑫ 농림축산식품부장관과의 협의를 마치고, 공익사업을 위한 토지 등의

취득 및 보상에 관한 법률에 따라 농지를 취득하여 소유하는 경우

⑬ 시효의 완성으로 농지를 취득하는 경우

⑭ 환매권자가 환매권에 따라 농지를 취득하는 경우

⑮ 농지이용증진사업 시행계획에 따라 농지를 취득하는 경우

⑯ 농업법인의 합병으로 농지를 취득하는 경우

## 농지취득자격증명 발급대상자

농지취득자격증명을 발급받을 수 있는 자는 다음과 같다. 현재 농업인이 아닌 개인도 '농업인이 되고자 하는 자'의 자격이나 '주말 · 체험 영농' 목적으로 농지를 취득할 수 있다. 농업법인이 아닌 일반법인 또는 종중은 농지취득자격증명이 발급되지 않아서 농지를 취득할 수 없다. 그러나 일반법인도 해당 농지에 개발행위허가(농지전용허가나 농지전용신고 포함)를 받으면 농지를 취득할 수 있다.

① 농업인 또는 농업인이 되고자 하는 자

② 농업법인

③ 농지취득인정서를 발급받은 학교 및 공공단체 등

④ 주말 · 체험영농을 하고자 하는 농업인이 아닌 개인

⑤ 농지전용허가를 받거나 농지전용신고를 한 자(해당 농지를 취득하는 경우에 한정)

⑥ 농지의 개발사업지구안에서 한국농어촌공사가 개발하여 매도하는 농지(도 · 농간의 교류촉진을 위한 1천500㎡ 미만의 농원부지 또는 농어촌관광휴양지에 포함된 1천500㎡ 미만의 농지)를 취득하는 자

⑦ 한계농지 등의 정비사업시행자로부터 1천500㎡ 미만의 농지를 분

양받는 자

⑧ 영농여건불리농지를 취득하는 자

⑨ 비축용 농지를 취득하는 한국토지주택공사

## 농업인의 정의

농업인이란 농업에 종사하는 개인으로서 다음에 해당하는 자를 말한다.

- 1,000㎡ 이상의 농지에서 농작물 또는 다년생식물을 경작 또는 재배하거나 1년 중 90일 이상 농업에 종사하는 자(농업경영주와 피고용인으로 종사하는 계약을 체결하고 노동력을 제공하고 있는 자도 포함)

- 농지에 330㎡ 이상의 고정식 온실 · 버섯재배사 · 비닐하우스, 그 밖의 농림축산식품부령으로 정하는 농업생산에 필요한 시설을 설치하여 농작물 또는 다년생식물을 경작 또는 재배하는 자

- 대가축 2두, 중가축 10두, 소가축 100두, 가금 1천수 또는 꿀벌 10군 이상을 사육하거나 1년 중 120일 이상 축산업에 종사하는 자

- 농업경영을 통한 농산물의 연간 판매액이 120만 원 이상인 자

## 주말 · 체험 영농이란?

주말 · 체험 영농이란 농업인이 아닌 개인이 주말 등을 이용하여 취미 또는 여가활동으로 농작물을 경작하거나 다년생식물을 재배하는 것을 말한다. 주말 · 체험 영농이 목적인 농지는 1,000㎡ 미만이며, 이때 면적은 세대원 전부가 소유하는 총면적을 말한다. 즉, 아버지가 기존에 700㎡의 농지를 소유하고 있다면, 추가로 300㎡ 미만을 취득할 수 있다.

주말 · 체험 영농으로 취득하는 농지도 농지취득자격증명을 발급받아

야 하며, 농업경영계획서는 제출하지 않아도 된다.

## 농지취득자격증명의 신청

농지를 취득하려는 자는 직접 농지소재지 시 · 구 · 읍 · 면에 신청서를 제출하여야 한다. 다만, 개인 사정으로 바쁜 경우를 제외하고 일시적으로 불가피한 사유로 직접 신청이 어려운 경우는 대리 신청이 가능하다. 대리 신청으로 농지를 취득하려는 자는 위임장 제출, 해당 업무담당자와의 전화면담에 응해야 한다.

경매를 통해 농지를 취득하는 경우 낙찰받은 농지에 대한 '최고가매수인증명' 서류를 갖추고 해당 농지 소재지 시 · 구 · 읍 · 면에서 농업경영계획서를 작성하여 농지취득자격증명을 신청한다. 최고가 매수인으로 지정되고 매각허가 기일 전까지 농취증을 발급받지 못하면 '입찰보증금을 몰수'당할 수도 있으므로, 실무에서는 입찰 전 현장답사 시, 해당 농지 소재지 시 · 구 · 읍 · 면의 산업팀에 농지취득자격증명 발급 가능 여부를 사전에 문의해 보아야 한다.

## 농지취득자격증명 신청 시 제출서류

농지취득자격증명을 발급받고자 하는 자는 농지취득자격증명신청서를 작성 후 다음의 서류를 첨부하여 해당 농지의 소재지를 관할하는 시 · 구 · 읍 · 면장에게 제출한다.

① 농업경영계획서(농지를 농업경영 목적으로 취득하는 경우)

② 농지취득인정서(실습지 등 공공단체가 취득하는 경우)

③ 농지의 임대차계약서 또는 사용대차계약서(농지를 임차하거나 사용차하

여 농작물을 경작하거나 다년생식물 재배에 이용하거나 이용할 계획임을 입증하고

자 하는 경우)

④ 농지전용허가를 받거나 농지전용신고를 한 사실을 입증하는 서류

(농지를 전용목적으로 취득하려는 경우)

## 농업경영계획서

### 농업경영계획서 작성

농지취득자격증명을 발급받으려는 자는 농지 소재지를 관할하는 시·
구·읍·면의 장에게 발급 신청을 해야 하는데 이때, 다음의 사항이 모두
포함된 농업경영계획서를 작성하여야 한다.

① 취득 대상 농지의 면적

② 취득 대상 농지에서 농업경영을 하는 데에 필요한 노동력 및 농업
기계·장비·시설의 확보 방안

③ 소유 농지의 이용 실태(농지 소유자에게만 해당)

### 농업경영계획서 작성이 불필요한 농지

실습지 등 목적의 농지, 주말·체험 영농목적의 농지, 전용허가를 받은
농지, 시장·군수가 지정·고시한 영농여건불리농지, 한국토지주택공사
가 취득하는 비축농지 등은 농업경영계획서를 작성하지 않아도 된다.

## 농지취득자격증명의 발급

농지취득자격증명은 해당 농지 소재지를 관할하는 시·구·읍·면의 장에게 발급받아야 한다.

신청서 접수일로부터 4일(농업경영계획서를 작성하지 아니하고 자격증명 발급을 신청하는 경우에는 2일)이내에 농지취득자격증명을 발급해 준다. 실무에서는 농취증을 발급할 경우 신청서 접수일로부터 1~2일 정도면 발급이 가능하고, 농업경영계획서를 작성하지 아니하고 자격증명 발급을 신청하는 경우에는 당일에도 발급할 수 있다.

## 농지취득자격증명의 반려 통지

시·구·읍·면장은 신청인이 자격증명발급요건에 부합되지 않는 경우에는 신청서 접수일로부터 4일(농업경영계획서를 작성하지 않고 자격증명 발급을 신청하는 경우에는 2일) 이내에 다음과 같이 농지취득자격증명 미발급 사유를 명시하여 신청인에게 문서로 통보한다.

- 신청대상 토지가 농지에 해당하지 아니하는 경우
  "신청대상 토지가 「농지법」에 의한 농지에 해당되지 아니함"

- 신청대상 농지가 자격증명을 발급받지 아니하고 취득할 수 있는 농지인 경우 : "신청대상 농지는 농지취득자격증명을 발급받지 아니하고 취득할 수 있는 농지임('도시계획구역안 주거지역으로 결정된 농지' 등 해당 사유를 기재)"

- 신청인의 농지취득 원인이 자격증명을 발급받지 아니하고 농지를 취득할 수 있는 것인 경우
  "취득원인이 농지취득자격증명을 발급받지 아니하고 농지를 취득할

수 있는 경우에 해당함"

- 신청대상 농지가 「농지법」을 위반하여 불법으로 형질이 변경되었거나 불법건축물이 있는 농지인 경우

"신청대상 농지는 취득 시 농지취득자격증명을 발급받아야 하는 농지 이나 불법으로 형질이 변경되었거나 불법건축물이 있는 부분에 대한 복구가 필요하며 현 상태에서는 농지취득자격증명을 발급할 수 없음"

## 불법전용 농지의 농지취득자격증명

농지를 농작물의 경작이나 다년생식물의 재배 등 농업생산 또는 농지개 량 외의 용도로 사용하는 것을 농지의 전용이라 한다. 농지전용을 위한 허가를 받거나 신고를 하지 않고 농업생산 또는 농지개량 외의 용도로 사 용되고 있는 농지를 '불법전용된 농지'라 한다.

불법전용된 농지는 무조건 농지취득자격증명을 발급받지 못하는 것이 아니다. 농업경영계획서에 실현 가능한 사후 복구 계획을 포함하여 제출 하면, 농지의 원상회복 없이도 해당 시·구·읍·면으로부터 농지취득자 격증명을 발급받을 수 있다. 또한, 판례도 행정청이 '농지가 불법 형질변 경이 되었다는 이유로 농지취득자격증명 발급을 거부할 수 없다'고 보고 있다. 따라서 불법전용된 농지라도 비현실적인 농업경영계획서를 제출하 지 않는 한, 농지취득자격증명을 발급받는 데 문제가 되지는 않는다.

# 질의응답으로 배워 보기
## [출처 : 2011 농지민원사례집]

 **사례 1** Q. 농업인의 범위와 1년 중 90일 이상 농업에 종사하는 자란?
A. 1년 중 90일 이상 농업에 종사하는 자란 농장주 등에 고용되어
90일 이상 농업에 종사하는 자를 말함

「농지법 시행령」제3조에 따른 농업인의 범위는 다음과 같습니다.

① 1,000㎡이상의 농지에서 농작물 또는 다년생식물을 경작 또는 재배
하는 자

② 1년 중 90일 이상 농업에 종사하는 자

③ 농지에 330㎡이상의 고정식온실 · 버섯재배사 · 비닐하우스 등 농업
생산에 필요한 시설을 설치하여 농작물 또는 다년생식물을 경작 또
는 재배하는 자

④ 농업경영을 통한 농산물의 연간 판매액이 120만 원 이상인 자

⑤ 대가축 2두, 중가축 10두, 소가축 100두, 가금 1천수 또는 꿀벌 10
군 이상을 사육하거나 1년 중 120일 이상 축산업에 종사하는 자

또한, 1년 중 90일 이상 농업에 종사하는 자란 농업법인, 농장주 등 농
업 경영주와 1년 중 90일 이상 농업경영이나 농지경작 활동의 고용인으
로 종사한다는 고용계약을 체결하고 농업경영이나 농지경작 활동에 참가
(실제로 노동력을 제공)한 자를 의미합니다.

**사례 2**

Q. 종중 명의로 농지취득이 가능한지?

**A. 종중은 농지를 취득할 수 없음**

농지는 헌법의 경자유전원칙 실현을 위해 자기의 농업경영에 이용하고자 하는 농업인, 농업인이 되고자 하는 자, 농업법인만 취득하여 소유할 수 있도록 하고 있다.(「농지법」제6조제1항)

– 따라서, 농업인 또는 농업법인이 아닌 종중은 농지를 취득할 수 없습니다.

 **사례 3**

Q. 외국인도 농지취득이 가능한지?

**A. 벼, 보리 외 기타작물 재배목적으로 취득 가능**

「농지법」에서는 외국인(영주권자 포함)의 농지취득을 별도로 제한하고 있지는 않습니다.

관할청에서는 신청인이 국내에 거주하면서 영농을 하고자 하는 경우에는 농업경영계획서의 실현가능성을 검토하여 농지취득자격증명 발급 여부를 결정합니다.

신청인이 국내에 거주하지 않으면 사실상 농업경영이 가능하지 않은 것으로 보아 농지취득자격증명 발급은 불가합니다.

참고로, 외국인의 경우에는 「외국인투자촉진법」 및 「외국인투자 통합공고」에 따라 벼, 보리재배는 투자가 제한되므로 벼, 보리재배 목적으로는 농지취득이 불가합니다.

Q. 농지를 공유로 취득할 수 있는지
A. 취득가능

사례 4

「농지법」상 농지를 공유로 취득하는 것을 제한하는 규정은 없다.

농지취득자격증명을 발급하는 시장·군수·읍장·면장은 농지취득 자격증명 신청농지를 신청인이 자기의 농업경영 등 취득목적대로 이용할 수 있는지 여부를 판단하여 농지취득 자격증명 발급 여부를 결정합니다.

농지를 공유로 취득하고자 하는 경우에도 농지취득자격증명을 발급받아야 취득이 가능하며, 농지를 취득한 후에는 해당 소유농지를 자기의 농업경영에 이용하는 등 당초 취득 목적 대로 이용해야 합니다.

본인 지분의 농지를 취득 목적 대로 이용하지 아니하는 것이 적발되면 시장·군수·읍장·면장은 해당 농지의 지분에 대하여 처분대상 농지로 통지할 수 있습니다.(「농지법」제10조제1항)

Q. 불법묘지가 있는 농지를 취득하고자 할 때 농지취득자격증명을 발급받을 수 있는지?

사례 5

A. 묘지가 농지의 극히 일부이고 농업경영 계획서가 실현 가능하다고 판단하는 경우 발급

농지취득자격증명 신청 시 농업경영계획서를 첨부하여 제출하여야 하며, 관할 시·구·읍·면에서는 동 계획서 상의 내용이 실현 가능하다고 인정될 때 농지취득자격증명을 발급하고 있습니다.(「농지법」제8조)

농지전용 허가(신고)를 받지 아니하고 불법으로 묘지를 조성한 경우에

는 묘지를 농지로 원상복구 후 취득해야 합니다.

다만, 묘지가 차지하는 부분이 농지의 극히 일부인 경우로서 묘지를 제외한 나머지 부분을 경작지로 이용하는 데 큰 지장이 없고, 농업경영계획서의 내용이 실현 가능하다고 발급권자가 판단하는 경우에는 농지취득자격증명 발급이 가능하다고 판단됩니다.

아울러, 묘지가 1973.1.1. 이전에 설치된 경우에는 해당토지가 「농지법」상 농지가 아니므로 나머지 부분에 대해서만 농지취득자격증명을 발급하면 됩니다.

– 이 경우 농지가 아닌 부분은 분할을 한 후 지목을 변경토록 조치해야 합니다.

 **사례 6** Q. 농지취득자격증명 발급 없이 취득한 농지도 처분대상 농지에 해당되는지?

A. 「농지법」제10조의 처분대상 농지는 모든 농지를 말함

농지취득자격증명을 발급받지 않고 취득할 수 있는 농지는 다음과 같습니다.

– 상속농지, 담보농지, 도시지역의 주거 · 상업 · 공업지역의 농지 또는 도시계획시설 예정지에 포함된 농지 등 농식품부장관과 미리 농지 전용협의에 관한 협의를 한 농지 등을 말합니다.

상속농지 등 농지취득자격증명을 발급받지 않고 취득할 수 있는 농지의 경우에는 예외적으로 타인에게 임대를 통하여 소유할 수 있습니다.

– 상속농지는 1ha를 초과하여 타인에게 임대하거나, 휴경을 할 경우에
는 관할 시·군·구에서 농지처분 통지가 내려질 수 있습니다.

「농지법」제10조(농업경영에 이용하지 아니하는 농지 등의 처분)는 모든 농지를
대상으로 하고 있으며, 특별히 주거·상업·공업지역 등 농지취득자격증
명을 발급받지 않고 취득한 농지도 개발행위허가나 건축허가를 받아 농
지전용이 완료되기 전까지는 「농지법」제10조의 적용을 받는 농지입니다.

■ 농지법 시행규칙 [별지 제3호서식]

# 농지취득자격증명신청서

※ 뒤쪽의 신청안내를 참고하시기 바라며, 색상이 어두운 란은 신청인이 작성하지 않습니다. (앞쪽)

| 접수번호 | 접수일자 | 처리기간 | 4일<br>(농업경영계획서를 작성하지<br>않는 경우에는 2일) |
|---|---|---|---|

| 농지<br>취득자<br>(신청인) | ① 성 명<br>(명 칭) | ② 주민등록번호<br>(법인등록번호) | ⑤ 취득자의 구분 | | | |
|---|---|---|---|---|---|---|
| | ③ 주 소 | | 농업인 | 신규<br>영농 | 주말 · 체험<br>영농 | 법인 등 |
| | ④ 전화번호 | | | | | |

| 취득<br>농지의<br>표시 | ⑥ 소 재 지 | | | | | | ⑩ 농지구분 | | | |
|---|---|---|---|---|---|---|---|---|---|---|
| | 시<br>·<br>군 | 구<br>·<br>읍<br>면 | 리<br>·<br>동 | ⑦<br>지번 | ⑧<br>지목 | ⑨ 면<br>적(㎡) | 농업진흥지역 | | 진흥<br>지역<br>밖 | 영농<br>여건<br>불리<br>농지 |
| | | | | | | | 진흥<br>구역 | 보호<br>구역 | | |
| | | | | | | | | | | |
| | | | | | | | | | | |
| | | | | | | | | | | |

| ⑪ 취득<br>원인 | | | | |
|---|---|---|---|---|
| ⑫ 취득<br>목적 | 농업<br>경영 | 주말체험<br>영농 | 농지<br>전용 | 시험 · 연구 · 실<br>습지용 등 |

「농지법」 제8조제2항, 같은 법 시행령 제7조제1항 및 같은 법 시행규칙 제7조제1항제2호에 따라 위와 같이 농지취득자격증명의 발급을 신청합니다.

년 월 일

농지취득자(신청인) (서명 또는 인)

## 시장 · 구청장 · 읍장 · 면장 귀하

| 첨부<br>서류 | 1. 별지 제2호서식의 농지취득인정서(법 제6조제2항제2호에 해당하는 경우만 해당합니다)<br>2. 별지 제4호서식의 농업경영계획서(농지를 농업경영 목적으로 취득하는 경우만 해당합니다)<br>3. 농지임대차계약서 또는 농지사용대차계약서(농업경영을 하지 않는 자가 취득하려는 농지의 면적이 영 제7조제2항제5호 각 목의 어느 하나에 해당하지 않는 경우만 해당합니다)<br>4. 농지전용허가(다른 법률에 따라 농지전용허가가 의제되는 인가 또는 승인 등을 포함합니다)를 받거나 농지전용신고를 한 사실을 입증하는 서류(농지를 전용목적으로 취득하는 경우만 해당합니다) | 수수료 :<br>「농지법<br>시행령」<br>제74조에<br>따름 |
|---|---|---|
| 담당<br>공무원<br>확인사항 | 법인 등기사항증명서(신청인이 법인인 경우만 해당합니다) | |

210mm×297mm[백상지 80g/㎡]

## 기재시 유의사항

① 란은 법인에 있어서는 그 명칭 및 대표자의 성명을 씁니다.

② 란은 개인은 주민등록번호, 법인은 법인등록번호를 씁니다.

⑤ 란은 다음 구분에 따라 농지취득자가 해당되는 란에 ○표를 합니다.

　　가. 신청당시 농업경영에 종사하고 있는 개인은 "농업인"

　　나. 신청당시 농업경영에 종사하고 아니하지만 앞으로 농업경영을 하려는 개인은 "신규영농"

　　다. 신청당시 농업경영에 종사하지 아니하지만 앞으로 주말·체험영농을 하려는 개인은 "주말·체험영농"

　　라. 농업회사법인·영농조합법인, 그 밖의 법인은 "법인 등"

[취득농지의 표시]란은 취득대상 농지의 지번에 따라 매 필지별로 씁니다.

⑧ 란은 공부상의 지목에 따라 전·답·과수원 등으로 구분하여 씁니다.

⑩ 란은 매 필지별로 진흥구역·보호구역·진흥지역 밖으로 구분하여 해당란에 ○표를 합니다.

⑪ 란은 매매·교환·경락·수증 등 취득원인의 구분에 따라 씁니다.

⑫ 란은 농업경영 / 주말·체험영농 / 농지전용 / 시험·연구·실습용 등 취득 후 이용목적의 구분에 따라 해당란에 ○표를 합니다.

※ 농지취득 후 농지이용목적 대로 이용하지 아니할 경우 처분명령 / 이행강제금 부과 / 징역·벌금 등의 대상이 될 수 있으므로 정확하게 기록하여야 합니다.

## 처리 절차

이 신청서는 무료로 배부되며 아래와 같이 처리됩니다.

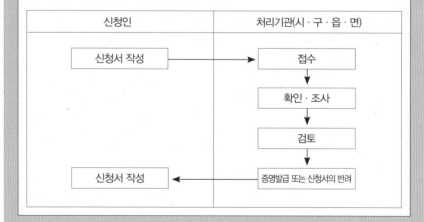

■ 농지법 시행규칙 [별지 제5호서식]

제 호

# 농지취득자격증명

| 농지<br>취득자<br>(신청인) | 성 명<br>(명 칭) | | 주민등록번호<br>(법인등록번호) | |
|---|---|---|---|---|
| | 주 소 | | | |
| | 전화번호 | | | |

| 취득<br>농지의<br>표시 | 소재지 | 지번 | 지목 | 면적(㎡) |
|---|---|---|---|---|
| | | | | |
| | | | | |
| | | | | |
| | | | | |

| 취득<br>목적 | |
|---|---|

귀하의 농지취득자격증명신청에 대하여「농지법」 제8조, 같은 법 시행령 제7조제2항 및 같은 법 시행규칙 제7조제4항에 따라 위와 같이 농지취득자격증명을 발급합니다.

년 월 일

## 시장 · 구청장 · 읍장 · 면장

| 직인 |
|---|

---

### 유의사항

1. 귀하께서 해당 농지의 취득과 관련하여 허위 그 밖에 부정한 방법에 따라 이 증명서를 발급받은 사실이 판명되면「농지법」제59조에 따라 3년 이하의 징역이나 1천만원 이하의 벌금에 처해질 수 있습니다.
2. 귀하께서 취득한 해당 농지를 취득목적대로 이용하지 아니할 경우에는「농지법」제11조제1항 및 제62조에 따라 해당 농지의 처분명령 및 이행강제금이 부과될 수 있습니다.

210mm×297mm[백상지 120g/㎡]

■ 농지법 시행규칙 [별지 제4호서식]

# 농업경영계획서

(앞쪽)

| 취득 대상 농지에 관한 사항 | ① 소재지 | | | ② 지번 | ③ 지목 | ④ 면적 (㎡) | ⑤ 영농 거리 | ⑥ 주재배 예정작목 (축종명) | ⑦ 영농 착수 시기 |
|---|---|---|---|---|---|---|---|---|---|
| | 시·군 | 구·읍·면 | 리·동 | | | | | | |
| | | | | | | | | | |
| | | | | | | | | | |
| | 계 | | | | | | | | |

| 농업 경영 노동 력의 확보 방안 | ⑧ 취득자 및 세대원의 농업경영능력 | | | | | |
|---|---|---|---|---|---|---|
| | 취득자와 관계 | 성별 | 연령 | 직업 | 영농경력(년) | 향후 영농여부 |
| | | | | | | |
| | | | | | | |
| | ⑨ 취득농지의 농업경영에 필요한 노동력확보방안 | | | | | |
| | 자기노동력 | | 일부고용 | | 일부위탁 | 전부위탁(임대) |
| | | | | | | |

| 농업 기계 · 장비의 확보 방안 | ⑩ 농업기계 · 장비의 보유현황 | | | | | |
|---|---|---|---|---|---|---|
| | 기계 · 장비명 | 규격 | 보유현황 | 기계 · 장비명 | 규격 | 보유현황 |
| | | | | | | |
| | ⑪ 농업기계장비의 보유 계획 | | | | | |
| | 기계 · 장비명 | 규격 | 보유현황 | 기계 · 장비명 | 규격 | 보유현황 |
| | | | | | | |

| 연고자에 관한 사항 | 연고자 성명 | | 관계 | |
|---|---|---|---|---|

「농지법」 제8조제2항, 같은 법 시행령 제7조제1항 및 같은 법 시행규칙 제7조제1항제3호에 따라 위와 같이 본인이 취득하려는 농지에 대한 농업경영계획서를 작성 · 제출합니다.

년    월    일

제출인                                      (서명 또는 인)

210mm×297mm[백상지 80g/㎡]

| ⑬ 소유농지의 이용현황 | | | | | | | | |
|---|---|---|---|---|---|---|---|---|
| 소재지 | | | | 지번 | 지목 | 면적<br>(㎡) | 주재배작목<br>(축종명) | 자경<br>여부 |
| 시·도 | 시·군 | 읍·도 | 리·동 | | | | | |
| | | | | | | | | |
| | | | | | | | | |

| ⑭임차(예정)농지현황 | | | | | | | | |
|---|---|---|---|---|---|---|---|---|
| 소재지 | | | | 지번 | 지목 | 면적<br>(㎡) | 주재배(예정)<br>작목(축종명) | 임차<br>(예정)<br>여부 |
| 시·도 | 시·군 | 읍·도 | 리·동 | | | | | |
| | | | | | | | | |
| | | | | | | | | |

| ⑮ 특기사항 | |
|---|---|
| | |

### 기재상 유의사항

⑤ 란은 거주지로부터 농지소재지까지 일상적인 통행에 이용하는 도로에 따라 측정한 거리를 씁니다.

⑥ 란은 그 농지에 주로 재배·식재하려는 작목을 씁니다.

⑦ 란은 취득농지의 실제 경작 예정시기를 씁니다.

⑧ 란은 같은 세대의 세대원 중 영농한 경력이 있는 세대원과 앞으로 영농하려는 세대원에 대하여 영농경력과 앞으로 영농 여부를 개인별로 씁니다.

⑨ 란은 취득하려는 농지의 농업경영에 필요한 노동력을 확보하는 방안을 다음 구분에 따라 해당되는 난에 표시합니다.

　　가. 같은 세대의 세대원의 노동력만으로 영농하려는 경우에는 자기 노동력 란에 ○표

　　나. 자기노동력만으로 부족하여 농작업의 일부를 고용인력에 의하려는 경우에는 일부고용란에 ○표

　　다. 자기노동력만으로 부족하여 농작업의 일부를 남에게 위탁하려는 경우에는 일부 위탁 란에 위탁하려는 작업의 종류와 그 비율을 씁니다. [예 : 모내기(10%), 약제살포(20%) 등]

　　라. 자기노동력에 의하지 아니하고 농작업의 전부를 남에게 맡기거나 임대하려는 경우에는 전부위탁(임대)란에 ○표

⑩ 란과 ⑪란은 농업경영에 필요한 농업기계와 장비의 보유현황과 앞으로의 보유계획을 씁니다.

⑫ 란은 취득농지의 소재지에 거주하고 있는 연고자의 성명 및 관계를 씁니다.

⑬ 란과 ⑭란은 현재 소유농지 또는 임차(예정)농지에서의 영농상황(계획)을 씁니다.

⑮ 란은 취득농지가 농지로의 복구가 필요한 경우 복구계획 등 특기사항을 씁니다.

210mm×297mm[백상지 80g/㎡]

# CHAPTER 5

# 농지의 이용

농지 소유자가 농지를 본래 목적에 따라 농작물 또는 다년생 식물을 경작·재배하거나 농작물 또는 다년생 식물의 경작·재배에 활용되도록 하는 행위를 농지의 이용이라 말한다.

우리나라는 농지에 관해 농사를 짓는 사람만이 농지를 소유하도록 허용하고 있으나, 농업 생산성의 제고와 농지의 합리적인 이용 또는 불가피한 사정으로 발생하는 농지의 임대차와 위탁경영은 법률이 정하는 바에 의하여 인정하고 있다. 현행법상 인정되는 농지의 이용방법으로는 농지의 자경, 임대차·사용대차, 위탁경영을 들 수 있다.

## 농지의 자경

농지의 자경이란 농업인이 그 소유농지에서 농작물 경작 또는 다년생식물 재배에 상시 종사하거나(전업 농업인), 농작업의 2분의 1 이상을 자기의 노동력으로 경작 또는 재배하는 것(겸업 농업인)과 농업법인이 그 소유농지에서 농작물을 경작하거나 다년생식물을 재배하는 것을 말한다.

### 자경증명발급

자경증명은 경작면적과 관계없이 자경하고 있는 농업인 또는 농업법인이면 발급신청이 가능하다. 자경증명을 발급받고자 하는 자는 자경증명발급신청서를 해당 농지소재지를 관할하는 시 · 구 · 읍 · 면에 제출하면 된다.

## 농지의 임대차 · 사용대차

농지의 임대차 · 사용대차란 농지를 소유하는 사람이 불가피한 사정으로 농지를 직접 경작하지 못하더라도, 임대차 · 사용대차의 요건에 해당하면 임대차 또는 사용대차 계약을 통해 다른 사람이 농업을 경영하도록 하는 것을 말한다.

### 농지의 임대와 사용대

임대란 농지의 소유자가 해당 농지를 타인으로 하여금 사용 · 수익하게 하고 그에 대하여 임대료를 받는 경우를 말하고, 사용대란 농지의 소유자가 해당 농지를 타인으로 하여금 무상으로 사용 · 수익하게 한 후 반환하도록 하는 경우를 말한다.

### 임대차와 사용대차 계약 방법과 확인

임대차계약과 사용대차계약은 서면계약이 원칙이나, 계약서의 작성 여부에 관계없이 실질적인 내용에 의하여 판단하기도 한다. 임대차계약은 그 등기가 없는 경우에도 임차인이 농지소재지를 관할하는 시·구·읍·면장의 확인을 받고, 해당 농지를 인도받은 경우에는 그 다음 날부터 제삼자에 대하여 효력이 생긴다.

시·구·읍·면의 장은 농지임대차계약 확인대장을 갖추어 두고, 임대차계약증서를 소지한 임대인 또는 임차인의 확인 신청이 있는 때에는 임대차계약을 확인한 후 대장에 그 내용을 기록한다.

## 임대차 최소기간 지정

임차농업인이 다년생식물재배, 비닐하우스 등을 이용한 농업경영을 위해서는 상당한 기간이 걸린다. 임차농업인의 계획적·안정적인 농업 경영의 보장을 위해 임대차 최소기간을 지정하였고 주요 내용은 다음과 같다.

① 임대차기간은 3년 이상으로 정하도록 함
② 임대차기간을 정하지 않거나 3년보다 짧은 경우에는 3년으로 약정된 것으로 봄
③ 임대차계약을 연장 또는 갱신하거나 재계약을 체결하는 경우 그 임대차 기간에 대해서 동일하게 적용
④ 임대인이 불가피한 사정이 있는 경우 임대기간을 3년 미만으로 정할 수 있음

## 농지 임대차기간의 예외

임대차기간은 3년 이상으로 한다. 그러나 임대인이 다음의 불가피한 사유가 있는 경우에는 임대차 기간을 3년 미만으로 정할 수 있고, 이 경우 임차인은 3년 미만으로 정한 기간이 유효함을 주장할 수 있다.

① 질병, 징집, 취학의 경우

② 선거에 의한 공직에 취임하는 경우

③ 부상으로 3개월 이상의 치료가 필요한 경우

④ 교도소·구치소 또는 보호감호시설에 수용 중인 경우

⑤ 농업법인이 청산 중인 경우

⑥ 농지전용허가를 받았거나 농지전용 농지전용신고를 하였으나 농지
전용목적사업에 착수하지 않은 경우

## 임대차계약에 관한 조정

임대차계약의 당사자는 임대차 기간, 임차료 등 임대차계약에 관하여 서
로 협의가 이루어지지 아니한 경우에는 농지소재지를 관할하는 시장·군
수 또는 자치구청장에게 조정을 신청할 수 있다. 시장·군수 또는 자치구
청장은 조정의 신청이 있으면 지체 없이 농지임대차조정위원회를 구성하
여 조정절차를 개시하고, 농지임대차조정위원회에서 작성한 조정안을 임
대차계약 당사자가 수락한 때에는 이를 해당 임대차의 당사자 간에 체결
된 계약의 내용으로 본다.

## 임대차계약의 갱신 등

임대인이 임대차 기간이 끝나기 3개월 전까지 임차인에게 임대차계약을
갱신하지 아니한다는 뜻이나 임대차계약 조건을 변경한다는 뜻을 통지하
지 아니하면 그 임대차 기간이 끝난 때에 이전의 임대차계약과 같은 조건
으로 다시 임대차계약을 한 것으로 본다.

임대 농지의 양수인은 임대인의 지위를 승계한 것으로 보며, 농지법에

위반된 약정으로서 임차인에게 불리한 것은 그 효력이 없다.

## 농지의 위탁경영

농지의 위탁경영이란 농지 소유자가 타인에게 일정한 보수를 지급하기로 약정하고 농작업의 전부 또는 일부를 위탁하여 행하는 농업경영을 말한다.

위탁경영은 부분위탁과 전부위탁의 경우가 있다.

### 부분위탁경영

농지의 소유자가 타인에게 일정한 보수를 지급하기로 하고 농작업의 일부를 위탁하여 행하는 농업경영으로서 농지소유자가 주요 농작업의 3분의 1 이상을 자기 또는 세대원의 노동력에 의하거나 1년 중 30일 이상을 주요 농작업에 직접 종사하는 경우이다.

### 전부위탁경영

농지의 소유자가 타인에게 일정한 보수를 지급하기로 하고 농작업의 전부를 위탁하여 행하는 농업경영과 일부를 위탁하여 행하는 농업경영으로서 부분위탁경영에 해당하지 않는 농업 경영을 말한다.

### 농지소유자는 다음의 경우 소유농지를 위탁 경영할 수 있다

① 3개월 이상 국외 여행 중인 경우

② 농업법인이 청산 중인 경우

③ 선거에 따른 공직 취임으로 자경할 수 없는 경우

④ 부상으로 3월 이상의 치료가 필요한 경우

⑤ 교도소 · 구치소 또는 보호감호시설에 수용 중인 경우

⑥ 농지이용증진사업 시행계획에 따라 위탁경영하는 경우

⑦ 농업인이 자기 노동력이 부족하여 농작업의 일부를 위탁하는 경우

## 질의응답으로 배워 보기
## [출처 : 2011 농지민원사례집]

 **Q. 상속농지 2ha를 인근에서 농사짓고 있는 농업인에게 임대하는 것이 가능한지?**

**A. 상속농지는 1ha이내에서 타인에게 임대가능**

헌법에서 소작제도를 금지함에 따라 소유농지를 타인에게 임대 · 사용대하는 것을 원칙적으로 금지하고 있으며, 예외적으로 다음과 같은 경우에는 허용하고 있습니다.

- 「농지법」시행('96.1.1.) 이전부터 소유하고 있는 농지

- 국가, 지방자치단체 소유 농지

- 고령 은퇴농가의 소유 농지(60세 이상, 5년 이상 자경)

- 질병, 징집, 취학 등 부득이한 사유로 임대하는 농지

- 상속농지 및 8년 이상 농업경영 후 이농 시 소유 농지(1ha)

- 농지은행에 위탁하여 임대하는 농지

- 농지이용증진사업 시행계획에 따라 임대하는 농지 등

상속농지의 경우에는 1ha 이내에서 타인에게 임대할 수 있으며, 1ha를 초과하여 임대하여 농지이용실태조사에서 적발될 경우에는 농지처분 통지를 받을 수 있습니다.

따라서, 1ha를 초과하는 농지는 직접 경작하거나 처분하여야 하지만, 초과되는 농지를 한국농어촌공사에 위탁하여 임대하는 것은 가능합니다.

**사례 2** Q. 소유농지를 타인에게 위탁하여 영농하는 것이 가능한지?
A. 전부위탁은 징집 등 불가피한 경우에만 가능, 자기 노동력이 부족한 경우의 일부위탁은 가능

위탁영농이란 농지의 소유자가 타인에게 일정한 보수를 지급할 것을 약정하고 영농작업의 전부 또는 일부를 위탁하여 영농하는 행위를 말합니다.

농지의 위탁영농도 징집, 복역, 국외여행, 취학, 질병 등 불가피한 경우 이외에는 할 수 없도록 제한하고 있습니다.(「농지법」제9조)

자기의 노동력이 부족하여 통상적인 농업경영 관행에 따라 자기 또는 세대원의 노동력으로는 해당 농지의 농업경영에 관련된 농작업의 전부를 행할 수 없는 경우에는 타인의 노동력을 이용하여 경영을 하는 일부위탁경영은 예외적으로 허용을 하고 있습니다.(「농지법」제9조 및 「농지법 시행령」제8조)

다만, 일부위탁의 경우에도 자기 또는 세대원의 노동력으로 주요 농작업의 3분의 1 이상 또는 1년 중 30일 이상을 직접 종사하여야 합니다.

CHAPTER ⑥

# 농지의
# 처분명령 제도

## 농지의 처분통지

농지의 처분통지는 농지취득 시 통작거리 제한 폐지(1996.1.1. 농지법 시행일) 등 사전적 규제를 완화하여 농지거래를 쉽게 한 대신, 취득한 농지를 자기의 농업경영 등 취득목적대로 이용하지 않을 경우 이를 처분통지 함으로써 농지의 투기적 소유를 막는 데 그 목적이 있다. 취득한 농지를 휴경, 불법임대 등 자기의 농업경영에 이용하지 않았을 때에는 청문회 등을 거치고 정당한 사유가 없다고 시장·군수 및 구청장이 인정하는 경우에는 처분의무 통지 대상이 된다.

■ 정당한 사유란 자연재해 등으로 영농이 불가능하게 되어 휴경한 경우, 질병 또는 취학으로 인하여 휴경한 경우 등

처분대상이 되는 농지 농지소유자는 다음의 어느 하나에 해당하게 되면 그 사유가 발생한 날부터 1년 이내에 해당 농지를 처분하여야 한다.

① 소유농지를 정당한 사유 없이 자기의 농업경영에 이용하지 아니하거나 이용하지 아니하게 되었다고 시장·군수 또는 구청장이 인정한 경우

② 영농여건불리농지를 정당한 사유 없이 휴경한 경우

③ 농지소유자격을 상실한 후 3개월이 경과한 농업회사법인이 소유하고 있는 농지

■ **농업회사법인의 농지소유 자격**
농업인인 자가 업무집행사원(이사)의 1/3 이상

④ 학교·공공단체·농업연구기관·농업생산자단체 또는 종묘 기타 농업 기자재를 생산하는 자 중에서 그 목적사업을 수행하기 위하여 농지를 취득한 자가 그 농지를 당해 목적사업에 이용하지 아니하게 되었다고 시장·군수 또는 구청장이 인정한 경우

⑤ 주말·체험 영농 목적으로 취득한 농지를 정당한 사유 없이 목적대로 이용하지 아니하거나 이용하지 아니하게 되었다고 시장·군수 또는 구청장이 인정한 경우

⑥ 농지전용허가 또는 농지전용신고를 하고 농지를 취득한 자가 취득한 날부터 2년 이내에 그 목적사업에 착수하지 아니한 경우

⑦ 농림수산식품부 장관과 협의를 마치지 아니하고 「공익사업을 위한 토지 등의 취득 및 보상에 관한 법률」에 따라 소유한 농지

⑧ 공공토지비축심의위원회가 비축이 필요하다고 인정하는 토지로서 국토계획법에 따른 계획 관리지역과 자연녹지지역 안의 농지를 한국토지주택공사가 취득하여 소유하는 경우 그 취득한 농지를 전용하기 전까지는 한국농어촌공사에 지체 없이 위탁하여 임대하거나 사용대하여야 하나 그러하지 아니한 농지

⑨ 소유상한을 초과하여 농지를 소유한 것이 판명된 경우

⑩ 거짓이나 그 밖의 부정한 방법으로 농지취득자격증명을 발급받아 농지를 소유한 것이 판명된 경우

⑪ 정당한 사유 없이 농업경영계획서 내용을 이행하지 아니하였다고 시장·군수 또는 구청장이 인정한 경우

## 처분 대상 농지의 결정

시·구·읍·면의 장은 처분 대상 농지의 요건에 해당하는지를 면밀히 검토하고 조사하여 결정한다. 처분 대상 농지를 결정하고자 하는 경우에는 법에 따라 청문을 실시하며, 처분 대상 농지의 소유자에 대하여 영농 경력, 농업경영 여건, 처분 대상에 이르게 된 배경 등을 참작할 수 있다.

## 처분의무통지서 송부

시장·군수·구청장은 처분 대상 농지로 결정하기 위한 절차를 거쳐 처분 대상 농지를 결정한 때에는 해당 농지의 소유자에게 다음의 사항을 명백히 밝혀 처분의무통지서로 농지의 처분의무를 통지한다. 다만, 주소 불명의 사유로 처분의무통지서를 보낼 수 없는 경우에는 그 내용을 시·군·구의 게시판에 14일 이상 공고함으로 갈음한다.

① 처분대상 농지

② 처분의무 발생 사유

③ 처분의무기간 및 기한

④ 이의제기 기간 및 이의제기 방법

## 이의사항에 대한 재조사

처분통지를 받은 자가 이의제기기간 안에 이의제기하였을 경우 시·군·구의 장은 지체 없이 조사하여 서면으로 기록·유지하여야 한다. 재조사는 당초 조사한 담당자가 할 수 없으며, 이의사항에 대한 조사결과 그 내용이 타당하다고 인정되는 경우에는 처분 대상 농지의 결정을 취소하고, 재조사 결과 그렇지 않다고 인정되는 경우 그 사실을 이의 신청자에게 서면으로 통지한다.

## 처분의무의 이행 및 소멸

처분의무가 확정되고 농지처분사유가 발생한 날부터 1년 이내에 해당 농지를 처분해야 한다. 그러나 처분의무통지를 받았다고 해서 반드시 농지를 처분해야 하는 것은 아니다. 농지를 자기의 농업경영에 3년간 이용하는 경우 또는 강제처분 통지를 받고 농지를 팔기 위해 농지은행에 매도를 위탁한 지 3년이 경과한 경우 처분의무는 소멸한다.

하지만 처분의무를 이행하여야 할 자가 처분의무를 성실히 이행하지 않고 민원을 제기하는 등 다른 행위를 행정청에 계속 요구할 경우에는 농지취득자격증명발급 신청 당시에 작성한 농업경영계획서의 사위 유무를 조사하여 사위임이 분명할 경우 농지법에 따른 처벌이 가능하도록 고발

조치될 수 있다.

## 농지의 처분명령

시장·군수·구청장은 처분의무가 확정된 농지소유자에 대하여 처분의무이행 여부를 조사(처분의무기간 만료일을 기준)하고, 조사결과 '처분의무를 이행하지 않은 자가 성실경작하지 않은 경우' 또는 '처분명령유예를 받은 자가 처분명령유예기간이 종료되기 전에 성실경작하지 않은 경우'에는 농지소유자에게 6개월 이내에 그 농지를 처분할 것을 명할 수 있다. 처분명령을 이행하지 않을 경우 매년 공시지가의 20%에 해당하는 이행강제금이 부과된다.

이때 처분명령을 받은 농지소유자는 농지은행에 매도위탁을 할 수 있다. 한국농어촌공사는 처분명령을 받은 농지소유자의 매수청구가 있을 시 공시지가를 기준으로 해당 농지를 매수할 수 있으며 매수 시 공시지가와 실거래가를 비교하여 실거래가가 낮은 경우에는 실거래가로 매수할 수 있다.

## 처분명령 대상

아래에 해당하는 농지소유자는 처분명령의 대상이 된다.

① 처분의무통지를 받고 처분의무기간 안에 처분 대상 농지를 처분하지 않은 해당 농지의 소유자

② 처분명령유예 통지를 받고 유예기간 내에 성실경작을 하지 않았거나, 농지의 매도위탁계약을 만료 또는 해지한 농지소유자

### 처분명령의 유예 및 처분의무의 소멸

시장 · 군수 · 구청장은 처분의무기간 내에 처분 대상 농지를 처분하지 않은 농지의 소유자가 해당 농지를 자기의 농업경영에 이용하는 경우, 한국농어촌공사와 해당 농지의 매도위탁계약을 체결할 경우에는 처분의무 기간이 지난날부터 3년간 농지의 처분명령을 직권으로 유예할 수 있다.

이 경우 시장 · 군수 · 구청장은 자기의 농업경영에 이용한 농지의 소유자 및 매도위탁계약을 체결한 농지소유자에게 농지처분명령유예통지서를 발급하여야 한다. 또한, 농지소유자가 처분명령을 유예받은 후 처분명령을 받지 않고 그 유예기간이 지난 경우에는 농지의 처분의무가 소멸한다.

### 처분기간 및 효력

시장 · 군수 · 구청장은 처분의무이행여부조사결과 처분의무를 이행하지 않은 농지소유자에게 농지처분명령서를 송부하며, 처분기간은 처분명령일부터 6월로 한다. 이 처분에 대하여 명령을 한 자(시장 · 군수 · 구청장)가 취소하지 않는 한 그 효력은 유지된다.


## 이행강제금

### 이행강제금부과대상자

시장 · 군수 · 구청장으로부터 처분명령을 받음에도 불구하고, 정당한 사유 없이 처분 기간 내에 농지를 처분하지 않은 농지소유자가 대상이 된다.

## 정당한 사유에 해당하는 경우란?

① 한국농어촌공사에 매수를 청구하여 협의 중인 경우

② 법률 또는 법원의 판결 등에 따라 처분이 제한되는 경우

> ■ 처분명령기간 경과 전에 해당 농지의 매매계약 등 처분을 위한 구체적인 행위가 있고 이행강제금 부과일 전에 농지를 처분한 경우에는 처분명령기간 이내에 처분한 것으로 인정한다.

## 이행강제금의 산출

해당 농지의 개별공시지가(㎡당) × 20/100 × 면적(㎡)

*2014.1.1. 이후에도 2014년도 개별공시지가가 결정 · 공시되지 않은 경우는 이미 공시된 2013년도 개별공시지가를 적용한다.

## 이의제기

이행강제금 부과 처분에 대한 불복자는 그 처분을 고지받은 날부터 30일 이내에 시장 · 군수 · 구청장에게 이의를 제기할 수 있으며, 이의제기 시 시장 · 군수 · 구청장은 지체 없이 그 사실을 관할 법원에 통보하여야 한다.

# 질의응답으로 배워 보기
## [출처 : 2011 농지민원사례집]

 Q. '96. 이전에 취득한 농지는 자경하지 않아도 처분대상에서 제외되는지?

**A. '96. 이전부터 소유하고 있는 농지는 처분대상에서 제외**

"농지는 자기의 농업경영에 이용하거나 이용할 자가 아니면 농지를 소유하지 못한다." 라고 농지의 소유를 제한하고 있습니다.(「농지법」제6조제1항)

- 다만, 「농지법」시행일인 1996.1.1. 당시 농지를 소유하고 있는 자에 대해서는 「농지법」제6조제1항(농지소유제한) · 제10조(농지등의 처분) · 제11조 (처분명령 및 매수청구) · 제23조(임대차 또는 사용대차) 및 제62조(이행강제금)를 해당 농지 소유에 관하여 적용하지 않도록 하고 있습니다.(「농지법」부칙 제5조, '94.12.22.)

따라서, 1996.1.1. 이전에 취득한 농지는 자기의 농업경영에 이용하지 않더라도 처분대상이 아닙니다.

참고로 농업경영을 목적으로 1996년 이후에 농지를 취득한 후 부상, 징집, 취학, 국외여행 등 「농지법 시행령」제9조에서 정하고 있는 정당한 사유 없이 해당 농지를 휴경하거나 임대 · 사용대 또는 위탁경영을 하게 되면 「농지법」제10조에 따라 시장 · 군수 · 구청장은 농지처분의무를 통지하며 이 경우 1년 이내에 농지를 처분해야 합니다. 만약 기간 내에 처분하지 않을 경우 처분명령(6개월 내에 처분해야 함) 및 처분시까지 매년 이행강제금(공시지가의 20퍼센트(%))을 부과합니다.

**사례 2**

Q. 해외출국으로 휴경 시 농지처분의무가 면죄되는지?
A. 3개월 이상 출국 시 면제

농지는 자기의 농업경영에 이용하거나 이용할 자가 아니면 농지를 소유하지 못합니다.(「농지법」제6조제1항)

농업경영을 목적으로 농지를 취득한 후 부상, 징집, 취학, 3개월 이상 국외여행 등 정당한 사유로 휴경하거나 임대·사용대 또는 위탁 경영을 한 사실이 확인 될 경우에는 지자체에서 처분의무 통지를 하지 않습니다.(「농지법 시행령」제9조)

해외출국 사실이 있는 경우 국외 체류기간이 3개월 이상인지 여부 등을 확인하여 처분대상 농지인지를 지자체에서 결정합니다.

**사례 3**

Q. 농지처분의무 부과 후, 농지를 경작하지 않아 처분명령을 받았다면 반드시 소유농지를 처분해야 하는지?

A. 처분명령을 받은 농지소유자가 직접 농지를 처분하거나, 처분이 어려울 경우 한국농어촌공사에 매수청구

농지처분명령을 받은 경우에는 반드시 직접 농지를 처분하거나, 한국농어촌공사에 매수청구를 통해 처분해야만 합니다.

처분명령기간 6개월 동안 소유농지를 처분하지 아니한 농지소유자에

대하여는 해당 농지의 토지가액의 20/100에 상당하는 이행강제금이 이행
시까지 매년 부과됩니다.

다만, 농지처분의무를 통지 받은 후, 농지소유자가 성실경작을 하는
경우에는 처분의무기간이 지난날부터 3년 간, 한국농어촌공사와 매도위
탁계약을 체결한 경우에는 계약기간동안 처분명령을 유예받을 수 있습
니다.

- 처분명령 유예기간 중 휴경이나 불법임대 등을 한 경우에는 바로 처
분명령이 내려진다.

- 처분명령 유예를 받은 후 처분명령을 받지 아니하고 그 유예기간이
지난 경우에는 처분명령이 유예된 농지의 처분의무는 소멸된다.

 **사례 4** Q. 농지처분의무가 부과된 상태에서 농지전용 허가(신청)가 가능
한지?

**A. 처분의무 부과가 결정된 상태에서는 농지전용을 허가해주면 안 됨**

농지처분의무제도의 도입 취지에 비추어 농지전용을 허가하게 되면 해
당 토지는 농작물의 재배에 활용할 수 있는 농지가 아니므로 농지상태로
의 처분이 불가능하여 이를 허가해서는 되지 않습니다.

또한, 처분통지를 받은 농지소유자는 해당 농지를 반드시 처분하거나
이행강제금을 납부하여야 하므로 전용목적사업에 적합하게 이용될 수 없
어 농지전용심사기준(「농지법 시행령」제33조)에 맞지 않아 부동의 사유에 해
당됩니다.

다만, 농지처분의무를 부과 받은 농지의 소유자가 성실히 경작하거나

한국농어촌공사 등에 매도위탁 계약을 체결한 경우에는 처분의무기간이 지난날부터 3년 간 처분명령을 유예할 수 있으며, 성실경작으로 유예받은 기간이 3년이 지난 경우에는 처분명령이 유예된 농지의 처분의무는 없어집니다.(「농지법」제12조제1,3항)

 **Q. 농지처분의무가 부과된 상태에서 농지은행에 위탁하여 임대할 수 있는지?**

**A. 처분의무를 부과하기로 결정된 상태에서는 농지은행에 위탁하여 임대할 수 없음**

농지처분의무를 부과하기로 결정된 상태에서는 해당 농지를 농지은행에 위탁하여 임대를 할 수 없습니다.

한국농어촌공사 농지은행사업 업무지침에도 "「농지법」제10조에 따라 시장·군수·구청장이 처분을 결정한 농지는 농지임대수탁에서 제외"하도록 규정하고 있습니다.

다만, 농지처분의무를 부과받은 농지의 소유자가 성실히 경작하거나 한국농어촌공사 등에 매도위탁계약을 체결할 경우에는 3년 간 처분명령을 유예할 수 있으며, 성실경작으로 유예받은 기간이 3년이 지난 경우에는 처분명령이 유예된 농지의 처분의무는 소멸됩니다.(「농지법」제12조제1,3항)

■ 농지법 시행규칙 [별지 제60호서식]

# 자경증명발급신청서

※ 뒤쪽의 신청안내를 참고하시기 바라며, 색상이 어두운 란은 신청인이 작성하지 않습니다. (앞쪽)

| 접수번호 | 접수일 | 처리기간 | 4일 |
|---|---|---|---|

## 1. 농지의 소유자

| ① 성명(명칭) | | ② 주민등록번호<br>(법인등록번호) |
|---|---|---|
| ③ 주　　소 | | (전화번호 :　　　　　　) |

## 2. 소유농지의 표시 및 자경여부

| ④ 소　재　지 | | | ⑤지번 | ⑥지목 | ※<br>⑦면적(㎡) | ※ ⑧자경 여부 | |
|---|---|---|---|---|---|---|---|
| 시 · 군 | 읍 · 면 | 리 · 동 | | | | 자경 | 비자경 |
| | | | | | | | |
| | | | | | | | |
| | | | | | | | |
| | | | | | | | |
| | | | | | | | |

「농지법」 제50조제2항 및 같은 법 시행규칙 제59조제1항에 따라 신청하니 위 농지를 농지소유자가 자경하고 있음을 증명하여 주시기 바랍니다.

년　　월　　일

(신청인)　　　　　　　　　　　(서명 또는 인)

**시장 · 구청장 · 읍장 · 면장** 귀하

위와 같이 증명합니다.

수수료 : 「농지법 시행령」
제74에 따름

년　　월　　일

**시장 · 구청장 · 읍장 · 면장** | 직인 |

작성방법 : 신청인은 ⑥번란까지만 기재하고 ※표시란은 증명관청에서 기재합니다.
(⑧자경 여부란은 해당란에 ○표를 하고 그 위에 셀로판테이프를 접착합니다)

210mm×297mm[백상지 80g/㎡]

## 자경증명발급 운영 흐름도

★ 자경증명발급 운영흐름도.
 1.민원인이 농지소재지를 관할하는 시 · 구 · 읍 · 면을 방문 또는 온라인(민원24)으로 신청
 2.처리기관은 농업인의 농업경영상황을 조사하여 신청일로부터 4일 이내 처리/발급

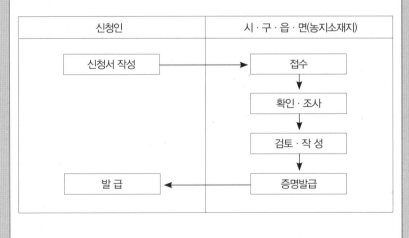

| 신청인 | 시 · 구 · 읍 · 면(농지소재지) |
|---|---|
| 신청서 작성 → | 접수 |
| | ↓ |
| | 확인 · 조사 |
| | ↓ |
| | 검토 · 작성 |
| | ↓ |
| 발급 ← | 증명발급 |

제　호

# 농업경영계획서

| 1. 성명(명칭) | |
| --- | --- |
| 2. 생년월일<br>(법인등록번호) | |
| 3. 주소 | |

4. 처분대상 농지 및 그 면적(아래 농지 [ ] 전체 [ ] 중　　㎡)

| 소 재 지 | | | | 지번 | 지목 | 면적(㎡) | 비 고 |
| --- | --- | --- | --- | --- | --- | --- | --- |
| 시 · 도 | 시 · 군 | 읍 · 면 | 리 · 동 | | | | |
| | | | | | | | |
| | | | | | | | |
| | | | | | | | |
| 합 계 | | | | | | | |

| 5. 처분의무 발생사유 | |
| --- | --- |
| 6 처분의무기간 및 기한 | 년　월　일 ~ 　년　월　일 ( 1년) |

귀하는 「농지법」 제10조제1항에 따라 귀하의 소유농지 중 처분대상농지를 처분의무기간에 처분하여야 함을 같은 법 제10조제2항 및 같은 법 시행규칙 제8조제1항에 따라 알려드립니다.

년　월　일

### 시장 · 군수 · 구청장　[직인]

---

[별지 제4호서식]

제 호

# 농지처분명령서

| 1. 성명(명칭) | |
|---|---|
| 2. 생년월일<br>(법인등록번호) | |
| 3. 주소 | |

4. 처분대상농지 및 그 면적(아래 농지 □ 전체 □ 중    ㎡)

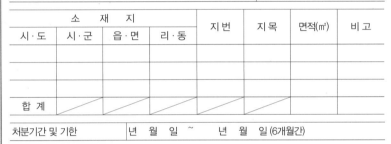

| 소 재 지 | | | | 지 번 | 지 목 | 면적(㎡) | 비 고 |
|---|---|---|---|---|---|---|---|
| 시 · 도 | 시 · 군 | 읍 · 면 | 리 · 동 | | | | |
| | | | | | | | |
| | | | | | | | |
| 합 계 | | | | | | | |

| 처분기간 및 기한 | 년  월  일  ~    년  월  일 (6개월간) |
|---|---|

「농지법」 제11조제1항에 따라 위 농지를 처분할 것을 명함

년    월    일

## 시장 · 군수 · 구청장        (인)

---

안내사항

1. 이 명령서에 따라 농지를 처분하지 아니하는 경우에는 「농지법」 제62조에 따라 개별공시지가의 100분의 20에 상당하는 이행강제금이 매년 부과됩니다.
2. 이 명령서에 이의가 있는 경우에는 통지일로부터 30일안에 통지관청에 서면으로 이의를 제기하여야 합니다.

210mm×297mm[백상지 120g/㎡]

제 호

# 농지처분명령서

| 1. 성명(명칭) | |
|---|---|
| 2. 생년월일<br>(법인등록번호) | |
| 3. 주소 | |

4. 처분대상농지 및 그 면적(아래 농지 □ 전체 □ 중    ㎡)

| 소 재 지 | | | | 지 번 | 지 목 | 면적(㎡) | 비 고 |
|---|---|---|---|---|---|---|---|
| 시 · 도 | 시 · 군 | 읍 · 면 | 리 · 동 | | | | |
| | | | | | | | |
| 합 계 | | | | | | | |

| 처분기간 및 기한 | 년  월  일 ~  년  월  일 (6개월간) |
|---|---|

「농지법」 제11조제1항에 따라 위 농지를 처분할 것을 명함

년  월  일

## 시장 · 군수 · 구청장        (인)

---

# CHAPTER 7

# 농지매도수탁사업*

## 사업목적

농지매도를 희망하는 자의 농지를 수탁받아 전업농 등에 매도함으로써 농지유동화를 촉진하고, 전업농 등의 경영규모 확대, 농지의 효율적 이용, 농지시장 안정에 기여

## 추진방향

**농지매도 희망자의 원활한 농지매도를 지원하여 농지시장을 안정**

농지매도 희망자 및 농지처분명령 유예제도 도입에 따른 매도 희망자의 농지를 수탁받아 매도 촉진

---

\* 자료출처 : 농지은행 www.fbo.or.kr

## 수탁받은 농지의 생산적 · 효율적 이용을 지원

수탁농지가 전업농 등에 매도되도록 하여 영농규모 확대, 농지 이용율 증대, 농업구조개선 촉진

## 시행근거

『농지법』제12조(처분명령의 유예)

　『한국농어촌공사및농지관리기금법』제10조(사업), 제24조의4(농지의 임대등의 수탁)

## 사업추진체계

## 사업내용

### 농지매입

매도위탁가능자
개인, 법인, 국가, 지방자치단체, 정부투자기관

매도수탁 대상농지

- 「농지법」제2조제1호에 해당하는 농지

  (수탁농지에 부속한 고정식온실, 비닐하우스 및 버섯재배사 등 농업용시설물 부지 포함)

- 한필지 또는 동일인이 소유하는 서로 연접한 여러 필지의 농지로서
  그 면적의 합이 1,000㎡ 이상인 농지

- 농지 취득후 자경에 이용하지 않아 처분통지를 받은 농지(「농지법」제10조)

- 기타 매도를 희망하는 자의 소유농지

매도수탁 대상에서 제외되는 농지

- 도시지역 중 주거 · 상업 · 공업지역내의 농지

- 농지전용허가를 받거나 농지전용신고를 한 농지

- 각종 개별법에 의한 개발계획구역 및 예정지내의 농지 2인 이상이 공
  유하는 농지의 일부 지분

- 공사에서 농지매매사업자금 및 농지구입자금(농협 구입자금을 포함)을 지
  원받아 상환중인 농지

- 자연재해로 형질이 변경되거나 장기간 유휴화되어 농작물의 경작에

부적합한 농지

- 「농지처분의무통지서」를 받은 농지로서 공사와 매도위탁계약을 체결하였으나, 매도수탁기간(6개월)중 매입자를 선정할 수 없어 매도위탁계약이 해지된 농지
- 기타 영농규모화사업 업무지침에 따른 「지사심의회」(이하 '심의회'라 한다)에서 제외를 인정하는 농지

## 매도위탁 신청 장소
한국농어촌공사 본사 · 지역본부 · 지사

## 매도위탁 신청 서류
- 농지매도위탁신청서
- 등기부등본
- 토지대장등본
- 지적도등본
- 주민등록표등본
- 토지이용계획확인원
  단, 「농지법」 제10조제2항에 의해 농지처분통지를 받은 농지의 경우 「농지처분의무통지서」 사본 제출

## 농지매도

### 매도대상자

매도위탁자로부터 농지를 매입하여 자기의 농업경영에 이용하고자 하는 경우

### 매도대상 제외자

- 경영이양직접지불사업 대상으로 보조금을 수령한 자
- 「국토의 계획 및 이용에 관한 법률」제117조 규정에 의거 토지거래 허가구역으로 지정된 구역내의 농지로서 동법 제119조의 허가기준에 부합되지 않는 자
- 영농능력 또는 영농을 위한 준비가 미흡하다고 심의회에서 인정한 자

### 매도수탁기간

6개월 이내(위탁자와 공사 협의 결정)

### 매도가격결정

공시지가와 실거래가를 감안 위탁자와 공사가 협의 결정
수탁기간 동안 3회에 걸쳐 매도가격 변경 가능

### 매매계약체결

- 매매계약체결시기 : 매매가격 등에 대한 협의가 완료되고 매입자가 결정된 시점매매계약결장소 : 농지소재지 공사 지사 사무실

- 매매계약체결방법 : 「농지매매계약서」 5부 작성

- 계약금 : 매매가격의 10% 이상(당사자간 협의)

- 중도금 및 잔금 : 계약일로 부터 3개월 기한내에서 당사자간 협의 결정

매도수탁 수수료

매도금액의 1% 이내(공사법 시행령 19조의8)

| 📥 28가지 지목의 표기 | | |
|---|---|---|
| 매매가격 | 수수료율 | 상한액 |
| 5천만 원 미만 | 0.9% | 40만 원 |
| 5천만 원 이상 ~ 1억 원 미만 | 0.8% | 70만 원 |
| 1억 원 이상 ~ 1억 5천만 원 미만 | 0.7% | 90만 원 |
| 1억 5천만 원 이상 | | |
| | | |

# CHAPTER 8

# 농지임대수탁사업*

## 사업목적

효율적인 농지이용과 농업구조개선을 통해 농업 경쟁력 제고를 뒷받침하고, 농지시장의 불안정에 대응

## 추진방향*

- 임대차가 허용된 농지와 노동력부족 · 고령화로 자경하기 어려운 자의 농지 · 농지에 부속한 농업용시설을 임대수탁받아 전업농 중심으로 임대, 효율적 · 안정적 관리

- 수탁농지 등은 전업농 및 신규 창업농 중심으로 임대하여, 규모확대, 임차인의 안정영농, 농지시장 안정 도모

───────────

* 자료출처 : 농지은행 www.fbo.or.kr

## 시행근거

「농지법」 제6조(농지 소유 제한), 제7조(농지 소유 상한) 및 제23조(농지의 임대차
또는사용대차) 「한국농어촌공사 및 농지관리기금법」 제10조(사업) 및 제24조
의4(농지의 임대 등의 수탁)

## 사업추진체계

농지소유자가 임대위탁을 신청하면 공사는 현지조사와 공고 등을 거쳐
임차인 선정 임차인이 선정되면 위탁자와 공사 간에는 임대수위탁계약
을, 공사와 임차인간에 임대차계약을 체결

## 사업내용

### 농지위탁

임대위탁 대상농지
실제 농업경영에 이용되고 있는 전 · 답 · 과수원
위탁농지에 부속한 농업용 시설(고정식온실 · 버섯재배사 · 비닐하우스 등)

임대위탁 대상에서 제외되는 농지

- 「농지법」에 따른 농지전용허가 · 협의 · 신고를 거쳐 전용이 결정된 농지
- 소규모 농지(1,000㎡ 미만)
- 「국토의계획및이용에관한법률」제36조에 의한 주거지역 · 상업지역 · 공업지역 안의 농지
- 각종 개별법에 의한 개발계획구역 및 예정지내의 농지
- 한 필지 또는 동일인이 소유하는 서로 연접한 2필지 이상의 농지로서 그 면적이 1,000㎡ 미만인 농지(이 경우 세대를 같이하는 세대원이 소유하는 농지는 동일인이 소유하는 것으로본다)
- 2인 이상이 공유하는 농지의 일부분
- 자연재해로 형질이 변경되거나 유휴화되어 농작물의 경작에 부적합한 농지
- 「농지법」 제6조의 규정에 따른 주말 · 체험영농 목적의 취득농지
- 공사에서 농지매매사업자금 및 농지구입자금(농협 구입자금을 포함)을 지원받아 상환중인 농지
- 소유권 이외의 권리나 처분의 제한이 있는 농지로서 동권리 및 처분내용이 당해 농지에 대한 임대수위탁계약 및 임대차계약의 이행을 불가능하게 하는 경우(다만, 계약체결시까지 말소 및 해제하는 경우에는 수탁가능)
- 지가 급등으로 임대차료가 상승하여 정상적인 영농이 어렵다고 영농규모화사업 업무지침에 따른 '지사심의회'에서 인정한 농지
- 임차인 선정기간 동안 임차인을 선정할 수 없어 수탁이 불가능한 것으로 통보된 농지 중 통보일로부터 6개월이 경과하지 않은 농지(다만, 해당농지에 임차신청자가 있는 경우 수탁가능)

- 「농지법」의 제10의 규정에 따라 시장·군수·구청장이 농지처분의무 부과대상으로 결정한 농지
- 「국토의 계획 및 이용에 관한 법률」의 규정에 따라 토지거래허가를 받은 자가 토지이용 의무기간(2년)을 마치지 않은 농지

## 임대위탁 신청장소
한국농어촌공사 「본사」, 「지역본부」, 「지사」

## 임대위탁 신청서류
- 농지임대(사용대)위탁신청서
- 주민등록표등본 또는 신분증 사본
- 등기부등본 또는 인터넷 열람용 등기부등본
- 토지대장등본 또는 인터넷 열람용 토지대장등본
- 토지이용계획확인원 또는 인터넷 열람용 토지이용계획확인원(인터넷열람이 가능한 경우 생략)

  ※ 농지은행사업 신청서식은 농지은행포탈(www.fbo.or.kr) 공지사항에 게재

## 임대수·위탁 협의 (임대차료의 결정 등)
공사는 현지조사 및 임차인과 협의한 결과를 근거로 임대차료, 임대차절차, 수수료 등 수탁 조건을 위탁 신청자에 제시하고 위탁 의사를 확인

## 농지임대위탁계약의 체결
계약시기 : 다음의 조건이 모두 충족되었을 때 계약체결

① 임차인의 선정

② 위탁신청자가 공사의 수탁 및 임대조건에 동의

계약기간 : 5년 이상

  * 최초의 계약기간 만료 후 동일 임차인과 재계약하는 경우 3년 이상
  으로 함

계약체결 : 공사와 위탁자는 관련 지침에 따른 계약서 양식으로 약정을
체결하고 계약기간 동안의 임대차료 지급약정서를 첨부


위탁 농지의 인도

위탁자는 임대수위탁계약체결과 동시에 위탁농지등을 공사에 인도


수탁수수료의 기준

농지임대위탁시 : 아래의 건당 수탁규모별 수수료율을 해당 농지 연간 임
대차료에 적용하여 매년 부과

| 건당 수탁규모 | 수수료율 |
|---|---|
| 5,000㎡ 미만 | 12% |
| 5,000㎡ ~ 10,000㎡ 미만 | 11% |
| 10,000㎡ ~ 20,000㎡ 미만 | 10% |
| 20,,000㎡ ~ 30,000㎡ 미만 | 9% |
| 30,000㎡ 이상 | 8% |

사용대위탁 시 : 건당 100천 원으로 계약시 1회에 한하여 부과.

10년 이상 위탁 시 산출된 수수료의 25%가 감면 부과되며, 위탁자 귀
책사유 또는 일방적 계약해지로 중도해지하는 경우 해지 시 감면된 수수

료를 납부해야 함

## 농지임대

임대대상자
자기의 농업경영에 이용하고자 하는 농업인 및 농업법인

임대대상 제외자
- 경영이양보조금을 수령하고 그 사후관리 기간내에 있는 자
- 영농규모화사업 지원을 받은 전업농 및 전업농육성대상자로서 지원 조건을 위반하여 전업농 및 전업농육성대상자 자격이 취소된 자
- 영농능력 또는 영농을 위한 준비가 미흡하다고 지사심의회에서 인정한 자
- 이농·전업 등 은퇴를 목적으로 소유농지 전부를 농지매입비축사업으로 매도한 자

농지임대 공고 및 홍보
농지임대위탁 신청접수일로부터 5일 이내에 농지의 표시, 농지조건, 임대기간 등을 공고
공고방법 : 지사 게시판 및 농지은행포탈사이트(www.fbo.or.kr)에 게시
공고기간 : 1차로 7일간 공고하고, 임차신청이 없을 경우 최장 7일간 연장 공고. 다만, 임대위탁신청 당시 임차영농인이 계속 임차를 희망하는 때와 사용대위탁자가 사용차인을 지정할 수 있는 때에는 공고 생략가능.

임차신청 접수

임차신청서류

  ① 농지임차(사용차)신청서,

  ② 주민등록표등본 또는 신분증 사본

  ③ 농지원부(농업인인 경우)


임차인 선정

선정기간 : 「농지법」 관련규정에 따라 개인간 임대가 불가한 농지는 신청 접수일로부터 60일 이내(공휴일 포함)에 임차인 선정. 기타 농지의 경우 위탁신청자와 협의하여 지정


임차인 선정 우선순위

  ㉠ 「2030세대 지원계획」대상자, 전업농 또는 전업농육성대상자, 농업법인, 영농정책자금을 지원받은 후계농업경영인, 4대강 하천부지 경작자(4대강 살리기 사업으로 경작하던 하천부지 농지를 경작하지 못하게 된 농업인임을 증명하는 서류지참자에 한함) 및 귀농자(계약체결 이전까지 농지소재지 시군구로 전입신고 완료자에 한함), 『고품질쌀 최적경영체 육성사업』대상경영체 참여농. 다만, 위탁신청 농지를 임차 중에 있는 농업인이 다음에 해당되는 경우에는 임차인 선정순위를 1순위로 조정 가능

    • 친환경인증 농산물을 생산하는 경우

    • 시설원예 및 다년생식물을 재배하는 경우

    • 임차인이 자기비용으로 농로 및 용·배수로 등 기반정비 등을 실시한 경우

  &#9413; 위탁신청 당시의 임차영농인, 기타 당해 농지를 자기의 농업경영에
    이용하고자 하는 자

## 사용차인의 지정
농지사용대수위탁을 신청한 위탁자는 다음의 경우에는 사용차인을 지정
할 수 있음
  &#12910; 사용차인이 위탁자 본인 또는 배우자의 직계존비속 · 형제 · 자매
    또는 8촌이내의 친 · 인척의 경우 사용차인을 지정할 수 있음.
  &#12911; 다만, 영농조건 불리로 임차인을 선정할 수 없는 경우 위탁자의 사
    용차인 지정에 제한 없음

## 임대차료의 결정
공사에서 당해 농지에 대해 조사한 임대차료 수준과 임대차료 동향 등을
고려, 임차인과 협의하여 현금으로 환산 결정

> ▪ 임차료는 「영농규모화사업 업무지침」에 따라 공사에서 정한 임차료 상한을 초과
>   할 수 없음.

## 임대차 계약체결
계약장소 : 농지소재지 관할 지사. 다만, 신청인 편의를 위하여 타 부서
에서 계약을 체결한 경우에는 계약체결 후 관련서류 일체를 농지소재지
관할지사로 송부

계약시기 : 임차인이 선정되고, 동 임차인이 임대조건에 동의할 때

계약기간 : 해당 농지의 농지임대수탁기간

계약체결 : 공사와 임차인은 관련 지침에 따른 계약서 양식으로 약정을 체결하고 계약기간 동안의 임대차료 납부약정서를 첨부

## 임대차료의 수납 및 지급

### 임대차료의 수납
공사는 임차인으로부터 매년 납부약정일에 임대차료를 수납

### 임대차료의 지급
공사는 임차인으로부터 수납한 연간 임대차료에서 수탁수수료를 공제하고 잔액을 위탁자에게 지급약정일에 계좌입금

공사는 임차인이 지급약정일까지 임차료를 납부하지 아니할 경우 공사에서 위탁자에게 대위 지급함

### 계약위반시의 불이익(위약금)
공사와 계약을 체결한 위탁자 또는 임차인이 다음의 경우에 해당 시 공사는 위탁자 또는 임차인으로부터 계약 잔여기간 동안의 총 임대차료의 20% 상당액을 위약금으로 징수

위탁자의 귀책사유 또는 일방적인 계약해지로 공사와 임차인간의 임대차계약이 해지되게 한 경우임차인의 귀책사유 또는 일방적인 계약해지로 공사와 위탁자간의 임대수위탁계약이 해지되게 한 경우

- 위탁자로부터 징수한 위약금은 임차인에게, 임차인으로부터 징수한 위약금은 위탁자에게 지급
- 위탁자가 당해 위탁농지를 현 임차인에게 매도할 경우에는 위약금을 부과하지 않음

# CHAPTER 9

# 영농여건불리농지

## 영농여건불리농지

영농여건불리농지란 농업진흥지역 밖 농지 중에서 최상단부에서 최하단부까지의 평균경사율이 15퍼센트(%)이상인 농지로서 농지법에 따라 다음 요건을 모두 충족하는 농지를 말한다.

① 시 · 군의 읍 · 면 지역의 농지

② 집단화된 농지의 규모가 20,000m² 미만인 농지

③ 시장 · 군수가 농업용수 · 농로 등 농업생산기반의 정비 정도와 농기계의 이용 및 접근 가능성, 통상적인 영농 관행을 고려하여 영농 여건이 불리하고 생산성이 낮다고 인정하는 농지

## 영농여건불리농지의 지정 목적

농지는 원칙적으로 자기의 농업경영목적 이외에는 소유가 제한되어 있어 농어촌지역의 경작여건이 어려운 농지의 경우에는 처분·이용이 쉽지 않았다. 그리하여, 생산성이 낮은 농지를 영농여건불리농지로 지정·고시하고, 소유와 이용규제를 완화하여 농지의 이용 효율화 및 농어촌지역 경제 활성화를 도모할 수 있도록 영농여건불리농지를 지정하였다.


## 영농여건불리농지의 지정 및 확인

영농여건불리농지는 경기도 남양주시 등 21개 시·군에서 2010년 11월 5일 자로 2만ha(194천필지)가 최초 지정 고시되었다. 농지법 개정('09.11.28) 이후 시·군에서 추진해 온 현지 조사·확인이 먼저 완료된 21개 시·군의 영농여건불리농지를 최초로 지정하여 고시한 것이다. 전국의 나머지 119개 시·군에서도 순차적으로 현지 조사·확인을 완료하고 영농여건불리농지를 지정·고시하였다. 영농여건불리농지는 필지별로 지정되며 토지이용계획확인서를 통해 확인할 수 있다.

■ 영농여건불리농지 사례

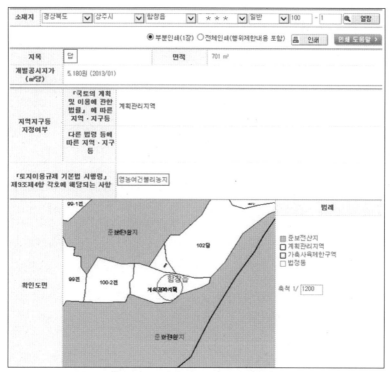

▣ 농지로서 토지이용계획확인서의 「다른 법령 등에 따른 지역·지구 등」란에 '영농여건불리농지(농지법)으로 명백하게 표시된 것이 영농여건불리농지이다.

## 영농여건불리농지의 특징

① 자기의 농업경영에 이용하지 않더라도 누구든지 취득하여 소유할 수
있으며 임대도 가능

② 취득 시 농업경영계획서를 작성하지 않고 농지취득자격증명 신청 가능

③ 주택 등을 건축하거나 다른 용도로 활용하고자 할 때에는 농지전용허
가를 받는 대신 시장·군수에게 신고만으로 농지전용이 가능

# 질의응답으로 배워 보기
## [출처 : 2011 농지민원사례집]

 **사례 1** Q. 도시에서 직장생활을 하고 있는 시골의 영농여건불리농지를 구입, 다른 용도로 활용할 수 있는지?

### A. 구입 및 타용도 활용 가능

농지는 원칙적으로 자기의 농업경영에 이용하거나 이용할 자가 아니면 소유를 할 수 없습니다.(「농지법」제6조)

　- 다만, 예외적으로 영농여건불리농지로 지정된 농지에 대해서는 자기의 농업경영에 이용하지 않아도 취득할 수 있고 취득 시에는 농업경영계획서를 작성하지 아니하고 농지취득자격증명을 신청하여, 그 증명을 발급받은 후에 영농여건불리농지 소유가 가능합니다.

영농여건불리농지로 지정된 농지를 전용하고자 할 때에는 시장·군수에게 신고하고 다른 용도로 활용할 수 있습니다.

이때 시장·군수는 인근 농지의 농업경영과 농어촌 생활환경 유지에 피해가 없는지, 피해가 예상된다면 피해방지계획이 적절하게 수립되어 있는지 등을 확인한 후 농지전용신고 수리 여부를 결정하도록 하고 있습니다.(「농지법 시행령」제60조)

사례 2

Q. 영농여건불리농지에 전원주택을 짓고 싶은데 농지전용신고 시 어떤 사항을 심사하게 되는지?

A. 영농여건불리농지로 지정된 농지를 전용하고자 할 때에는 시장·군수에게 신고로 전용할 수 있으며, 이때 시장·군수는 다음 각 사항을 확인한 후 농지전용신고 수리 여부를 결정(「농지법 시행령」 제60조)

  – 해당 농지의 전용이 인근 농지의 농업경영과 농어촌생활환경의 유지에 피해가 없는지와 그 피해가 예상되는 경우 다음에 대한 피해정도 및 피해방지계획의 적절성

  ① 농지개량시설 또는 도로의 폐지·변경을 수반하는 경우

  ② 토사의 유출, 폐수의 배출, 악취·소음의 발생을 수반하는 경우

  ③ 인근 농지의 일조·통풍·통작에 현저한 지장을 초래하는 경우

  – 해당 농지의 전용이 용수의 취수를 수반하는 경우 그 시기·방법·수량 등이 농수산업 또는 농어촌생활환경유지에 피해가 없을 것. 다만, 그 피해가 예상되는 경우에는 그 피해방지계획이 타당하게 수립되어 있는지 여부

  –「국토의 계획 및 이용에 관한 법률」제76조에 따른 용도지역 및 용도지구에서 허용되는 토지이용행위에 적합한지의 여부

  따라서, 위 요건을 충족하는 경우에는 영농여건불리농지를 전용신고하고 전원주택을 설치할 수 있으며, 일례로 영농여건불리농지라 하더라도「국토의 계획 및 이용에 관한 법률」에 따라 전원주택의 설치가 제한되는 자연환경보전지역에서는 설치가 허용되지 않습니다.

**Q.** 영농여건불리농지를 전용하고자 할 때 농지전용허가 면적제한을 받는지?

## A. 농지전용허가 시 전용면적제한받지 않음

영농여건불리농지로 지정된 농지를 전용하고자 할 경우 농지전용허가 제한규정에도 불구하고 신고를 통해 전용할 수 있습니다.(「농지법」제43조)

– 이때, 「농지법 시행령」제44조에 따른 농지전용허가의 제한대상 시설별 제한면적의 적용을 받지 않게 됩니다.

※ 다만, 영농여건불리농지라 하더라도 농지전용 신고시에는 「국토의 계획 및 이용에 관한 법률」에 따른 용도지역에 해당하는 행위제한과 개별법에서 정하는 시설허가기준 등은 적용됨.

# CHAPTER 10

# 농지분할의 제한

## 농지소유의 세분화 방지

먼저 분할이란 지적공부에 등록된 1필지를 2필지 이상으로 나누어 등록하는 것을 말한다. 농지법에서는 '농업인이나 농업법인의 농지소유가 세분화되는 것을 막기 위하여 농지를 어느 한 농업인 또는 하나의 농업법인이 일괄적으로 상속·증여 또는 양도받도록 국가와 지방자치단체가 필요한 지원을 할 수 있다'고 규정하고 있다.

## 필지 분할이 제한되는 농지

농업생산기반정비사업이 시행된 농지는 농지법에서 정하는 경우를 제외하고는 분할이 제한된다. 농업생산기반정비사업이란 농지, 농어촌용수기타 그 밖의 자원을 효율적으로 이용하여 농업의 생산성을 높이고자 하는 것을 말하며, 농업생산기반정비사업의 종류는 다음과 같다.

① 농어촌용수 개발사업

② 경지 정리, 배수 개선, 농업생산기반시설의 개수 · 보수와 준설 등 농업생산기반 개량사업

③ 농수산업을 주목적으로 간척, 매립, 개간 등을 하는 농지확대 개발사업

④ 농업 주산단지 조성과 영농시설 확충사업

⑤ 저수지, 담수호 등 호수와 늪의 수질오염 방지사업과 수질개선 사업

⑥ 농지의 토양개선사업

⑦ 그 밖에 농지를 개발하거나 이용하는 데에 필요한 사업


## 농업생산기반정비사업이 시행된 농지라도 분할이 가능한 경우

농업생산기반정비사업이 시행된 농지라 하더라도 다음의 어느 하나에 해당하는 경우에는 분할이 가능하다.

① 도시지역의 주거지역 · 상업지역 · 공업지역 또는 도시계획시설부지에 포함되어 있는 농지를 분할하는 경우

② 농지전용허가를 받거나, 농지전용신고를 하고 전용한 농지를 분할하는 경우

③ 분할 후의 각 필지의 면적이 2,000㎡를 넘도록 분할하는 경우

④ 농지를 개량하는 경우

⑤ 인접 농지와 분합하는 경우

⑥ 농지의 효율적인 이용을 저해하는 인접 토지와의 불합리한 경계를 시정하는 경우

⑦ 「농어촌정비법」에 따른 농업생산기반정비사업, 농지의 교환·분합 또는 농지이용증진사업을 시행하는 경우

## 질의응답으로 배워 보기
## [출처 : 2011 농지민원사례집]

 **사례 1**   Q. 필지분할이 제한되는 농지의 요건은?
**A. 농업생산기반정비사업이 시행된 농지는 분할이 제한**

「농어촌 정비법」에 따른 농업생산기반정비사업이 시행된 농지는 분할이 제한됩니다.(「농지법」제22조(농지소유의 세분화 방지)제2항)

다만 농업생산기반정비사업이 시행된 농지라 하더라도 다음의 어느 하나에 해당하는 경우에는 분할이 가능합니다.

① 국토의 계획 및 이용에 관한 법률에 따른 도시지역의 주거지역·상업지역·공업지역 또는 도시계획시설부지에 포함되어 있는 농지를 분할하는 경우

② 농지전용허가를 받거나, 농지전용신고를 하고 전용한 농지를 분할하는 경우

③ 분할 후의 각 필지의 면적이 2,000㎡를 넘도록 분할하는 경우

④ 농지를 개량하는 경우

⑤ 인접 농지와 분합하는 경우

⑥ 농지의 효율적인 이용을 저해하는 인접 토지와의 불합리한 경계를

시정하는 경우

⑦ 「농어촌 정비법」에 따른 농업생산기반정비사업을 시행하는 경우

⑧ 「농어촌 정비법」제56조에 따른 농지의 교환 · 분합을 시행하는 경우

⑨ 「농지법」제15조에 따른 농지이용증진사업을 시행하는 경우

 **Q. 필지분할을 위한 농지개량 행위 중 형질변경의 기준은?**
**A. 해당 농지의 토양개량이나 관개 · 배수 · 농업기계이용의 개선**
**을 위하여 농지에서 객토 · 성토 · 절토의 기준에 적합한 경우에 해당**

농지개량의 범위는 농지의 생산성을 높이기 위하여 농지의 형질을 변경하는 경우로서, 농지의 이용가치를 높이기 위하여 농지의 구획을 정리하거나 개량시설을 설치하는 행위, 해당 농지의 토양개량이나 관개 · 배수 · 농업기계이용의 개선을 위하여 농지에서 객토 · 성토 · 절토하거나 암석을 채굴하는 행위를 말합니다.(「농지법 시행령」제3조의2 및 같은법 시행규칙 제4조의2)

‒ 또한, 농지개량 행위로 인정될 수 있는지 여부는 농작물의 경작 등에 적합한 흙을 사용하였는지, 인근 농지의 관개 · 배수 · 통풍이나 농작업에 영향을 미치지 아니하는지 등 '객토 · 성토 · 절토의 기준'에 따라 허가권자(시 · 군 농지담당부서)가 종합적으로 판단하여 결정할 수 있습니다.

다만, 농지개량 행위로서 「농지법」제22조에 따라 분할이 가능하더라도 「국토의 계획 및 이용에 관한 법률」제56조에 따라 개발행위의 허가를 받아야 하는 경우가 있을 수 있으므로, 이에 대한 사항은 시 · 군 · 구 개발행위허가 담당부서에 문의하시기 바랍니다.

118

# CHAPTER 11

# 영농조합법인과
# 농업회사법인

## 농업법인제도의 개요

농업법인의 설립 근거는 「농어업경영체 육성 및 지원에 관한 법률」이며, 영농조합법인과 농업회사법인으로 구분하고 법인의 설립, 출자, 사업, 정관 기재사항 및 해산 등에 관한 사항을 규정하고 있다.

같은 법에서 영농조합법인은 '협업적 농업 경영체'로, 농업회사법인은 '기업적 경영체'로 규정하고 있으며, 「농어업경영체 육성 및 지원에 관한 법률」에서 규정한 사항 외에는 영농조합법인은 '민법상 조합'에 관한 규정을, 농업회사법인은 '상법상 회사'에 관한 규정을 준용하도록 하고 있다.

## 발기인 및 출자 한도

기본적으로 농업인 또는 농업 관련 생산자 단체(이하 '농업생산자단체')를 주축으로 설립할 수 있다.


## 영농조합법인

영농조합법인은 농산물의 출하 · 유통 · 가공 · 수출 등을 공동으로 하려는 농업인 또는 농업 생산자단체 5인 이상을 조합원으로 하여 설립할 수 있고, 비농업인(농업인 또는 농업생산자단체가 아닌 자) 출자는 의결권이 없는 준 조합원의 자격으로 출자할 수 있고 출자한도는 없다.


## 농업회사법인

농업회사법인은 농업의 경영이나 농산물의 유통 · 가공 · 판매를 기업적으로 하려는 자나 농업인의 농작업을 대행하려는 자가 상법상의 발기인 규정에 따라 합명 · 합자회사 2인 이상, 유한회사 2~50인, 주식회사는 1인 이상으로 농업회사법인을 설립할 수 있다.

농업회사법인은 비농업인의 출자를 허용하되 총출자액이 80억 원 이하인 경우는 총출자액의 100분의 90을 초과할 수 없다. 다만 농업회사법인의 총출자액이 80억 원을 초과하는 경우에는 총출자액에서 8억 원을 제외한 금액을 출자 한도로 한다.

## 농지소유 및 사업 범위

영농조합법인과 농업회사법인 모두 농지를 소유할 수 있다. 단, 농업회사법인은 업무집행권을 가진 자 중 3분의 1 이상이 농업인이어야 한다.

영농조합법인과 농업회사법인의 사업은 다음과 같다.

## 영농조합법인

① 농업의 경영 및 그 부대사업

② 농업과 관련된 공동이용시설의 설치 · 운영

③ 농산물의 공동 출하 · 가공 및 수출

④ 농작업의 대행

⑤ 그 밖에 영농조합법인의 목적을 달성하기 위하여 정관에서 정하는 사업

## 농업회사법인

농업경영, 농산물의 유통 · 가공 · 판매, 농작업 대행 이외에 다음의 부대사업을 할 수 있다.

① 영농에 필요한 자재의 생산 및 공급사업

② 영농에 필요한 종자 생산 및 종균배양사업

③ 농산물의 구매 및 비축사업

④ 농업기계나 그 밖의 장비 임대 · 수리 및 보관사업

⑤ 소규모 관개시설의 수탁 및 관리사업

## 의결권

영농조합법인은 1인 1표, 농업회사법인은 출자지분에 의하여 의결권을
가진다.


## 영농조합법인

영농조합법인의 기본 성격은 민법상의 조합에 관한 규정을 적용하므로,
조합원은 출자액에 관계없이 1인 1표를 가진다. 다만, 정관에 규정을 두
어 조합원의 의결권을 출자지분에 따라 그 비례대로 의결권과 선거권을
가질 수 있다.


## 농업회사법인

농업회사법인은 상법상 회사의 형태이기 때문에 출자 지분에 의하여 의
결권이 달라지며, 비농업인도 출자 지분에 따른 의결권을 인정한다.

## 영농조합법인과 농업회사법인의 비교

| 구분 | 영농조합법인 | 농업회사법인 |
|---|---|---|
| 관련<br>규정 | · 농어업경영체 육성 및 지원에 관한 법<br>· 민법상 조합 | · 농어업경영체 육성 및 지원에 관한 법<br>· 상법상 회사 |
| 발기인 | · 농업인 또는 농업생산자단체 5인 이상 | · 합명 · 합자회사 2인 이상<br>· 유한회사 2~50인<br>· 주식회사는 농업인 1인 이상 |
| 비농업인<br>출자 | · 의결권이 없는 준조합원의 자격으로 출자가능<br>· 출자한도 없음 | · 총출자액이 80억 원 이하<br> →총출자액의 9/10를 초과못함<br>· 총출자액이 80억 원을 초과<br> →총출자액에서 8억 원을 제외한 금액을 출자한도로 함 |
| 설립<br>자본금 | · 1억 원 이상일 시, 농림사업 지원을 받을 수 있음 | |
| 조세부담 | · 농업소득에서 발생한 배당소득<br> →전액 소득세 면제<br><br>· 농업소득 외의 소득에서 발생한 배당 소득<br> →연간 조합원당 1천2백만원이하의 금액에 대하여 소득세 면제<br> →초과되는 금액에 대한 원천징수 세율은 5%로 함(지방소득세와 소득분은 부과되지 않고, 종합소득과 세표준에 합산하지 않음) | · 농업소득에서 발생한 배당소득<br> →전액 소득세 면제<br><br>· 농업소득에 대한 법인세 면제<br>· 농업소득외 소득에 대한 법인세는 50%에 상당하는 세액 감면<br><br>* 농업소득외 소득<br>축산업, 임업, 농산물의 유통 · 가공 · 판매, 농작업 대행에서 발생한 소득농업회사법인의 부대사업에서 발생한 소득 |
| | ※ 2015년 12월 31일 이전까지의 소득 | |
| 사업범위 | · 농업의 경영 및 그 부대사업<br>· 농업과 관련된 공동이용시설의 설치 · 운영<br>· 농산물의 공동 출하 · 가공 및 수출<br>· 농작업의 대행<br>· 기타 목적달성을 위하여 정관에서 정하는 사업 | · 농업경영, 농산물의 유통 · 가공 · 판매, 농작업 대행사업<br>· 영농에 필요한 자재의 생산 · 공급 · 종자 생산 및 종균배양사업<br>· 농산물의 구매 및 비축사업<br>· 농업기계나 그 밖의 장비의 임대 · 수리 및 보관사업<br>· 소규모 관개시설의 수탁, 관리사업 |

# 농업법인 설립절차

## 정관

정관은 농업법인의 조직, 사업, 관리, 운영 등 법인에 관한 기본적인 사항을 정하는 자치규범으로, 법인 설립 시 발기인 전원이 공동으로 합의·작성하여야 한다.

## 정관의 기재사항

영농조합법인은 「농어업 경영체 육성 및 지원에 관한 법률」을 적용하고, 농업회사법인은 「상법」상의 회사설립에 관한 규정을 준용함으로 정관 작성 시 관련 법령을 반드시 확인하여야 하며, 다음의 사항은 반드시 정관으로 정하여야 한다.

① 명칭(예시 : ○○영농조합법인, 농업회사법인 ○○합자회사)

② 목적

③ 사업

④ 사무소의 소재지

⑤ 조합원(준 조합원 포함) 등의 자격에 관한 사항

⑥ 조합원 등의 가입·탈퇴 및 제명에 관한 사항

⑦ 조합원 등의 탈퇴 및 제명 시 지분의 계산에 관한 사항

⑧ 출자액의 납입방법·산정방법과 조합원 등의 1인이 출자할 수 있는 출자액의 최고한도에 관한 사항

⑨ 이익금 및 손실금의 처리에 관한 사항

⑩ 적립금의 비율과 그 적립방법에 관한 사항

⑪ 회계연도와 회계에 관한 사항

⑫ 총회 기타 의결기관과 임원의 정수 · 선출 및 해임에 관한 사항

⑬ 해산 사유를 정한 때에는 그 사유에 관한 사항

## 기타 설립에 필요한 행위

– 조합원 결성 : 정관과 설립취지에 찬성하고 법인에의 가입을 원하는 농업인, 농산물의 생산자단체 및 비농업인을 대상으로 준조합원 등을 모집

– 명부의 작성 : 설립 시 조합원의 명부 작성

– 출자 1좌당 금액과 총 출자 좌수의 결정

– 설립 당해연도의 사업계획 수립

– 설립에 필요한 자산의 취득 등

## 창립총회

## 창립총회의 구성 및 의결할 사항

발기인 및 창립 당시의 조합원 등으로 창립총회를 구성하고, 임원은 조합원 중에서 선임한다. 창립총회에서 의결할 사항은 다음과 같다.

① 정관의 승인

② 정관에서 정한 임원의 선임(이사회의 구성)

③ 출자 납입에 관한 사항

④ 설립 당해년도 사업계획의 승인 등

## 창립총회의사록 작성

창립총회의 의결은 법인 설립의 기본이 되는 중요사항이다. 그러므로 회의경과를 명확히 하기 위해서는 창립총회의사록을 반드시 작성하고 참석자들이 기명날인하여 보관하여야 하며, 공증인의 인증을 받아 설립등기시 반드시 첨부하여야 한다.

# 출자

## 출자의 유형 및 범위

영농조합법인의 출자는 농지·현금·기타현물로 출자할 수 있으며, 농어업회사법인은 비농업인의 출자액이 총출자액의 100분의 90을 초과할 수 없다.

## 출자의 불입 및 출자증서의 발행

조합원은 출자의 목적인 재산을 양도하고 등기, 등록 기타 권리의 설정이나 이전에 필요한 경우에는 이에 관한 서류를 완비하여 교부하여야 한다.

출자를 불입한 조합원 등에게 대표이사 명의로 출자증서를 발급하고 출자증서에 출자좌수, 출자액, 출자재산의 표시(토지의 경우 지번, 지목, 면적을 기재) 등을 기재하며, 현물출자의 경우 출자액 산정방법, 출자 최고한

126

도, 출자액의 납입방법 등을 정관으로 반드시 작성하여야 한다.


## 설립등기


### 설립등기 기재사항

① 명칭

② 목적

③ 사업

④ 사무소의 소재지

⑤ 출자액의 납입방법 · 출자액의 산정방법 및 조합원 1명이 출자할 수 있는 출자액의 최고한도에 관한 사항

⑥ 해산사유를 정한 때에는 그 사유에 관한 사항

⑦ 법인을 대표하는 자의 성명과 주소

⑧ 2인 이상이 공동으로 법인을 대표(공동대표)할 것을 정한 경우에는 그 규정

※ 기타 등기 시 기재사항은 상법상 관련 규정을 준용함.


### 등기신청서 첨부서류

① 창립총회의사록

② 정관

③ 출자자산의 명세를 적은 서류

④ 조합법인을 대표할 조합원임을 증명하는 서류

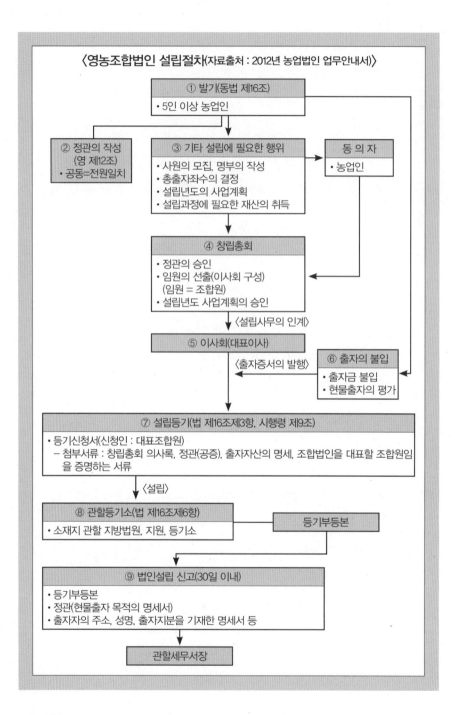

〈영농조합법인 설립절차(자료출처 : 2012년 농업법인 업무안내서)〉

① 발기(동법 제16조)
- 5인 이상 농업인

② 정관의 작성
(영 제12조)
- 공동=전원일치

③ 기타 설립에 필요한 행위
- 사원의 모집, 명부의 작성
- 총출자좌수의 결정
- 설립년도의 사업계획
- 설립과정에 필요한 재산의 취득

동 의 자
- 농업인

④ 창립총회
- 정관의 승인
- 임원의 선출(이사회 구성)
(임원 = 조합원)
- 설립년도 사업계획의 승인

〈설립사무의 인계〉

⑤ 이사회(대표이사)

〈출자증서의 발행〉

⑥ 출자의 불입
- 출자금 불입
- 현물출자의 평가

⑦ 설립등기(법 제16조제3항, 시행령 제9조)
- 등기신청서(신청인 : 대표조합원)
  - 첨부서류 : 창립총회 의사록, 정관(공증), 출자자산의 명세, 조합법인을 대표할 조합원임을 증명하는 서류

〈설립〉

⑧ 관할등기소(법 제16조제6항)
- 소재지 관할 지방법원, 지원, 등기소

등기부등본

⑨ 법인설립 신고(30일 이내)
- 등기부등본
- 정관(현물출자 목적의 명세서)
- 출자자의 주소, 성명, 출자지분을 기재한 명세서 등

관할세무서장

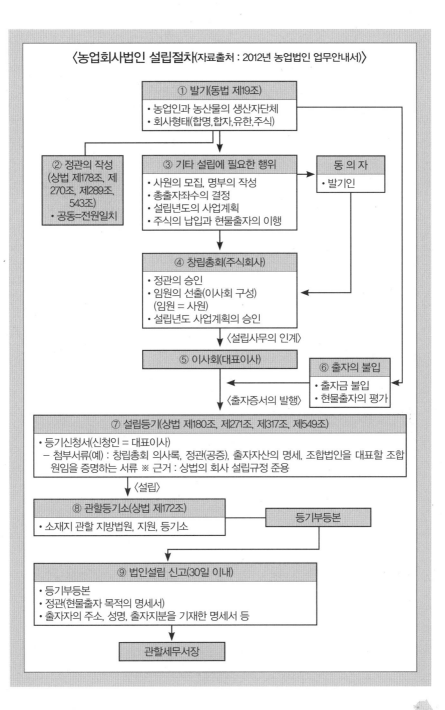

〈농업회사법인 설립절차〈자료출처 : 2012년 농업법인 업무안내서〉〉

① 발기(동법 제19조)
• 농업인과 농산물의 생산자단체
• 회사형태(합명,합자,유한,주식)

② 정관의 작성
(상법 제178조, 제270조, 제289조, 543조)
• 공동=전원일치

③ 기타 설립에 필요한 행위
• 사원의 모집, 명부의 작성
• 총출자좌수의 결정
• 설립년도의 사업계획
• 주식의 납입과 현물출자의 이행

동 의 자
• 발기인

④ 창립총회(주식회사)
• 정관의 승인
• 임원의 선출(이사회 구성)
(임원 = 사원)
• 설립년도 사업계획의 승인

〈설립사무의 인계〉

⑤ 이사회(대표이사)

⑥ 출자의 불입
• 출자금 불입
• 현물출자의 평가

〈출자증서의 발행〉

⑦ 설립등기(상법 제180조, 제271조, 제317조, 제549조)
• 등기신청서(신청인 = 대표이사)
- 첨부서류(예) : 창립총회 의사록, 정관(공증), 출자자산의 명세, 조합법인을 대표할 조합원임을 증명하는 서류 ※ 근거 : 상법의 회사 설립규정 준용

〈설립〉

⑧ 관할등기소(상법 제172조)
• 소재지 관할 지방법원, 지원, 등기소

등기부등본

⑨ 법인설립 신고(30일 이내)
• 등기부등본
• 정관(현물출자 목적의 명세서)
• 출자자의 주소, 성명, 출자지분을 기재한 명세서 등

관할세무서장

# CHAPTER 12

# 농지보전부담금

## 농지보전부담금

농지를 전용하는 자는 농지의 보전·관리 및 조성을 위한 비용을 부담하여야 하는데 이때의 비용을 농지보전부담금이라 한다. 농지보전부담금은 농지관리기금(농지조성사업, 농지은행사업 등)을 운용·관리하는 부서에서 농지의 보전·관리 및 조성을 위한 재원으로 활용한다.

## 농지보전부담금 납부대상

다음의 어느 하나에 해당하는 자는 농지관리기금을 운용·관리하는 부서에 농지보전부담금을 납부하여야 한다.

- 농지전용허가를 받는 자
- 농지전용협의를 거친 지역 예정지 또는 시설 예정지에 있는 농지를 전

용하려는 자

- 농지전용에 관한 협의를 거친 구역예정지에 있는 농지(협의 대상에서 제외
  되는 농지를 포함)를 전용하려는 자
- 다른 법률에 따라 농지전용허가가 의제되는 협의를 거친 농지를 전용
  하려는 자
- 농지전용 신고를 하고 농지를 전용하려는 자
- 농지전용협의를 거친 농지를 전용하려는 자

  ※ 농지법 시행 이후 「농지의 보전 및 이용에 관한 법률」 제4조제2항에
따라 1981년 7월 29일 이전에 협의를 거쳐 주거지역·상업지역·공업지
역으로 지정된 지역 안의 농지를 전용하는 경우에는 농지보전부담금 부
과 대상이 아님


## 납입의무자

농지보전담금 납입의무자는 '농지전용 허가의 경우 허가를 받은 자'이며,
'농지전용 협의의 경우 협의 신청서류에 기재된 사업시행자'가 납입의무
자가 된다.

  농지전용 허가 또는 협의를 할 때, 농지보전부담금 부과 시점에 사업시
행자가 변경되는 경우는 반드시 사업시행자로 하여금 농지전용관할청에
사업시행자(농지보전부담금 납입의무자) 변경신청을 하도록 하여야 한다. 사업
시행자 변경으로 농지보전부담금 부과금액이 변경되는 경우가 있기 때문
이다.

  예를 들면, 농수산물유통·가공시설용지로 진흥지역 안 농지전용허가

시 사업시행자가 농업인 등인 경우 농지보전 부담금 30,000㎡ 이하 전액 면제, 동 면적을 초과하는 경우 초과면적은 50% 감면되지만 사업시행자가 농업인등이 아닌 경우 전액 부과된다.

> ■ 농지전용 여부를 결정함에서 사업시행자의 자격 등이 주요 심사요인이 된 경우에는 사업시행자 변경이 당해 농지전용허가 등의 취소 · 변경사유가 될 수도 있다.

## 부과금액

농지보전부담금의 부과금액 산출은 다음 식에 의하며, 감면대상일 경우에는 감면비율을 적용한다.

> 면적(㎡) × 개별공시지가의 100분의 30(상한 금액 : 5만 원/㎡) = 부과금액

면적은 전용하는 농지의 면적을 말하고, 개별공시지가는 농지전용부담금 부과기준일 현재의 전용하는 농지의 개별공시지가를 의미한다. 이때 제곱미터(㎡)당 상한액은 5만 원으로 하는데 예를 들어 A라는 농지의 제곱미터당 공시지가가 100만 원 이라면, 100분의 30의 금액인 30만 원으로 계산을 하는 것이 아니라 5만 원으로 계산한다는 것이다.

개별공시지가 또는 시장 · 군수가 산정한 가격이 없는 경우도 있는데 이때는 공시지가 업무담당 부서에 개별공시지가를 산정 의뢰하여 해당 토지에 대한 개별공시지가를 통보받아 보전부담금을 부과하여야 한다.

■ 필지별 산출금액을 합산한 금액에 10원 미만의 금액이 산출되는 경우에는 그 미만의 금액은 절사한다.

## 농지보전부담금 계산하기

다음 농지의 면적 전체를 농지보전부담금 감면대상이 아닌 건축물이나 시설로 전용한다고 가정할 경우 납부하여야 할 농지보전부담금을 계산하시오.

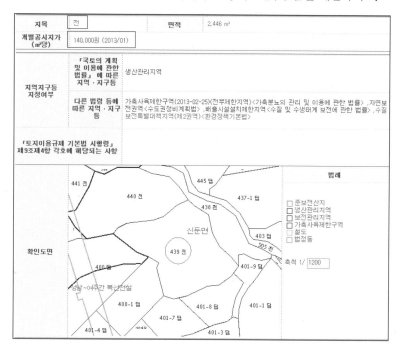

| 지목 | 전 | 면적 | 2,446 m² |
|---|---|---|---|
| 개별공시지가 (m²당) | 140,000원 (2013/01) | | |

| 지역지구등 지정여부 | 「국토의 계획 및 이용에 관한 법률」에 따른 지역·지구등 | 생산관리지역 |
|---|---|---|
| | 다른 법령 등에 따른 지역·지구등 | 가축사육제한구역(2013-02-25)(전부제한지역)<가축분뇨의 관리 및 이용에 관한 법률>, 자연보전권역<수도권정비계획법>, 배출시설설치제한지역<수질 및 수생태계 보전에 관한 법률>, 수질보전특별대책지역(제2권역)<환경정책기본법> |
| 「토지이용규제 기본법 시행령」 제9조제4항 각호에 해당되는 사항 | | |

- 140,000(개별공시지가/m²) x 0.3 = 42,000원

- 42,000 x 2,446m²(면적) = 102,732,000원

- 102,732,000원

## 농지보전부담금의 감면 대상

농지법령이 아닌 중소기업창업지원법 등 다른 법에서 농지보전부담금 감면에 관한 사항을 의무규정으로 명시하고 있는 경우에도 농지보전부담금을 감면받을 수 있다. 다음의 목적으로 또는 시설을 설치하기 위하여 농지를 전용하는 경우에는 농지보전부담금을 감면 받을 수 있다. 농지보전부담금 구체적인 감면대상 및 감면비율은 부록으로 첨부하였다.

① 국가나 지방자치단체가 공용 목적이나 공공용 목적으로 농지를 전용하는 경우

② 중요 산업 시설을 설치하기 위하여 농지를 전용하는 경우

③ 농업인 주택, 농축산업용시설, 농수산물 유통 · 가공 시설

④ 어린이놀이터 · 마을회관 등 농업인의 공동생활 편의 시설

⑤ 농수산 관련 연구 시설과 양어장 · 양식장 등 어업용 시설

## 주말 · 체험영농 주택부지로 농지를 전용하는 경우 농지보전부담금 감면기준

[시행 2013.5.16.] [농림축산식품부고시 제2013-37호, 2013.5.16., 일부개정]

① 「농지법」제28조에 따른 농업진흥지역 밖의 읍 · 면의 관할구역 안에 있는 농지로서 다음에 해당되지 아니하는 농지

　가. 「국토의 계획 및 이용에 관한 법률」에 따른 도시지역 안의 농지

　나. 「국토의 계획 및 이용에 관한 법률」에 따른 계획관리지역 안의 농지

　다. 법령에 의하여 지정되거나 지정할 예정인 개발목적의 지역지구단지 안의 농지

② 신청인이 주말 · 체험영농 주택부지로 전용하고 주말 · 체험영농 농지(농작물의 경작이나 다년생식물의 재배가 가능하여야 함)로 이용하고 있거나 이용하고자 하는 잔여면적이 150㎡ 이상인 농지

③ 신청인이 주말 · 체험영농 농지(농작물의 경작이나 다년생식물의 재배가 가능하여야 함)로 이용하거나 이용하고자 하는 150㎡ 이상의 농지에 연접한 농지

# 질의응답으로 배워 보기
[출처 : 2011 농지민원사례집]

 **사례 1** 감면비율이 서로 다른 시설을 함께 설치할 경우 농지보전부담금 부과는?

동일 부지 안에 감면비율이 서로 다른 시설을 함께 설치하는 경우로서 그 시설별 농지전용면적이 구분되지 아니하는 경우에는 다음 산식에 따라 산정된 면적을 각 시설의 농지전용면적으로 봅니다.(「농지법 시행령」제52조 관련 별표2 비고2)

시설의 농지전용면적 =

$$전체 농지전용면적 \times \frac{해당 시설의 바닥면적}{모든 시설의 바닥면적을 합산한 면적}$$

위 산출식에 의해 산정된 농지전용면적에 따라 각 시설별로 농지보전부담금을 계상한 후 합산하여 부과하게 됩니다.

## 〈적용 예〉

1,000㎡의 부지(건폐율 20퍼센트(%))에 50퍼센트(%) 감면되는 A시설로 80㎡, 감면 안되는 B시설로 120㎡를 전용할 경우(공시지가 : 10,000/㎡)

- A시설 : 1,000 × 80 ÷ 200 = 400㎡ × 10,000 × 30퍼센트(%) × 1/2 = 600,000원

- B시설 : 1,000 × 120 ÷ 200 = 600㎡ × 10,000 × 30퍼센트(%) = 1,800,000원

→ 농지보전부담금 부과(A + B) : 2,400,000원

 **사례 2**

Q. 농지보전부담금의 납입연기가 가능한지?
A. 1차에 한해 60일의 범위에서 가능

납입의무자가 부득이한 사유로 이미 부과된 농지보전부담금의 납부가 어려울 경우 1차에 한하여 60일의 범위에서 그 기간을 연장할 수 있습니다. (「농지법 시행령」제49조제3항)

농지보전부담금을 납입연기하려면 반드시 납입기간만료일 전까지 「농지법 시행규칙」별지 제38호 서식의 「농지보전부담금 납입기간 연장신청서」에 농지보전부담금 납입재원 조달계획서를 첨부하여 관할청에 제출하고, 관할청에서 농지보전부담금을 납입기간에 납입하기 어려운 사유가 있다고 인정하여 「농지보전부담금 납입기간 연장승인서」를 신청인에게 교부하고 이를 한국농어촌공사에 통보하면 납입연기가 가능합니다.

 **사례 3**

Q. 농지보전부담금을 분할하여 납부할 수 있는 경우와 절차는?
A. 농지보전부담금을 분할 납부할 수 있는 경우는(「농지법 시행령」제50조)

- 정부투자기관, 지방공사, 지방공단이 「산업입지 및 개발에 관한 법률」에 따른 산업단지의 시설용지로 농지를 전용하는 경우
- 「도시개발법」제11조제1항에 따른 사업시행자(국가와 지방자치단체는 제외)

가 도시개발사업(환지방식에 한함)의 부지로 농지를 전용하는 경우
- 「관광진흥법」제55조에 따른 개발사업시행자(지방자치단체는 제외)가 관광지 또는 관광단지의 시설용지로 농지를 전용하는 경우
- 「중소기업기본법」에 따른 중소기업을 영위하려는 자가 중소기업의 공장용지로 농지를 전용하는 경우입니다.

농지보전부담금을 분할하여 납부하려는 자는 농지전용허가 등의 신청 시에 분할납부를 같이 신청하여야 합니다.

또한, 농지보전부담금을 분할하여 납부할 수 있는 절차는
- 농지전용허가 등의 신청 시 「농지법 시행규칙」별지 제46호서식의 「농지보전부담금 분할납부 신청서」를 관할청에 제출하고
- 관할청은 분할납부의 사유 등을 검토하여 분할납부 처리결과를 신청인에게 알려야 합니다.

분할납부 결정을 받은 자는 납부해야 할 농지보전부담금의 30%를 해당 전용목적사업의 착수 전에 납부하고, 그 잔액은 납부기준일로부터 3년 이내에 3회 이내로 나누어 납부하되 분할납부할 농지보전부담금에 대해서는 납입보증보험증서 등 보증서를 예치하여야 합니다.
- 이 경우 보증서는 한국농어촌공사를 수취인으로 하고, 보증기간은 분할납입하는 농지 보전부담금의 각각의 납입기한에 30일을 가산한 기간을 기준으로 합니다.

Q. 공장설립에 따른 총 부지면적 중 준보전산지의 면적이 50% 미만이므로 농지보전부담금을 납입하였으나 공장설립변경허가를 통하여 총 부지면적 중 준보전산지의 면적이 50% 이상이 되는 경우 기 납부한 농지보전부담금을 환급받을 수 있는지?

## A. 환급 가능

「산업집적 활성화 및 공장설립에 관한 법률」에 따른 공장의 설립을 위한 공장용지조성 사업은 그 부지의 총 면적 중 「산지관리법」제16조제1항제2호에 따른 준보전산지의 면적이 100분의 50을 초과하는 경우 농지보전부담금을 전액 감면받을 수 있습니다.(「농지법 시행령」제52조 관련 별표2 제24호 및 「농지법 시행규칙」제47조)

따라서, 농지전용변경허가(협의)에 따라 그 부지의 총 면적 중 준보전산지의 면적이 100분의 50을 초과하게 되는 경우는 농지보전부담금 전액 감면대상으로 기 납입한 농지 보전부담금의 환급은 가능합니다.

사례 5 Q. 지목 상으로는 염전이나 실제로 농작물 경작지로 이용되는 토지를 타용도로 전용 시 농지보전부담금 부과대상인지?

## A. 「농지법」상 농지일 경우 부과대상

농지란 "전·답, 과수원 그 밖에 법적 지목을 불문하고 실제로 농작물 경작지 또는 다년생식물 재배지로 계속하여 이용되는 기간이 3년 이상인 토지"가 이에 해당됩니다.(「농지법」제2조제1호)

따라서, 지목 상 염전이나 실제로 농작물 경작지로 이용되는 기간이 3년 이상인 토지인 경우 농지에 해당되어 타목적으로 사용 시 농지전용허가를 받거나 신고를 하여야 하며 농지보전부담금 부과대상입니다.

다만, 전용하고자 하는 시설이 「농지법 시행령」 별표2에서 규정한 농지보전부담금 감면 대상에 해당될 경우에는 농지보전부담금을 감면받을 수 있습니다.

**사례 6** Q. 농지보전부담금을 납부한 후 사업을 포기할 경우 환급절차는?
A. 납부의무자가 농지보전부담금으로 납입한 금액 중 아래의 경우에는 농지보전부담금을 환급하도록 하고 있음(「농지법」제38조제4항 및 같은 법 「시행령」제51조제1항)

- 과오납입한 금액이 있는 경우
- 목적사업이 완료되기 전에 허가가 취소된 경우
- 사업계획의 변경 기타 이에 준하는 사유로 인하여 전용하고자 하는 면적이 당초보다 감소한 경우

이 경우 관할청은 납입의무자가 납입한 금액 중 환급하여야 할 금액을 환급금으로 결정하고, 한국농어촌공사와 농지보전부담금 납입자에게 각각 통지하도록 하고 있습니다.

농지보전부담금 환급결정 통지서를 받은 농지보전부담금 납입자는 「농

지법 시행규칙」별지 제49호 서식의 「농지보전부담금환급금 및 환급가산금청구서」에 농지보전부담금환급금 및 환급가산금결정통지서를 첨부하여 한국농어촌공사에 제출하면 됩니다.

 **Q. 농로, 구거, 제방 등 개별공시지가가 없는 경우 농지보전부담금 부과 방법은?**

**A. 공시지가 업무담당부서에 개별공시지가의 결정·공시 의뢰하여 통보받아 농지보전부담금을 부과**

농지보전부담금의 부과금액은 「부동산 가격공시 및 감정평가에 관한 법률」에 따른 해당 농지의 개별공시지가의 100분 30(상한선은 ㎡당 5만 원)에 해당하는 금액에 전용하는 농지의 면적을 곱하여 산출하도록 하고 있습니다.(「농지법 시행령」 제47조제2항)

농지보전부담금은 위 부과기준일과 개별공시지가에 따라 결정되며, 부과기준일 현재 「부동산 가격공시 및 감정평가에 관한 법률」에 따른 개별공시지가가 결정·공시되지 않은 토지에 대하여는 담당부서에서 공시지가 업무담당부서에 같은법 제11조에 따른 개별공시지가의 결정·공시를 의뢰하여 당해 토지에 대한 개별공시지가를 통보받아 보전 부담금을 부과하게 됩니다.

■ 농지법 시행규칙 [별지 제33호서식]

# 농지보전부담금 납입통지서

(납입자 보관용 앞쪽)

| 통 지 번 호 | | | |
|---|---|---|---|
| 성 명 (명 칭) | | | |
| 전 용 목 적 | | | |
| 전용하는 | | | |
| 농지의 표시 | | | |
| 납 입 기 한 | | | |
| 납 기 내 금 액 | | | |
| 납 기 후 금 액 | 계 | 부 과 금 액 | 가산금 |
| . . . ~ . . . | | | |
| . . . .이후 | | | |

※ 가상계좌번호 :

「농지법 시행령」 제49조제1항 및 같은 시행규칙 제41조제1항에 따라 위와 같이 농지보전부담금의 납입을 통지합니다.

년    월   일

농지보전부담금 부과결정권자(        )의

**대행자 한국농어촌공사 사장**                (인)

---

| 안내사항 |
|---|

1. 위 통지사항에 이의가 있을 때에는 관할청(허가청)에 이의를 제기하시기 바랍니다.(이 이의제기와는 별도로 「행정심판법」에 따른 행정심판을 청구할 수 있습니다)
2. 이 통지서가 도달하기 전에 이미 「농지법 시행령」 제49조제6항에 따라 자진납부하신 경우에는 이 통지서를 폐기하시기  바랍니다.
3. 납입기한이 경과된 후에는 새로운 고지서를 발부 받거나 위의 가상계좌번호로 납입이 가능합니다.

210mm×297mm[백상지 80g/㎡]

# 안 내

○ 농지보전부담금은 다음과 같은 방법 중에서 택일하여 납입할 수 있습니다.
　① 금융기관의 지로창구에 납입(납입기한 내에 한함)
　② 인터넷지로(www.giro.or.kr)에서 회원가입후 납입(공인인증서 필요)
　③ 가상계좌번호로 입금

○ 한국농어촌공사의 직원이나 관할청의 공무원은 농지보전부담금을 받을 수 없습니다.

○ 납입기한까지 농지보전부담금을 내지 아니하면 「농지법」 제38조제8항제1호 및 2호에 따라
　다음의 가산금이 부과됩니다.
　– 납입기한이 지난 날부터 1주일 이내에 납부하는 경우 : 체납된 금액의 100분의 1에 해당
　하는 금액
　– 납입기한이 지난 날부터 1주일이 지난 다음에 납부하는 경우 : 체납된 금액의 100분의
　5에 해당하는 금액

○ 납입기한까지 농지보전부담금을 납입하지 아니할 경우에는 「농지법」 제39조에 따라 농지
　전용허가가 취소되거나 관계공사의 중지, 조업의 정지, 사업규모의 축소 또는 사업계획의
　변경, 그 밖에 필요한 조치를 받을 수 있습니다.
　부득이한 사유로 인해 납입기한까지 납입하기 어려운 경우의 납입기간의 연장 등에 관하
　여는 해당 관할청(허가청)에 문의하시기 바랍니다.

○ 농지보전부담금과 가산금을 체납하는 경우에는 「농지법」 제38조제9항에 따라 국세 또는
　지방세 체납처분의 예에 따라 재산을 압류할 수 있습니다.

○ 그 밖에 의문사항에 대해서는 아래 장소로 문의하시기 바랍니다.
　· 관할청(허가청) ( 전화번호 :　　　　　)
　· 한국농어촌공사 ( 전화번호 :　　　　　)

| OCR | 지로영수증 (고 객 용) |

통지번호:

| 지로번호 | | | | | | | |

| 성 명(명칭) | | | |
|---|---|---|---|
| 전용하는 농지의 표시 | | | |
| 납 입 기 한 | | | |
| 납 기 내 금 액 | | | |
| 납 기 후 금 액 | 계 | 부과 금액 | 가산금 |
| … ~ … | | | |
| . . . 이후 | | | |

※ 가상계좌번호 :
　위 금액을 영수합니다.

년　　월　　일

수 납 기 관
수 납 인

농지보전부담금 부과결정권자(　　　　)의
　　　　　　　대행자　한국농어촌공사　사 장　[인]

※ 수납기관의 수납인이 날인되지 아니한 것은 무효입니다.

〈안내〉 이 영수증을 관할청에 제시하시고 농지전용허가증을 발급받으시기
　　　바랍니다.

94.8mm×88.9mm (OCR용지 90g/㎡)

## 농지보전부담금 부과근거

○ 부과근거 : 「농지법」 제38조제1항 및 제6항

○ 부과기준 : 개별공시지가의 30% (㎡당 상한금액 : 5만원)

# PART 2
# 농지의 경매

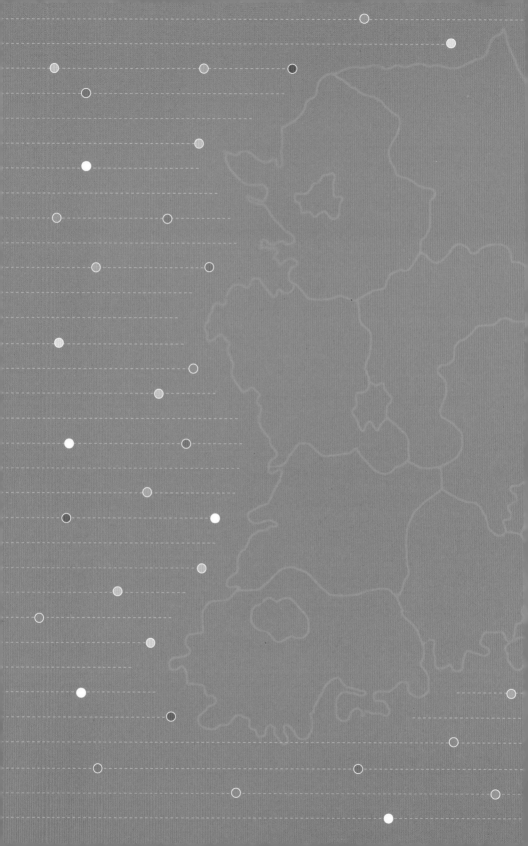

관심 토지를 개략적으로 선정한 후에는 권리분석은 물론이거니와 현장조사 또한 필수적이다. 매각 물건을 매수할 때 소멸하지 않는 권리가 있는지와 매수 후 해당 토지를 이용하는 데 문제가 없는지에 대해 꼼꼼히 살피고 사실 여부를 확인하기 위하여 현장을 방문하여 해당 토지에 관한 권리사항, 입지, 주변 여건 등을 확인하여야 한다. 그렇지 아니하고 매각 물건의 매수인으로 결정되어 매각대금을 모두 지급하면 소유권 등 매각의 목적인 권리를 취득하게 되는데, 이때 말소되지 않는 권리는 매수인이 부담하게 된다. 특히 법정지상권과 유치권에 관한 사항 등은 부동산등기부등본 등의 공적 기록으로는 확인되지 않기 때문에 각별한 주의를 기울여야 한다.

# 농지경매절차

## 경매의 의의

경매란 매매의 한 형태로서, 매도인이 다수의 매수희망인 중 가장 높은 가격으로 입찰한 사람과 매도계약을 체결하는 것을 말한다. 경매는 매도인이 물건을 직접 매매할 목적으로 실시하기도 하나, 채권자가 채무자에게 지급받지 못한 자신의 채권을 회수하기 위하여 실행하기도 한다.

## 경매의 유형

경매는 경매의 대상이 되는 목적물에 따라 동산 경매와 부동산 경매로 나뉘고, 경매를 집행하는 주체에 따라 사경매와 공경매로 나뉘는데, 사(私)경매는 개인이 주체가 되어 경매를 실행하는 반면, 공(公)경매는 국가기관이 주체가 되어 경매를 실행한다. 또한 경매는 집행권원의 필요에 따라서

도 나눌 수 있으며, 집행권원이란 국가의 강제력에 의해 강제집행을 실시할 수 있는 권리로 집행력 있는 판결, 화해조서정본과 그리고 지급명령정본 등이 있다. 임의경매는 담보권을 실행하는 경매이므로 강제경매와 같이 경매를 실행키 위한 집행권원이 필요하지 않다.

## 경매용어

경매와 관련된 전반적인 사항은 민사소송법의 적용을 받았으나 2002년 7월 1일부터는 「민사집행법」의 적용을 받고 있다. 민사집행법의 적용을 받으면서 경매용어의 일부도 변경되었는데 아래와 같이 변경되었으며 민사집행법에 따른 경매용어를 사용하는 것을 원칙으로 한다.

| 구 민사소송법 | 현 민사집행법 |
|---|---|
| 입찰 | 기일입찰 |
| 낙찰기일, 경락기일 | 매각결정기일 |
| 입찰기일, 경매기일 | 매각기일 |
| 경매기일의 통지 | 매각기일 및 매각결정기일의 통지 |
| 경매기일의 지정 | 매각기일의 지정 |
| 경매물건명세서 | 매각물건명세서 |
| 낙찰허가결정 | 매각허가결정 |
| 입찰보증금 | 매수신청보증금 |
| 낙찰자, 경락인 | 매수인 |
| 차순위입찰신고인 | 차순위매수신고인 |
| 최저입찰가격 | 최저매각가격 |

# 자주 쓰이는 경매용어

(구) 2002년 7월 1일 이전 경매용어

## 가등기

종국등기를 할 수 있을 만한 실체법적 또는 절차법적 요건을 구비하지 못한 경우 혹은 권리의 설정, 이전, 변경, 소멸의 청구권을 보전하려고 할 때와 그 청구권이 시한부, 조건부이거나 장래에 있어서 확정할 것인 때에 그 본등기를 위하여 미리 그 순위를 보존하게 되는 효력을 가지는 등기이다. 예비등기의 일종이다. 가등기의 효력은 ① 그 자체로는 완전한 등기로서의 효력이 없으나 후에 요건을 갖추어 본등기를 하게 되면 그 본등기의 순위는 가등기의 순위로 되므로, 결국 가등기를 한 때를 기준으로 하여 그 본등기의 순위가 확정된다는 본등기순위보전의 효력과, ② 본등기 이전에 가등기가 불법하게 말소된 경우에 가등기명의인은 그 회복을 청구할 수 있는 가등기자체의 효력(청구권보존의 효력)이 있다.

## 각하

국가기관에 대한 행정상 또는 사법상의 신청을 배척하는 처분, 특히 소송상 법원이 당사자 그 밖의 관계인의 소송에 관한 신청을 배척하는 재판을 말한다. 다만, 민사소송법상 기각과 구별하여 사용하는 경우에는 소송요건 또는 상소의 요건을 갖추지 않은 까닭으로 부적법인 것으로서 사건의 일체를 심리함이 없이 배척하는 재판을 말한다.

## 감정인

특별한 지식 경험에 속하는 법칙이나 이를 구체적 사실에 적용하여 얻은 판단을 법원이나 법관에 보고하는 자를 말한다. 감정인은 일정한 경우 감정전에 반드시 선서하여야 하는데 선서하지 않고 한 감정은 증거능력이 없다. 또한 허위감정은 처벌을 받는다.

## 감정평가액

집행법원은 감정인으로 하여금 부동산을 평가하게 하고 그 평가액을 참작하여 최저매각가격을 정한다. 감정인의 평가액을 그대로 최저매각가격으로 정하여야 하는 것은 아니지만 실무에서는 대부분 감정인의 평가액을 그대로 최저매각가격으로 정하고 있다. 감정평가서에는 최소한 감정가격의 결정을 뒷받침하고 응찰자의 이해를 도울 수 있도록 감정가격을 산출한 근거를 밝히고 평가요항, 위치도, 지적도, 사진 등을 첨부하여야 한다. 그리고 이 감정평가서는 매각기일 일주일 전부터 매각물건명세서에 첨부하여 일반인의 열람이 가능하도록 비치하게 되어 있다.

## 강제경매

채무자 소유의 부동산을 압류, 환가하여 그 매각대금을 가지고 채권자의 금전채권의 만족을 얻음을 목적으로 하는 강제집행 절차 중의 하나이다.

## 개별경매(분할경매)

수개의 부동산에 관하여 동시에 경매신청이 있는 경우에는 각 부동산별로 최저경매가격을 정하여 경매하여야 한다는 원칙이다. 법에 명문규정은 없으나 이 원칙은 1개의 부동산의 매각대금으로 각 채권자의 채권 및 집행비용의 변제에 충분한 때에는 다른 부동산에 대한 경락을 허가하지 아니하며, 이 경우 채무자는 경락할 부동산을 지정할 수 있다는 규정과 일괄경매에 관한 특칙이 있음에 비추어 명백하고, 다만 법원은 수개의 부동산의 위치, 형태, 이용관계 등을 고려하여 이를 동일인에게 일괄매수시킴이 상당하다고 인정한 때에는 자유재량에 의하여 일괄경매를 정할 수 있다.

## 경매개시결정

경매신청의 요건이 구비되었다고 판단되면, 집행법원은 경매절차를 개시한다는 결정을 한다. 이것이 경매개시결정이다. 이 때 집행법원은, 직권 또는 이해관계인의 신청에 따라, 부동산에 대한 침해행위를 방지하기 위하여 필요한 조치를 할 수 있다. 이와 동시에 집행법원은 그 부동산의 압류를 명하고, 직권으로 그 사유를 등기기록에 기입할 것을 등기관에게 촉탁한다. 경매개시결정이 채무자에게 송달된 때 또는 경매신청의 기입등기가 된 때에 압류의 효력이 발생하며, 이때부터는 그 부동산을 타에 양도하거나 담보권 또는 용익권을 설정하는 등의 처분행위를 할 수 없다.

## 경매기일공고

경매기일 및 경락기일을 지정한 때에는 법원은 이를 공고한다. 공고는 공고사항을 기재한 서면을 법원의 게시판에 게시하는 방법으로 하고, 최초의 경매기일에 관한 공고는 그 요지를 신문에 게재하여야 하며 법원이 필요하다고 인정할 때에는 그 외의 경매기일에 관하여도 신문에 게재할 수 있으며, 대법원 홈페이지(www.scourt.go.kr) 법원공고 란에도 게재한다.

## 경매신청취하

경매부동산에 대하여 경매신청 후 경매기일에서 적법한 매수의 신고가 있기까지의 사이에 있어서는 경매신청인은 임의로 경매신청을 취하할 수 있으나, 매수의 신고가 있은 후에 경매신청을 취하함에는 최고가매수신고인과 차순위매수신고인의 동의를 필요로 한다.

## 공과주관 공무소에 대한 최고

법원은 경매개시결정 후 조세 기타 공과를 주관하는 공무소에 대하여 목적부동산에 관한 채권의 유무와 한도를 일정한 기간내에 통지할 것을 최고하는데 이는 우선채권인 조세채권의 유무, 금액을 통지받아 잉여의 가망이 있는지 여부를 확인함과 동시에 주관 공무소로 하여금 조세 등에 대한 교부청구의 기회를 주는 것이다.

## 공동경매

수인의 채권자가 동시에 경매신청을 하거나 아직 경매개시결정을 하지 아니한 동안에 동일 부동산에 대하여 다른 채권자로부터 경매신청이 있으면 수개의 경매신청을 병합하여 1개의 경매개시결정을 하여야 하며, 그 수인은 공동의 압류채권자가 되고, 그 집행절차는 단독으로 경매신청을 한 경우에 준하여 실시되는 절차이다.

## 공탁

변제자가 변제의 목적물을 채권자를 위하여 공탁소에 임치하여 채권자의 협력이 없는 경우에도 채무를 면하는 제도이다. 변제자, 즉 채무자를 보호하기 위한 제도로서, 그 성질을 제3자를 위한 임치계약으로 봄이 일반적이나, 판례는 공법관계(행정처분)로 본다. 공탁의 성립요건으로는, 채권자가 변제를 받지 않거나 받을 수 없어야 하는바, 변제자의 과실 없이 채권자를 알 수 없는 경우도 이에 해당한다. 공탁의 목적물은 채무의 내용에 적합한 것이어야 하고 일부공탁은 원칙적으로 무효이다. 대체로 ① 채권소멸을 위한 공탁, 즉 채무자가 채권자의 협력없이 채무를 면하는 수단으로 하는 변제공탁, ② 채권담보를 위한 공탁, 즉 상대방에 생길 손해의 배상을 담보하기 위한 수단으로 하는 담보공탁, ③ 단순히 보관하는 의미로 하는 보관공탁과 기타 특수한 목적으로 하는 특수공탁 등이 있다.

### 과잉매각

한 채무자의 여러 개의 부동산을 매각하는 경우에 일부 부동산의 매각대금으로 모든 채권자의 채권액과 집행비용을 변제하기에 충분한 경우가 있을 수 있다. 이런 경우를 과잉매각이라고 하는데, 이에 해당하면 집행법원은 다른 부동산의 매각을 허가하여서는 안 된다. 다만, 일괄매각의 경우에는 그러하지 아니하다. 과잉매각의 경우에는, 채무자가 그 부동산 가운데 매각할 것을 지정할 수 있다.

### 교부청구

국세 징수법상 국세, 지방세, 징수금등 채무자가 강제집행이나 또는 파산선고를 받은 때(법인이 해산한 때) 강제매각개시 절차에 의하여 채무자의 재산을 압류하지 아니하고도 강제 매각기관에 체납관계 세금의 배당을 요구하는 제도를 말하며, 교부청구를 하면 조세의 소멸시효가 중단된다.

## 권리관계

권리관계라 함은 사람과 사람 간에 있어서 법률상의 의무를 강제할 수 있는 관계를 말한다.

## 권리능력

권리나 의무를 가질 수 있는 자격 내지 지위를 말한다. 자연인은 모체로부터 전부 노출했을 때부터 권리능력을 가지는 것이 원칙이나 손해배상, 호주승계, 재산상속, 유증 등의 경우에는 이미 태어난 것으로 하여 권리능력을 가지는 것으로 하고 있다.

## 금전집행

금전(돈)채권의 만족을 얻기 위하여 채무자 소유의 부동산에 대하여 하는 강제집행이다.

## 기각

민사소송법상 신청의 내용(예:원고의 소에 의한 청구, 상소인의 상소에 의한 불복신청 등)을 종국재판에서 이유가 없다고 하여 배척하는 것을 말한다.

## 기간입찰

입찰기간은 일주일 이상 1월 이하의 범위 안에서 정하고, 매각(개찰)기일은 입찰기간이 끝난 후 일주일 안으로 정한다. 입찰의 방법은 입찰표에 기재사항을 기재한 후 매수신청의 보증으로 관합법원의 예금계좌에 매수신청보증금을 입금한 후 받은 법원보관금영수필통지서를 입금증명서의 양식에 첨부하거나 경매보증보험증권을 입찰봉투에 넣어 봉함한 후 매각(개찰)기일을 기재하여 집행관에게 제출 또는 등기우편으로 집행관에게 부치는 방법이다.

## 기일입찰 – (구)입찰

부동산의 매각은 ① 매각기일에 하는 호가경매 ② 매각기일에 입찰 및 개찰하게 하는 기일입찰 ③ 입찰기간내에 입찰하게 하여 매각기일에 개찰하는 기간입찰의 3가지 방법으로 한다. 현재 법원에서는 입찰표에 입찰가격을 적어 제출하는 기입입찰의 방법을 시행하고 있다.

## 기입등기

새로운 등기원인이 발생한 경우에 그 등기원인에 입각하여 새로운 사항을 등기기록에 기재하는 등기이다. 건물을 신축하고 그것을 등기기록에 기재하는 소유권보존등기나 매매나 증여 등에 의하여 부동산의 소유주가 변경한 경우에 행하는 소유권이전등기, 토지건물을 담보로 제공한 경우 담보권을 설정하는 저당권설정등기 등 새로운 사실의 발생에 입각하여 새로운 사항을 기재하는 등기가 이에 해당된다.

## 매각결정기일 – (구) 낙찰기일

입찰을 한 법정에서 최고가 입찰자에 대하여 낙찰허가 여부를 결정하는 날로 입찰법정에서 선고한 후 법원게시판에 공고만 할 뿐 낙찰자, 채권자, 채무자, 기타 이해관계인에게 개별적으로 통보하지 않는다.(입찰기일로부터 통상 7일 이내)

## 매각허가결정 – (구)낙찰허가결정

낙찰허가결정이 선고된 후 1주일 내에 이해관계인이(낙찰자, 채무자, 소유자, 임차인, 근저당권자 등) 항고하지 않으면 낙찰허가결정이 확정된다. 그러면 낙찰자는 법원이 통지하는 대금납부기일에 낙찰대금(보증금을 공제한 잔액)을 납부하여야 한다. 대금납부기일은 통상 낙찰허가결정이 확정된 날로부터 1개월 이내로 지정한다.

## 담보물권

담보물권은 채권담보를 위하여 물건이 가지는 교환가치의 지배를 목적으로 하는 물권이며 민법상 유치권, 질권, 저당권의 3가지가 있다. 그 밖에 민법은 전세권자에게 전세금의 반환을 확보해 주기 위해서 전세권에 대하여 담보물권적인 성질을 부여 하고 있다. 그리고 담보물권 중 유치권은 법률에 의하여 일정한 요건이 갖추어질 때에 당연히 성립하는 법정담보물권이며, 질권과 저당권은 원칙적으로 당사자의 설정행위에 의하여 성립하는 약정담보물권이다.

## 대금지급(납부)기일

최고가 매수신고인에 대하여 경락허가결정이 확정되면 법원은 지체없이 직권으로 대금지급기일을 지정하는 날이다.

## 대금지급기한

민사집행법이 적용되는 사건에 대하여 매각허가결정이 확정되면 법원은 대금의 지급기한을 정하고, 이를 매수인과 차순위매수신고인에게 통지하여야 하며, 매수인은 이 대금지급기한까지 매각대금을 지급하여야 한다.

## 대위변제

제3자 또는 공동채무자의 한사람이 채무자를 위하여 변제하는 때에는 그 변제자는 채무자 또는 다른 공동채무자에 대하여 구상권을 취득하는 것이 보통이다. 이 때에 그 구상권의 범위 내에서 종래 채권자가 가지고 있었던 채권에 관한 권리가 법률상 당연히 변제자에게 이전하는 것을 가리켜 변제자의 대위 또는 대위변제라고 한다.

## 대항력

주택임차인이 임차주택을 인도받고 주민등록까지 마치면 그 다음날부터 그 주택의 소유자가 제3자로 변경되더라도 그 제3자에 대하여 임차권을 가지고서 대항할 수 있게 된다. 이와 같이 대항할 수 있는 힘을 주택임차인의 대항력이라고 부른다. 다시 말해 임차보증금 전액을 반환받을 때까지 주택임차인이 새로운 매수인에 대하여 집을 비워 줄 필요가 없다는 것을 의미한다. 다만, 대항요건(주택인도, 주민등록)을 갖추기 전에 등기기록상 선순위의 권리(근저당권, 가압류, 압류 등)가 있었다면 주택이 매각된 경우 그 매수인에게 대항할 수 없다.

## 말소등기

기존등기가 원시적 또는 후발적인 사유로 인하여 실체관계와 부합하지 않게 된 경우에 기존등기 전부를 소멸시킬 목적으로 하는 등기이다. 말소의 대상이 되는 등기는 등기사항 전부가 부적법한 것이어야 한다. 그 부적법의 원인은 원시적(원인무효)이든, 후발적(채무변제로 인한 저당권 소멸)이든, 실체적(원인무효나 취소)이든 또는 절차적(중복등기)이든 이를 가리지 않는다.

## 매각결정기일 – (구)경락기일, 낙찰기일

매각을 한 법정에서 최고가매수신고인에 대하여 매각허가 여부를 결정하는 날로 매각법정에서 선고한 후 법원게시판에 공고만 할 뿐 매수인, 채권자, 기타 이해관계인에게 개별적으로 통보하지 않는다.(매각기일로부터 통상 7일 이내)

## 매각기일 – (구)입찰기일

경매법원이 목적부동산에 대하여 실제 매각을 실행하는 날로 매각할 시각, 매각할 장소 등과 함께 매각기일 14일 이전에 법원게시판에 게시함과 동시에 일간신문에 공고할 수 있다.

## 매각기일 및 매각결정기일 통지 – (구)경매기일통지

법원이 매각기일과 매각결정기일을 지정하면 이를 이해관계인에게 통지하는 절차를 말하는데, 위 통지는 집행기록에 표시된 이해관계인의 주소에 등기우편으로 발송하여 할 수 있다.

## 매각기일 및 매각결정기일 공고 – (구)경매기일공고

매각기일 및 매각결정기일을 지정한 때에는 법원사무관등은 이를 공고한다. 공고는 공고사항을 기재한 서면을 법원의 게시판에 게시하는 방법으로 하는 외에, 법원이 필요하다고 인정하는 때에는 별도로 그 공고사항의 요지를 신문에 게재하거나 정보통신매체를 이용하여 공시할 수 있다.

## 매각기일의 지정 – (구) 경매기일지정

집행법원은 공과주관 공무소에 대한 통지, 현황조사, 최저매각가격 결정 등의 절차가 끝나고 경매절차를 취소할 사유가 없는 경우에는 직권으로 매각할 기일을 지정하게 된다.

## 매각물건명세서 – (구)경매물건명세서

법원은 부동산의 표시, 부동산의 점유자와 점유의 권원, 점유할 수 있는 기간, 차임 또는 보증금에 관한 관계인의 진술, 등기된 부동산에 관한 권리 또는 가처분으로서 매각으로 효력을 잃지 아니하는 것, 매각에 따라 설정된 것으로 보게 되는 지상권의 개요 등을 기재한 매각물건명세서를 작성하고, 이를 매각기일의 일주일 전까지 법원에 비치하여 누구든지 볼 수 있도록 작성해 놓은 것이다.

## 매각조건

법원이 경매의 목적부동산을 경락인에게 취득시키기 위한 조건인데 경매도 일종의 매매라 할 수 있지만 통상의 매매에서는 그 조건을 당사자가 자유로이 정할 수 있는 반면 강제경매는 소유자의 의사에 반하여 행하여 지고 이해관계인도 많으므로 법은 매각조건을 획일적으로 정하고 있다.

## 매각허가결정 – (구)낙찰허가결정

매각허가결정이 선고된 후 일주일 내에 이해관계인(매수인, 채무자, 소유자, 임차인, 근저당권자 등)이 항고하지 않으면 매각허가결정이 확정된다. 그러면 매수인은 법원이 통지하는 대금지급기한내에 매각대금(매수보증금을 공제한 잔액)을 납부하여야 한다. 대금지급기한은 통상 매각허가결정이 확정된 날로부터 1개월 이내로 지정한다.

## 매수보증금 – (구)입찰보증금

경매물건을 매수하고자 하는 사람은 최저매각가격의 10분의 1에 해당하는 보증금액을 입찰표와 함께 집행관에게 제출하는 방법으로 제공하여야 한다. 매각절차가 종결된 후 집행관은 최고가매수신고인이나 차순위매수신고인 이외의 매수신청인에게는 즉시 매수보증금을 반환하여야 한다. 매각허가결정이 확정되고 최고가매수인이 대금지급기한 내에 매각대금을 납부하면 차순위매수신고인의 보증금을 반환하게 되고, 만일 최고가 매수인이 납부를 하지 아니하면 그 보증금을 몰수하여 배당할 금액에 포함하며, 이후 차순위매수신고인에 대하여 낙찰허가여부의 결정 및 대금납부의 절차를 진행하게 되고 차순위매수신고인이 매각대금을 납부하지 아니하면 역시 몰수하여 배당할 금액에 포함하여 배당하게 된다.

## 매수신고인

경매부동산을 매수할 의사로 매수신고를 할 때 통상 매수신고가격의 10분의 1에 해당하는 현금 또는 유가증권을 집행관에게 보관시킨 사람이다. 매수신고인은 다시 다른 고가의 매수허가가 있을 때까지 그 신고한

가격에 구속을 받고 매수신고를 철회할 수가 없다.

## 매수청구권

타인의 부동산을 이용하는 경우에 이용자가 그 부동산에 부속시킨 물건
에 대하여 이용관계가 종료함에 즈음하여 타인에 대하여 부속물의 매수
를 청구할 수 있는 권리, 일종의 형성권이다. 민법상 인정되는 매수청구
권으로서는 지상권 설정자 및 지상권자의 지상물매수청구권, 전세권 설
정자 및 전세권자의 부속물매수청구권, 토지임차인 및 전차인의 건물 기
타 공작물의 매수청구권 등이 있다. 한편 민사소송법상으로는 부동산 공
유자는 경매기일까지 보증을 제공하고 최고 매수신고가격과 동일한 가격
으로 채무자의 지분을 우선 매수할 것을 신고할 수 있다.

## 배당요구

강제집행에 있어서 압류채권자 이외의 채권자가 집행에 참가하여 변제
를 받는 방법으로 민법, 상법, 기타 법률에 의하여 우선변제청구권이 있
는 채권자, 집행력 있는 정본을 가진 채권자 및 경매개시결정의 기입 등
기후에 가압류를 한 채권자는 법원에 대하여 배당요구를 신청할 수 있다.
배당요구는 배당요구의 종기일까지 하여야 한다. 따라서 임금채권, 주택
임대차보증금반환청구권등 우선변제권이 있는 채권자라 하더라도 배당
요구종기일까지 배당요구를 하지 않으면 매각대금으로부터 배당받을 수
없고, 그 후 배당을 받은 후순위자를 상대로 부당이득반환청구를 할 수도
없다.

## 배당요구의 종기 결정

경매개시결정에 따른 압류의 효력이 생긴 때부터 1주일 내에 집행법원은 절차에 필요한 기간을 감안하여 배당 요구할 수 있는 종기를 첫 매각기일 이전으로 정한다. 제3자에게 대항할 수 있는 물권 또는 채권을 등기기록에 등재하지 아니한 채권자(임차인등)는 반드시 배당요구의 종기일까지 배당요구를 하여야 배당을 받을 수 있다. 법원은 특별히 필요하다고 인정하는 경우에는 배당요구의 종기를 연기할 수 있다.

## 배당요구의 종기 공고

배당요구의 종기가 정하여진 때에는 경매개시결정에 따른 압류의 효력이 생긴 때부터 일주일 내에, 채권자들이 널리 알 수 있도록 하기 위하여 법원은 경매개시결정을 한 취지 및 배당요구의 종기를 공고한다.

## 배당이의

배당기일에 출석한 채권자는 자기의 이해에 관계되는 범위 안에서 다른 채권자를 상대로 그의 채권 또는 채권의 순위에 대하여 이의를 할 수 있다. 이의를 제기한 채권자가 배당이의의 소를 제기하고 배당기일로부터 일주일 내에 집행법원에 대하여 소제기증명을 제출하면 그 금원에 대하여는 지급을 보류하고 공탁을 하게 된다. 이의제기 채권자가 그 증명 없이 위 기간을 도과하면 이의에 불구하고 배당금을 지급하게 된다.

## 배당절차

넓은 의미에서는 강제집행이나 파산절차에서 압류당한 재산이나 파산재

단을 환가함으로써 얻은 금전을 배당요구신청을 한 각 채권자에게 안분하여 변제하기 위한 절차이다.

## 보증보험증권의 제출

가압류, 가처분 사건에서 주로 사용되는 증권으로서 일정액의 보증료를 보증보험회사에 납부한 후 경매보증보험증권을 발급받아 매수신청보증으로 제출할 수 있도록 하는 규정으로, 입찰자들의 현금소지로 인한 위험 방지 및 거액의 현금을 준비하지 않고서도 손쉽게 입찰에 참가할 수 있도록 하는 방법이며, 입찰자의 선택에 따라 매수신청의 보증으로 현금 또는 경매보증보험증권을 자유롭게 활용할 수 있도록 하기 위하여 새로이 입찰절차에 도입한 규정이다. 매수신청의 보증으로 보험증권을 제출한 매수인이 매각대금납부기한까지 매각대금을 납부하지 않을 경우에는 경매보증보험증권을 발급한 보증보험회사에서 매수인 대신 매수보증금을 납부하게 하여 배당시 배당재단에 포함하여 배당하게 된다.

## 부동산인도명령

낙찰인은 낙찰대금 전액을 납부한 후에는 채무자에 대하여 직접 자기에게 낙찰부동산을 인도할 것을 구할 수 있으나, 채무자가 임의로 인도하지 아니하는 때에는 대금을 완납한 낙찰인은 대금을 납부한 후 6월내에 집행법원에 대하여 집행관으로 하여금 낙찰부동산을 강제로 낙찰인에게 인도하게 하는 내용의 인도명령을 신청하여 그 명령의 집행에 기하여 부동산을 인도 받을 수 있다.

## 분할채권

같은 채권에 2인 이상의 채권자 또는 채무자가 있을 때 분할할 수 있는 채권을 말한다. 이런 채권을 가분채권(분할채권)이라고도 한다. 예를 들면 갑, 을, 병 세 사람이 정에 대하여 3만 원의 채권을 가지고 있을 때, 각각 1만 원씩의 채권으로 분할할 수 있는 경우에 그 3만 원의 채권은 분할채권이 된다(정의 입장을 기본으로 한다면 가분채무 또는 분할채무가 된다). 민법에는 채권자 또는 채무자가 수인인 경우에 특별한 의사표시가 없으면 각 채권자 또는 채무자는 균등한 비율로 권리가 있고 의무가 있다고 규정하여 분할채권관계를 원칙으로 하고 있다.

## 상계

채권자가 동시에 매수인인 경우에 있을 수 있는, 매각대금의 특별한 지급 방법이다. 현금을 납부하지 않고, 채권자가 받아야 할 채권액과 납부해야 할 매각대금을 같은 금액만큼 서로 맞비기는 것이다. 채권자는 매각대금을 상계방식으로 지급하고 싶으면, 매각결정기일이 끝날 때까지 법원에 위와 같은 상계를 하겠음을 신고하여야 하며, 배당기일에 매각대금에서 배당받아야 할 금액을 제외한 금액만을 납부하게 된다. 그러나 매수인(채권자)이 배당받을 금액에 대하여 다른 이해관계인으로부터 이의가 제기된 때에는 매수인은 배당기일이 끝날 때까지 이에 해당하는 대금을 납부하여야 한다.

## 선순위 가처분

1순위 저당 또는 압류등기보다 앞서있는 가처분등기는 압류 또는 저당권에 대항할 수 있으므로 경매 후 촉탁에 의하여 말소되지 않는다.

## 소유권이전등기

양도, 상속, 증여, 기타 원인에 의하여 유상 또는 무상으로 부동산의 소유권이 이전되는 것을 부동산 등기기록상에 기입하는 등기를 말한다.

## 소유권이전등기촉탁

낙찰인이 대금을 완납하면 낙찰부동산의 소유권을 취득하므로, 집행법원은 매수인이 등기비용을 부담하고 등기촉탁 신청을 하면 집행법원은 매수인을 위하여 소유권이전등기, 매수인이 인수하지 아니하는 각종 등기의 말소를 등기공무원에게 촉탁하는 절차이다.

## 신경매

입찰을 실시하였으나 매수인이 결정되지 않았기 때문에 다시 기일을 지정하여 실시하는 경매이다.

## 압류

확정판결, 기타 채무명의에 의해 강제집행(입찰)을 하기 위한 보전수단이다.(압류후 경매 또는 환가절차로 이행)

## 우선매수권

공유물지분의 경매에 있어서 채무자 아닌 다른 공유자는 매각기일까지, 최저매각가격의 10분의 1에 해당하는 금원을 보증으로 제공하고 최고매수신고가격과 같은 가격으로 채무자의 지분을 우선 매수하겠다는 신고를 할 수 있다. 이러한 다른 공유자의 권리를 우선매수권이라고 한다. 이 경우에 법원은 다른 사람의 최고가매수신고가 있더라도 우선매수를 신고한 공유자에게 매각을 허가하여야 한다. 이때 최고가매수신고인은 원할 경우 차순위매수신고인의 지위를 부여받을 수 있다.

## 유찰

매각기일의 매각불능을 유찰이라고 한다. 즉 매각기일에 매수하고자 하는 사람이 없어 매각되지 아니하고 무효가 된 경우를 가리킨다. 통상 최저매각금액을 20% 저감한 가격으로, 다음 매각기일에 다시 매각을 실시하게 된다.

## 이중경매(압류의 경합)

강제경매 또는 담보권의 실행을 위한 경매절차의 개시를 결정한 부동산에 대하여 다시 경매의 신청이 있는 때에는 집행법원은 다시 경매개시결정(2중개시결정)을 하고 먼저 개시한 집행절차에 따라 경매가 진행되는 경우이다.

## 이해관계인

경매절차에 이해관계를 가진 자 중 법이 특히 보호할 필요가 있는 것으로 보아 이해관계인으로 법에 규정한 자를 말하며, 그들에 대하여는 경매절차 전반에 관여할 권리가 정하여져 있다.

### 인도명령

채무자, 소유자 또는 압류의 효력이 발생한 후에 점유를 시작한 부동산 점유자에 대하여는 매수인이 대금을 완납한 후 6개월 내에 집행법원에 신청하면 법원은 이유가 있을 경우 간단히 인도명령을 발하여 그들의 점유를 집행관이 풀고 매수인에게 부동산을 인도하라는 취지의 재판을 한다.(이때 인도명령신청을 받은 법원은 채무자와 소유자는 부르지 않고 통상 세입자 등 제3자를 불러 심문하는 경우도 있다.)

### 일괄매각 – (구)일괄입찰

법원은 경매의 대상이 된 여러 개의 부동산의 위치, 형태, 이용관계 등을 고려하여 이를 하나의 집단으로 묶어 매각하는 것이 알맞다고 인정하는 경우에는 직권으로 또는 이해관계인의 신청에 따라, 일괄매각하도록 결정할 수 있다. 또한 다른 종류의 재산(금전채권은 제외)이더라도 부동산과 함께 일괄매각하는 것이 알맞다고 인정하는 때에도 일괄매각하도록 결정할 수 있다.

### 임의경매(담보권의 실행 등을 위한 경매)

민사소송법은 그 제7편 제5장에서 담보권의 실행등을 위한 경매라는 이름 아래 부동산에 대한 경매신청을 조문화하여 경매신청에 채무명의를 요하지 아니하는 경매에 관한 규정을 두고 있는데, 일반적으로 경매를 통틀어 강제경매에 대응하여 임의경매라고 부른다. 임의경매에는 저당권, 질권, 전세권등 담보물권의 실행을 위한 이른바 실질적 경매와 민법, 상법 기타 법률의 규정에 의한 환가를 위한 형식적 경매가 있다.

## 입금증명서

기간입찰의 매수신청 보증방법으로써 해당법원에 개설된 법원보관금 계좌에 매수신청보증금을 납부한 후 발급받은 보관금납부필통지서를 첨부하는 양식으로 사건번호, 매각기일 및 납부자 성명, 날인을 할 수 있도록 되어 있으며 경매계 사무실 및 집행관 사무실에 비치되어 있다.

## 입찰기간

기일입찰과는 달리 입찰기간을 정하여 지역적, 시간적인 구애 없이 보다 많은 사람이 입찰에 참여할 수 있게 하기 위하여 기간입찰에서 정한 기간이다.

## 매각보증금 - (구)입찰보증금

경매물건을 매수하고자 하는 사람은 최저매각가격의 10분의 1에 해당하는 보증금액을 입찰표와 함께 집행관에게 제출하는 방법으로 제공하여야 한다. 매각절차가 종결된 후 집행관은 최고가매수신고인이나 차순위매수신고인 이외의 매수신청인에게는 즉시 매수보증금을 반환하여야 한다. 매각허가결정이 확정되고 최고가매수인이 대금지급기한 내에 매각대금을 납부하면 차순위매수신고인의 보증금을 반환하게 되고, 만일 최고가매수인이 납부를 하지 아니하면 그 보증금을 몰수하여 배당할 금액에 포함시킨다. 이후 차순위매수신고인에 대하여 낙찰허가여부의 결정 및 대금납부의 절차를 진행하게 되고 차순위매수신고인이 매각대금을 납부하지 아니하면 역시 몰수하여 배당할 금액에 포함하여 배당하게 된다.

## 잉여의 가망이 없는 경우의 경매취소

집행법원은 법원이 정한 최저경매가격으로 압류채권자의 채권에 우선하는 부동산상의 모든 부담과 경매비용을 변제하면 남는 것이 없다고 인정한 때에는 이러한 사실을 압류채권자에게 통지하고, 압류채권자가 이러한 우선채권을 넘는 가액으로 매수하는 자가 없는 경우에는 스스로 매수할 것을 신청하고 충분한 보증을 제공하지 않는 한 경매절차를 법원이 직권으로 취소하게 된다.

## 재경매

매수신고인이 생겨서 낙찰허가결정의 확정 후 집행법원이 지정한 대금지급기일에 낙찰인(차순위매수신고인이 경락허가를 받은 경우를 포함한다)이 낙찰대금지급의무를 완전히 이행하지 아니하고 차순위매수신고인이 없는 경우에 법원이 직권으로 실시하는 경매이다.

## 저당권

채권자가 물건을 점유하지 않고 채무를 담보하기 위하여 등기기록에 권리를 기재해 두었다가 채무를 변제하지 않았을 경우 그 부동산을 경매 처분하여 우선변제를 받을 수 있는 권리를 말한다.

## 즉시항고

일정한 불변기간 내에 제기하여야 하는 항고를 말한다. 즉 재판의 성질상 신속히 확정시킬 필요가 있는 결정에 대하여 인정되는 상소방법을 말한다. 이는 특히 제기기간을 정하지 않고 원결정의 취소를 구하는 실익이 있는 한 어느 때도 제기할 수 있는 보통항고와는 다르다.

## 지상권
다른 사람의 토지에서 건물 기타의 공작물이나 수목을 소유하기 위하여 토지를 사용할 수 있는 권리를 말한다.

## 집행관
집행관은 강제집행을 실시하는 자로서, 지방법원에 소속되어 법률이 정하는 바에 따라 재판의 집행과 서류의 송달 기타법령에 의한 사무에 종사한다.

## 집행권원 – (구)채무명의
일정한 사법상의 급여청구권의 존재 및 범위를 표시함과 동시에 법률이 강제집행에 의하여 그 청구권을 실현할 수 있는 집행력을 인정한 공정의 증서이다. 채무명의는 강제집행의 불가결한 기초이며, 채무명의로 되는 증서는 민사소송법 기타 법률에 규정되어 있다.

## 집행력
협의로는 판결 또는 집행증서의 채무명의의 내용에 기초하여 집행채권자가 강제집행을 집행기관에 신청할 수 있음에 터 잡아 집행기관은 이 신청을 토대로 하여 채무명의 내용인 일정의 급부를 실현시키기 위한 일종의 강제집행을 행할 수 있는 효력이고, 광의로는 넓게 강제집행 이외의 방법에 의하여 재판내용에 적합한 상태를 만들어 낼 수 있는 효력을 부여함을 말한다. 가령, 혼인 무효의 판결의 경우 그 확정판결에 기하여 호적을 정정할 수 있는 효력, 토지소유권 확인판결의 경우 그 확정판결에 기하여 변경의 등기를 신청할 수 있는 효력 등이다.

## 집행문

채무명의에 집행력이 있음과 집행당사자, 집행의 범위 등을 공증하기 위하여 법원사무관 등이 공증기관으로서 채무명의의 말미에 부기하는 공증문언을 말한다. 집행문이 붙은 채무명의 정본을 '집행력 있는 정본' 또는 '집행정본'이라 한다.

## 집행법원

강제집행에 관하여 법원이 할 권한을 행사하는 법원을 말한다. 강제집행의 실시는 원칙적으로 집행관이 하나, 비교적 곤란한 법률적 판단을 요하는 집행행위라든가 관념적인 명령으로 족한 집행처분에 관하여는 민사소송법상 특별히 규정을 두어 법원으로 하여금 이를 담당하도록 하고 있다. 또 집행관이 실시하는 집행에 관하여도 신중을 기할 필요가 있는 경우에는 법원의 협력 내지 간섭을 필요로 하도록 하고 있는데, 이러한 행위를 하는 법원이 곧 집행법원이다. 집행법원은 원칙적으로 지방법원이며 단독판사가 담당한다.

## 차순위매수신고인 – (구)차순위입찰신고인

최고가 매수신고인 이외의 입찰자 중 최고가 매수신고액에서 보증금을 공제한 액수보다 높은 가격으로 응찰한 사람은 차순위 매수신고를 할 수 있다. 차순위 매수신고를 하게 되면 매수인은 매각대금을 납부하기 전까지는 보증금을 반환받지 못한다. 그 대신 최고가 매수신고인에 국한된 사유로 그에 대한 매각이 불허되거나 매각이 허가되더라도 그가 매각대금 지급의무를 이행하지 아니할 경우 다시 매각을 실시하지 않고 집행법원으로부터 매각 허부의 결정을 받을 수 있는 지위에 있는 자이다.

## 채권신고의 최고

법원은 경매개시결정일로부터 3일 내에 이해관계인으로 규정된 일정한 자에게 채권계산서를 낙찰기일 전까지 제출할 것을 최고하는데, 이 역시 우선채권유무, 금액 등을 신고 받아 잉여의 가망이 있는지 여부를 확인하고 적정한 매각조건을 정하여 배당요구의 기회를 주는 것이다. 민사집행법의 적용을 받는 사건은 경매개시결정에 따른 압류의 효력이 생긴 때부터 일주일 내에 배당요구의 종기를 결정하게 되고, 일정한 이해관계인에게 채권계산서를 배당요구의 종기까지 제출할 것을 최고하며, 이때까지 배당요구를 하지 아니하면 불이익을 받게 된다.

## 채권자

채권을 가진 사람으로 곧 채무자에게 재산상의 급부 등을 청구할 권리가 있는 사람을 말한다. 채무자가 임의로 그 행위를 이행하지 않을 때에는 채권자는 법원에 소를 제기하여 현실적 이행을 강제할 수 있다.

## 집행권원 – (구)채무명의

일정한 사법상의 급여청구권의 존재 및 범위를 표시함과 동시에 법률이 강제집행에 의하여 그 청구권을 실현할 수 있는 집행력을 인정한 공증의 증서이다. 채무명의는 강제집행의 불가결한 기초이며, 채무명의로 되는 증서는 민사소송법 기타 법률에 규정되어 있다.

## 최고

타인에게 일정한 행위를 할 것을 요구하는 통지를 말한다. 이는 상대방 있는 일방적 의사표시이고, 최고가 규정되어 있는 경우에는 법률규정에 따라 직접적으로 일정한 법률효과가 발생한다. 최고에는 두 종류가 있다. 하나는 의무자에게 의무의 이행을 구하는 경우이고, 다른 하나는 권리자에 대한 권리의 행사 또는 신고를 요구하는 경위다.

## 최저경매가격

집행법원은 등기공무원이 압류등기를 실행하고 기입등기의 통지를 받은 후에는 감정인으로 하여금 경매부동산을 평가하게 하고 그 평가액을 참작하여 최저경매가격을 정하는데 최저경매가격은 경매에 있어 경락을 허가하는 최저의 가격으로 그 액수에 미달하는 매수신고에 대하여는 경락을 허가하지 아니하므로 최초 경매기일에서의 최소 부동산경매 가격이다.

## 최저매각가격 – (구)최저입찰가격

경매기일의 공고에는 경매부동산의 최저경매 가격을 기재해야 한다. 최초 경매기일의 최저경매가격은 감정인이 평가한 가격이 기준이 되며 경매기일에 있어서 경매신청인이 없어 신경매기일을 지정한 때에는 상당히 저감(통상20%)된 가격이 최저경매가격이 된다. 응찰하고자 할 때에는 항상 공고된 최저경매가격보다 같거나 높게 응찰해야 무효처리가 되지 않는다.

## 토지별도등기

토지에 건물과 다른 등기가 있다는 뜻으로 집합건물은 토지와 건물이 일
체가 되어 거래되도록 되어 있는 바, 토지에는 대지권이라는 표시만 있고
모든 권리관계는 전유부분의 등기기록에만 기재하게 되어 있는데, 건물
을 짓기 전에 토지에 저당권 등 제한물권이 있는 경우 토지와 건물의 권
리관계가 일치하지 않으므로 건물등기기록에 '토지에 별도의 등기가 있
다'는 표시를 하기 위한 등기를 말한다.

## 특별매각조건

법원이 경매부동산을 매각하여 그 소유권을 낙찰인에게 이전시키는 조건
을 말한다. 다시 말하면 경매의 성립과 효력에 관한 조건을 말한다. 매각
조건은 법정매각조건과 특별매각조건으로 구별된다. 법정매각조건은 모
든 경매절차에 공통하여 법이 미리 정한 매각조건을 말하며, 특별매각조
건은 각개의 경매절차에 있어서 특별히 정한 매각조건을 말한다. 어느 특
정경매절차가 법정매각조건에 의하여 실시되는 경우에는 경매기일에 그
매각조건의 내용을 관계인에게 알릴 필요가 없으나, 특별매각조건이 있
는 경우에는 그 내용을 집행관이 경매기일에 고지하여야 하며, 특별매각
조건으로 경락한 때에는 경락허가결정에 그 조건을 기재하여야 한다.

## 표제부

토지 건물의 지번(주소), 지목, 면적, 용도 등이 적혀 있으며 집합건물의

경우는 표제부가 2장이다. 첫 번째 장은 건물의 전체면적이, 두 번째 장에는 건물의 호수와 대지부분이 나와 있다.

## 합유

공동소유의 한 형태로서 공유와 총유의 중간에 있는 것이다. 공유와 다른 점은 공유에는 각 공유자의 지분을 자유로이 타인에게 양도할 수 있고, 또 공유자의 누군가가 분할할 것을 희망하면 분할하여야 하는데 대하여, 합유에서는 각인은 지분을 가지고 있어도 자유로이 타인에게 양도할 수 없고, 분할도 인정되지 않고 제한되어 있는 점이다. 공유는 말하자면 편의상 일시 공동소유의 형식을 가진 것으로 개인적 색채가 강하나, 합유는 공동목적을 위하여 어느 정도 개인적인 입장이 구속되는 것으로 양자가 이런 점에서 근본적인 차이가 있다. 그러나 각인이 지분을 가지고 있는 점에서 총유보다는 개인적 색채가 훨씬 강하다.

## 항고보증금

매각허가결정에 대하여 항고를 하고자 하는 모든 사람은 보증으로 매각대금의 10분의 1에 해당하는 금전 또는 법원이 인정한 유가증권을 공탁하여야 한다. 이것이 항고보증금인데, 이를 제공하지 아니한 때에는 원심법원이 항고장을 각하하게 된다. 채무자나 소유자가 한 항고가 기각된 때에는 보증으로 제공한 금전이나 유가증권을 전액 몰수하여 배당할 금액에 포함하여 배당하게 되며, 그 이외의 사람이 제기한 항고가 기각된 때에는, 보증으로 제공된 금원의 범위 내에서, 항고를 한 날부터 항고기각결정이 확정된 날까지의 매각대금에 대한 연 20%에 상당하는 금액을 돌

려받을 수 없다.

## 행위능력

단순히 권리, 의무의 주체가 될 수 있는 자격인 권리능력과는 달리, 권리
능력자가 자기의 권리와 의무에 변동이 일어나게 스스로 행위 할 수 있는
지위를 말하며, 일반적으로 민법상 능력이라 함은 행위능력을 가리킨다.
민법상 행위능력의 개념적 의의는 적법, 유효하게 법률행위를 할 수 없는
행위무능력자로부터 선의의 거래 상대방을 보호하여 거래의 안전을 확립
하려는 무능력자제도에서 크게 나타난다. 민법이 인정하는 무능력자에는
미성년자, 한정치산자, 금치산자가 있다.

## 현황조사보고서

법원은 경매개시결정을 한 후 지체없이 집행관에게 부동산의 현상, 점유
관계, 차임 또는 임대차 보증금의 수액 기타 현황에 관하여 조사할 것을
명하는데, 현황조사보고는 집행관이 그 조사내용을 집행법원에 보고하기
위하여 작성한 문서이다.

## 호가경매

호가경매는 호가경매기일에 매수신청의 액을 서로 올려가는 방법으로 한
다. 매수신청을 한 사람은 보다 높은 액의 매수신청이 있을 때까지 신청
액에 구속된다. 집행관은 매수신청의 액 중 최고의 것을 3회 부른 후 그
신청을 한 사람을 최고가매수신고인으로 정하며, 그 이름 및 매수신청의
액을 고지하여야 한다.

## 환가

경매신청에서 경매실시까지의 제 절차 진행 요소들을 환가절차라고 한다.

## 경매절차

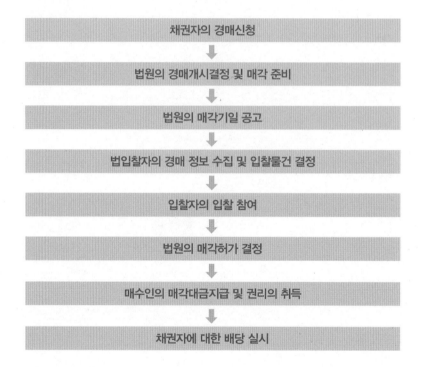

## 경매신청

부동산경매신청은 해당 부동산이 있는 곳의 법원(관할법원)에 신청하면 된다. 앞에서 살펴본 바와 같이 집행권원에 따라 임의경매와 강제경매로 나뉘며, 임의경매는 담보권이 있음을 증명하는 서류(등기필증, 차용증 등)가 필요하고, 강제경매는 집행력 있는 정본과 집행권원의 송달증명원이 필요하다. 그 밖의 서류는 임의경매나 강제경매든 동일하며 아래는 임의경매 신청서에 필요한 서류이고 납부할 목록들을 빠짐없이 납부하고 신청서에 첨부하여 경매계에 접수하면 '14타경0000' 사건번호를 부여받으며, 2일 뒤에 법원의 결정문이 송달된다.

## 1. 납부할 목록

가. 시 · 군 · 구청

물건소재지의 시 · 군 · 구청 세정과로 가서 등록세, 교육세 영수증 교부 받음

① 등록세 : 청구금액의 2/1000

② 교육세 : 등록세의 20/100

나. 법원 내 은행납부

① 인지

해당 부동산의 근저당권 수 × 5,000

② 등기신청수수료(증지)

경매신청할 부동산 수 × 3,000

③ 송달료

(이해관계인수 + 3) × 32,500

④ 경매예납금

| 채권액 | 예납금총액 | 채권액 | 예납금총액 |
|---|---|---|---|
| 500만 원 | 592,260원 | 1억 원 | 1,792,260원 |
| 1,000만 원 | 692,260원 | 2억 원 | 2,310,260원 |
| 2,000만 원 | 842,260원 | 3억 원 | 2,850,260원 |
| 3,000만 원 | 992,260원 | 4억 원 | 3,190,260원 |
| 4,000만 원 | 1,142,260원 | 5억 원 | 3,530,260원 |
| 5,000만 원 | 1,292,260원 | 6억 원 | 3,770,260원 |
| 6,000만 원 | 1,392,260원 | 7억 원 | 4,010,260원 |
| 7,000만 원 | 1,492,260원 | 8억 원 | 4,250,260원 |
| 8,000만 원 | 1,592,260원 | 9억 원 | 4,490,260원 |
| 9,000만 원 | 1,692,260원 | 10억 원 | 4,730,260원 |

2. 임의경매신청서

  가. 채권원인증서

  나. 근저당권등기권리증

  다. 채권자 주민등록초본

  라. 부동산등기부등본(제출용)

  마. 이해관계인목록 1부

  바. 부동산목록 10부

   −소재지, 지목, 면적, 건물의 구조, 전유부분의 호수, 대지권 등의
   순서로 기입

## 경매개시결정 및 매각준비

법원은 경매신청서가 접수되면 첨부서류와 신청서를 검토하여 경매개시

여부를 결정하고, 경매개시결정을 하는 경우에는 등기관으로 하여금 경매개시결정의 등기를 촉탁한다. 여기서 법원은 강제경매인 경우에 경매개시결정과 동시에 다른 사람에게 양도하거나 처분할 수 없도록 해당 부동산의 압류를 명한다.

경매개시결정을 하고 법원은 해당 부동산의 매각을 위한 준비를 하는데 우선적으로 채권자와 조세와 공과금을 징수하는 공공기관에 정해진 기간까지 배당요구 할 것을 공고한다. 또한 법원은 해당부동산에 대하여 집행관에게 점유관계, 보증금의 액수, 현재 상황등에 대해 조사하도록 명하고, 감정인이 평가한 그 평가액을 참작하여 최저매각가격을 결정한다.

## 법원의 매각기일공고

매각의 방법은 기일입찰의 방법과 기간입찰의 방법이 있는데 입찰과 관련하여서는 잠시 뒤에 자세히 알아보도록 하고 법원은 어떤 방법으로 매각할지를 정하고 「민사집행법」제102조의 사유가 없으면 직권으로 매각기일과 매각결정기일을 정하여 이해관계인에게 통지하고 법원게시판, 관보·공보 또는 신문이나 전자통신매체를 이용하여 이를 공고한다.

### 법원의 매각허가결정

법원은 매각결정기일에 출석한 이해관계인에게 매각허가에 관한 의견을 진술하게 하고 매각불허가 사유가 있는지를 조사하여 매각허가결정 여부를 결정한다. 매각허가에 관한 이의는 매각허가가 있을 때까지 신청하여야 하고 법원은 이의신청이 정당하다고 인정한 때에는 매각을 허가하지 아니한다.

### 매수인의 매각대금 지급 및 권리의 취득

매각허가결정이 확정되고 매수인은 법원이 정한 매각대금의 지급기한 내에 대금을 지급하면 매각의 목적인 권리를 취득한다. 여기서 매각의 목적이 소유권인 경우에는 매수인 앞으로 소유권이전등기를 하고, 매수인이 인수하지 않는 권리를 말소한다.

### 채권자에 대한 배당 실시

매수인이 매각대금을 지급하면 법원에서는 배당기일을 정하고 배당을 요구한 채권자와 채무자에게 이를 통지하고 배당의 순위와 경매집행에 들어간 비용, 채권자의 원금 및 이자와 배당률이 기재된 배당표를 작성하여 배당기일 3일 전에 법원에 비치한다.

## 입찰의 종류

입찰의 종류에는 기일입찰과 기간입찰이 있다. 기입입찰은 매각기일에 매수희망자로 하여금 입찰가격을 기재한 입찰표를 제출하게 하고 개찰을 하여 최고액의 입찰가격을 기재한 입찰자를 최고가매수신고인으로 정하는 방법이고, 기간입찰은 입찰기간 내에 매수희망자로 하여금 입찰표를 직접 또는 우편으로 제출하게 하고 별도로 정해진 매각기일에 개찰을 하여 최고가매수신고인으로 정하는 방법을 말한다.

---

**■ 기일입찰**

**1. 매각장소**
매각기일은 법원 안에서 진행하며 매각장소에는 매수신청인이 입찰표를 작성할 수 있는 설비(입찰표 기재대)가 마련되어 있다.

**2. 입찰의 개시**
입찰이 시작되기 전에 입찰희망자는 매각물건명세서 · 현황조사보고서 및 평가서의 사본을 살피고 특별한 매각조건이 있는 경우에는 집행관이 이를 알려준다. 집행관이 입찰표의 제출을 최고하고 입찰마감시각과 개찰시각을 고지하면 입찰이 시작된다.

**3. 입찰표의 작성**
기일입찰에 참여하려면 흰색 용지로 된 '기일입찰표'를 작성하여야 한다.
기일입찰표에는 ① 사건번호 ② 입찰자의 성명과 주소 ③ 물건번호 ④ 입찰가격 ⑤ 대리인에 의하여 입찰하는 경우에는 대리인의 성명과 주소 ⑥ 입찰보증금액을 기재한다.
입찰가격은 일정한 금액으로 표시하여야 하며 다른 사람의 입찰가격에 대한 비율로 표시할 수 없다.
입찰을 하려는 사람은 입찰표 기재대에 들어가서 입찰표를 기재하고, 매수신청보증을 입찰보증금 봉투에 넣고 1차로 봉한 다음, 기재한 입찰표와 매수신청보증봉투를 다시 큰 입찰봉투에 넣어 스테이플러로 찍어 봉하고 봉투의 지정된 위치에 날인하면 된다.

### 4. 입찰표 및 매수신청보증의 제출

입찰표와 매수신청보증이 들어 있는 봉투를 집행관에게 제출해야 한다. 봉투를 입찰함에 넣으면 집행관에게 제출한 것이 된다. 한 번 제출한 입찰표는 취소, 변경 또는 교환할 수 없다.

매수신청의 보증금액은 최저매각가격의 1/10이다. 다만 법원이 상당하다고 인정하는 때에는 보증금액을 달리 정할 수 있으므로 주의해야 한다(재입찰의 경우 매수신청의 보증금액을 입찰가격의 2/10 혹은 3/10으로 정하는 것이 보통임).

매수신청보증을 제공하려면 현금, 자기앞수표 또는 일정액의 보증료를 지급하고 발급받은 지급위탁계약체결문서(경매보증보험증권)를 제출하면 된다. 매수신청보증을 제출하지 아니하면 무효로 처리된다.

### 5. 입찰의 종결

#### 5-1. 입찰의 마감 및 개찰

입찰을 마감하면 지체 없이 입찰표를 개봉하여 개찰을 실시하고 입찰에 참여한 사람은 입찰표를 개봉할 때 참여할 수 있다.

#### 5-2. 최고가매수신고인의 결정

개찰 결과 가장 높은 가격으로 입찰하고 정해진 입찰보증금을 제공한 사람이 최고가 매수신고인으로 결정된다.

만일 가장 높은 가격으로 입찰한 사람이 2인 이상일 경우에는 그들만을 상대로 추가입찰을 실시한다.

추가입찰을 실시한 결과 또 다시 2인 이상이 가장 높은 가격으로 입찰한 경우에는 추첨에 의하여 최고가매수신고인을 정한다.

#### 5-3. 차순위매수신고인의 결정

최고가매수신고인 이외의 매수신고인은 매각기일을 마칠 때까지 차순위매수신고를 할 수 있다. 차순위매수신고는 그 신고액이 최저매각가격 이상이고 최고가입찰가에서 그 보증금액을 공제한 금액을 넘는 경우에만 할 수 있다.

차순위매수신고를 한 자가 2인 이상인 때에는 입찰가격이 높은 사람을 차순위매수신고인으로 정하고, 입찰가격이 같을때에는 추첨에 의하여 차순위매수신고인을 정한다.

### 5-4. 매각기일의 종결

최고가매수신고인과 차순위매수신고인이 결정되면 집행관은 그들의 성명과 가격을 부르고 매각기일의 종결을 고지하게 된다.

### 5-5. 입찰보증금의 반환

집행관은 매각기일의 종결을 고지한 후에는 최고가매수신고인 및 차순위매수신고인 이외의 입찰자에게 그들이 제출한 입찰보증금을 즉시 반환한다.

---

## ■ 기간입찰

### 1. 입찰기간 및 매각기일 확인

기간입찰에서 입찰기간은 1주 이상 1월 이하의 범위 안에서 정하고 매각기일은 입찰기간이 끝난 후 1주 안의 날로 정한다.

### 2. 입찰의 방법

기간입찰에 참여하려면 입찰기간 안에 입찰표를 집행관에게 직접 제출하거나 집행관을 수취인으로 하여 등기우편으로 보내는 방법이 있다.

### 3. 입찰표의 작성

기간입찰에서는 연두색 용지로 된 '기간입찰표'를 작성하여야 한다. 기간입찰표에는 ① 사건번호 ② 입찰자의 성명과 주소 ③ 물건번호 ④ 입찰가격 ⑤ 대리인에 의하여 입찰하는 경우에는 대리인의 성명과 주소 ⑥ 입찰보증금액을 기재한다.
입찰가격은 일정한 금액으로 표시하여야 하며, 다른 사람의 입찰가격에 대한 비율로 표시할 수 없다.

## 4. 매수신청보증

매수신청 보증의 제공방법으로는 다음의 2가지 방법이 있다.

① 입금증명서

입찰기간 동안 법원보관금 취급은행에 매수신청보증금을 납부한 후 발급받은 보관금 영수필통지서를 법원에 비치된 입금증명서 양식에 붙여서 입찰표와 함께 입찰봉투에 넣어 제출한다.

② 보증서

서울보증보험 주식회사에 일정액의 보증료를 지불한 후 보증보험증권을 발급받아 기간입찰표와 함께 기간입찰봉투에 넣어 제출한다.

## 5. 입찰표 제출

입찰표, 매수신청보증(입금증명서 또는 보증서), 기타 첨부서류를 기간입찰봉투에 넣고, 봉투 겉면에 매각기일을 적은 다음 입찰기간 동안 집행관에게 제출하여야 한다.

① 직접제출

평일 9시~ 12시까지, 13시~18시까지 집행관 사무실을 방문하여 집행관 또는 그 사무원에게 제출하고, 입찰봉투접수증을 받는다. 토요일과 공휴일에는 법원 당직근무자에게 제출하면 된다.

② 등기우편제출

입찰기간 개시일 0시 경부터 마감일 24시까지 법원에 우편물이 도착해야 하고 등기우편 이외의 방법으로 송부되거나 마감일 이후에 접수되면 무효처리 되니 주의해야 한다.

## 6. 매각기일의 참석 등

입찰에 참여한 사람은 매각기일에 입찰표를 개봉할 때 참여할 수 있는데 차순위매수신고를 하고자 하는 입찰참가자는 매각기일에 반드시 참석하여 신고하여야 한다. 최고가 매수신고인이 2인 이상인 경우에는 그들만을 상대로 기일입찰 방식으로 추가입찰을 한다.

출석하지 아니한 사람에게는 추가입찰 자격을 부여하지 않고, 출석한 사람들만을 상대로 추가입찰을 실시하며, 출석한 사람이 1인인 경우에는 출석자에게만 추가입찰을 실시한다.

최고가매수신고인 중 매각기일에 출석한 사람이 없는 경우, 출석한 전원이 추가입찰을 하지 않는 경우, 추가입찰가격이 동액인 경우, 추가입찰을 실시하였으나 그 입찰이 전부 무효인 경우에는 그들 중에서 추첨에 의하여 최고가매수신고인을 정한다. 이때 입찰자 중 출석하지 아니한 사람 또는 추첨을 하지 아니한 사람이 있는 경우에는 법원 사무관등 상당하다고 인정되는 사람이 추첨을 대신 한다.

## 입찰시 주의사항

### 입찰가액과 입찰표의 취소

매수신청보증금은 최저매각가격의 10% 이상에 해당하는 금액이어야 하며 입찰표에 금액을 아라비아숫자로 기재해야 하는데 입찰가액은 수정이 불가하므로 수정을 요하는 때에는 새 용지를 사용해야 한다. 기간입찰봉투가 입찰함에 투입된 이후에는 입찰표의 취소, 변경, 교환은 허용되지 아니하므로 주의해야 한다.

### 경매절차의 취소

경매절차가 입찰기간이 시작되기 전에 또는 입찰기간 중에 취소될 수 있다. 경매절차의 취소, 경매신청의 취하는 집행관 사무실 및 인터넷 법원경매공고란(www.courtauction.go.kr)에 게시되므로, 입찰하기 전에 반드시 확인하여야 한다.

### 매수신청보증의 반환

매각기일이 종료되면 최고가매수신고인 및 차순위매수신고인을 제외한 입찰참가자들에 대하여는 매수신청보증을 반환한다. 입찰 후 경매절차가 취소되더라도 매각기일이 되기 전에는 매수신청보증이 반환되지 않는다. 최고가매수신고인이 지정된 기한까지 대금을 납부하지 않는 경우에는 재매각이 실시되고 재매각 결과 매각이 되었을 경우 최초 매수인은 매수신청보증금의 반환을 요청할 수 없으나, 재매각 명령 후 경매신청이 취하되는 등 경매절차가 취소되는 경우에는 최초 매수인은 매수신청보증금의 반환을 요청할 수 있다.

(앞면)

# 기 일 입 찰 표

지방법원 집행관 귀하　　　　　　　　　　입찰기일 :　년　월　일

| 사 건<br>번 호 | | 타 경　　　호 | 물 건<br>번 호 | ※ 물건번호가 여러개 있는 경<br>우에는 꼭 기재 |
|---|---|---|---|---|
| 입<br>찰<br>자 | 본인 | 성명 | | 전화<br>번호 | |
| | | 주민(사업자)<br>등록번호 | | 법인등록<br>번호 | |
| | | 주소 | | | |
| | 대<br>리<br>인 | 성명 | | 본인과의<br>관계 | |
| | | 주민등록번호 | | 전화번호 | － |
| | | 주소 | | | |

| 입<br>찰<br>가<br>격 | 천<br>억 | 백<br>억 | 십<br>억 | 억 | 천<br>만 | 백<br>만 | 십<br>만 | 만 | 천 | 백 | 십 | 일 | 원 | 보증<br>금액 | 백<br>억 | 십<br>억 | 억 | 천<br>만 | 백<br>만 | 십<br>만 | 만 | 천 | 백 | 십 | 일 | 원 |
|---|---|---|---|---|---|---|---|---|---|---|---|---|---|---|---|---|---|---|---|---|---|---|---|---|---|---|

| 보증의<br>제공방법 | □ 현금 · 자기앞수표<br>□ 보증서 | 보증을 반환 받았습니다.<br>　　　　　　　　　　　입찰자 |
|---|---|---|

## 주의사항

1. 입찰표는 물건마다 별도의 용지를 사용하십시오. 다만, 일괄입찰시에는 1매의 용지를 사용하십시오.
2. 한 사건에서 입찰물건이 여러개 있고 그 물건들이 개별적으로 입찰에 부쳐진 경우에는 사건번호 외에 물건번호를 기재하십시오.
3. 입찰자가 법인인 경우에는 본인의 성명란에 법인의 명칭과 대표자의 지위 및 성명을, 주민등록 란에는 입찰자가 개인인 경우에는 주민등록번호를, 법인인 경우에는 사업자등록번호를 기재하 고, 대표자의 자격을 증명하는 서면(법인의 등기사항증명서)을 제출하여야 합니다.
4. 주소는 주민등록상의 주소를, 법인은 등기기록상의 본점소재지를 기재하시고, 신분확인상 필요 하오니 주민등록증을 꼭 지참하십시오.
5. 입찰가격은 수정할 수 없으므로, 수정을 요하는 때에는 새 용지를 사용하십시오.
6. 대리인이 입찰하는 때에는 입찰자란에 본인과 대리인의 인적사항 및 본인과의 관계 등을 모두 기재하는 외에 본인의 위임장(입찰표 뒷면을 사용)과 인감증명을 제출하십시오.
7. 위임장, 인감증명 및 자격증명서는 이 입찰표에 첨부하십시오.
8. 일단 제출된 입찰표는 취소, 변경이나 교환이 불가능합니다.
9. 공동으로 입찰하는 경우에는 공동입찰신고서를 입찰표와 함께 제출하되, 입찰표의 본인란에는 "별첨 공동입찰자목록 기재와 같음"이라고 기재한 다음, 입찰표와 공동입찰신고서 사이에는 공 동입찰자 전원이 간인 하십시오.
10. 입찰자 본인 또는 대리인 누구나 보증을 반환 받을 수 있습니다.
11. 보증의 제공방법(현금 · 자기앞수표 또는 보증서)중 하나를 선택하여 ☑표를 기재하십시오.

[전산양식 A3392] 기간입찰표(연두색)  용지규격 210mm×297mm(A4용지)

(앞면)

# 기 일 입 찰 표

지방법원 집행관 귀하　　　　　　　　　매각(개찰)기일 :  년  월  일

| 사 건 번 호 | | 타 경 　　　 호 | | 물건 번호 | ※ 물건번호가 여러개 있는 경우에는 꼭 기재 | |
|---|---|---|---|---|---|---|
| 입 찰 자 | 본인 | 성명 | | 전화 번호 | | |
| | | 주민(사업자) 등록번호 | | 법인등록 번호 | | |
| | | 주소 | | | | |
| | 대 리 인 | 성명 | | 본인과의 관계 | | |
| | | 주민등록번호 | | 전화번호 | | － |
| | | 주소 | | | | |

| 입찰 가격 | 천억 | 백억 | 십억 | 억 | 천만 | 백만 | 십만 | 만 | 천 | 백 | 십 | 일 | 원 | 보증 금액 | 백억 | 십억 | 억 | 천만 | 백만 | 십만 | 만 | 천 | 백 | 십 | 일 | 원 |
|---|---|---|---|---|---|---|---|---|---|---|---|---|---|---|---|---|---|---|---|---|---|---|---|---|---|---|

| 보증의 제공방법 | □ 입금증명서 □ 보증서 | 보증을 반환 받았습니다. 　　　　　　　　　　입찰자 |
|---|---|---|

## 주의사항

1. 입찰표는 물건마다 별도의 용지를 사용하십시오. 다만, 일괄입찰시에는 1매의 용지를 사용하십시오.
2. 한 사건에서 입찰물건이 여러개 있고 그 물건들이 개별적으로 입찰에 부쳐진 경우에는 사건번호외에 물건번호를 기재하십시오.
3. 입찰자가 법인인 경우에는 본인의 성명란에 법인의 명칭과 대표자의 지위 및 성명을, 주민등록란에는 입찰자가 개인인 경우에는 주민등록번호를, 법인인 경우에는 사업자등록번호를 기재하고, 대표자의 자격을 증명하는 서면(법인의 등기사항증명서)을 제출하여야 합니다.
4. 주소는 주민등록상의 주소를, 법인은 등기기록상의 본점소재지를 기재하시고, 신분확인상 필요하오니 주민등록등본이나 법인등기사항전부증명서를 동봉하십시오.
5. 입찰가격은 수정할 수 없으므로, 수정을 요하는 때에는 새 용지를 사용하십시오.
6. 대리인이 입찰하는 때에는 입찰자란에 본인과 대리인의 인적사항 및 본인과의 관계 등을 모두 기재하는 외에 본인의 위임장(입찰표 뒷면을 사용)과 인감증명을 제출하십시오.
7. 위임장, 인감증명 및 자격증명서는 이 입찰표에 첨부하십시오.
8. 입찰함에 투입된 후에는 입찰표의 취소, 변경이나 교환이 불가능합니다.
9. 공동으로 입찰하는 경우에는 공동입찰신고서를 입찰표와 함께 제출하되, 입찰표의 본인란에는 "별첨 공동입찰자목록 기재와 같음"이라고 기재한 다음, 입찰표와 공동입찰신고서 사이에는 공동입찰자 전원이 간인하십시오.
10. 입찰자 본인 또는 대리인 누구나 보증을 반환 받을 수 있습니다(입금증명서에 의한 보증은 예금계좌로 반환됩니다).
11. 보증의 제공방법(입금증명서 또는 보증서)중 하나를 선택하여 ☑표를 기재 하십시오.

# 위 임 장

| 대<br>리<br>인 | 성    명 | | 직업 | |
|---|---|---|---|---|
| | 주민등록번호 | | 전화번호 | |
| | 주    소 | | | |

위 사람을 대리인으로 정하고 다음 사항을 위임함.

다    음

지방법원          타경          호 부동산

경매사건에 관한 입찰행위 일체

| 대<br>리<br>인 | 성    명 | (인감<br>인) | 직업 | |
|---|---|---|---|---|
| | 주민등록번호 | – | 전화번호 | |
| | 주    소 | | | |
| 대<br>리<br>인 | 성    명 | (인감<br>인) | 직업 | |
| | 주민등록번호 | – | 전화번호 | |
| | 주    소 | | | |
| 대<br>리<br>인 | 성    명 | (인감<br>인) | 직업 | |
| | 주민등록번호 | – | 전화번호 | |
| | 주    소 | | | |

* 본인의 인감 증명서 첨부
* 본인이 법인인 경우에는 주민등록번호란에 사업자등록번호를 기재

지방법원 귀중

## 부동산경매사건의 진행기간

| 종 류 | 기 산 일 | 기 간 |
|---|---|---|
| 경매신청서 접수 | | 접수당일 |
| 미등기건물 조사명령 | 신청일부터 | 3일 안<br>(조사기간은 2주간) |
| 개시결정 및 등기촉탁 | 접수일부터 | 2일 안 |
| 채무자에 대한 개시결정 송달 | 임의경매 : 개시결정일부터<br>강제경매 : 등기필증 접수일부터 | 3일 안 |
| 현황조사명령 | 임의경매 : 개시결정일부터<br>강제경매 : 등기필증 접수일부터 | 3일 안<br>(조사기간은 2주간) |
| 평가명령 | 임의경매 : 개시결정일부터<br>강제경매 : 등기필증 접수일부터 | 3일 안<br>(평가기간은 2주간) |
| 배당요구결정<br>배당요구종기 등의 공고 · 공지 | 등기필증 접수일부터 | 3일 안 |
| 배당요구종기 | 배당요구종기결정일부터 | 2월 후 3월 안 |
| 채권신고의 최고 | 배당요구종기결정일로부터 | 3일 안<br>(최고기간은 배당요구<br>종기까지) |
| 최초매각기일 · 매각결정기일의<br>지정 · 공고(신문공고의뢰) 이해<br>관계인에 대한 통지 | 배당요구종기부터 | 1월 안 |
| 매각물건명세서의 작성, 그 사<br>본 및 현황조사보고서 · 평가서<br>사본의 비치 | | 매각기일(입찰기간개시<br>일)1주 전까지 |
| 최초매각기일 | 공고일부터 | 2주 후 20일 안 |
| 새매각기일 · 새매각결정기일<br>또는 재매각기일의 지정 · 공고<br>이해관계인에 대한 통지 | 사유발생일부터 | 1주 안 |
| 새매각 또는 재매각기일 | 공고일부터 | 2주 후 20일 안 |
| 배당요구의 통지 | 배당요구일부터 | 3일 안 |

| 매각실시 | | 매각기일 |
|---|---|---|
| 매각기일조서 및 보증금 등의 인도 | 매각기일부터 | 1일 안 |
| 매각결정기일 | 매각기일부터 | 1주 안 |
| 매각허부결정의 선고 | | 매각결정기일 |
| 차순위매수신고인에 대한 매각 결정기일의 지정, 이해관계인에의 통지 | 최초의 대금지급기한 후 | 3일 안 |
| 차순위매수신고인에 대한 매각 결정기일 | 최초의 대금지급기한 후 | 2주 안 |
| 매각부동산 관리명령 | 신청일부터 | 2일 안 |
| 대금지급기한의 지정 및 통지 | 매각허가결정확정일 또는 상소 법원으로부터 기록송부를 받은 날부터 | 3일 안 |
| 대금지급기한 | 매각허가결정확정일 또는 상소 법원으로부터 기록송부를 받은 날부터 | 1월 안 |
| 매각부동산 인도명령 | 신청일부터 | 3일 안 |
| 배당기일의 지정, 통지 계산서 제출의 최고 | 대금납부 후 | 3일 안 |
| 배당기일 | 대금납부 후 | 4주 안 |
| 배당표의 작성 및 비치 | | 배당기일 3일 전까지 |
| 배당표의 확정 및 배당실시 | | 배당기일 |
| 배당조서의 작성 | 배당기일부터 | 3일 안 |
| 배당액의 공탁 또는 계좌입금 | 배당기일부터 | 10일 안 |
| 매수인 앞으로 소유권이전등기 등 촉탁 | 서류제출일부터 | 3일 안 |
| 기록인계 | 배당액의 출급, 공탁 또는 계좌 입금 완료 후 | 5일 안 |

CHAPTER 14

# 유치권

유치권은 부동산 경매 절차에서 응찰자로 하여금 부담스러운 존재 중의 하나이다. 실제로 입찰물건명세서에 '유치권 있음 또는 유치권성립 여지 있음'이 기재되어 있는 물건의 경우 낙찰가가 현저히 감소하는 요인이 된다. 「민사집행법」에 따라 목적물이 경매 또는 강제집행이 된 경우에 유치권자는 그 매수인에 대하여 채권을 전액 변제받을 때까지 그 목적물의 인도를 거절할 수 있다.

또한, 유치권은 부동산 등기기록 등의 공적 기록을 통해서 드러나지 않기 때문에 추후 매수인이 예상하지 못한 손해를 입을 수 있다. 경매개시 결정 이전에 점유한 유치권자 중 유치권 신고를 하지 않은 자가 있을지도 모르니 유치권의 존부를 확인하기 위해서는 현장을 직접 방문하여 권리사항에 대한 점검이 필수적이다.(간혹 건물에 '유치권 행사 중'이라는 커다란 현수막을 본 적이 있을 것이다.) 물론 집행관의 2~5회 정도의 현황조사 이후 객관적으로 작성하는 부동산현황조사서상의 점유현황 부분도 확인하여야 하고, 집행관이 작성하는 시기는 경매개시결정의 기입등기 이후 1~3월이 지나서 작성된다.

## 유치권의 제도적 취지와 한계

우리 법에서 유치권제도는 무엇보다도 권리자에게 그 목적인 물건을 유치하여 계속 점유할 수 있는 대세적 권능을 인정한다.(민법 제320조 제1항, 민사집행법 제91조 제5항 등 참조) 그리하여 소유권 등에 기하여 목적물을 인도받고자 하는 사람(물건의 점유는 대부분의 경우에 그 사용수익가치를 실현하는 전제가 된다)은 유치권자가 가지는 그 피담보채권을 만족시키는 등으로 유치권이 소멸하지 아니하는 한 그 인도를 받을 수 없으므로 실제로는 그 변제를 강요당하는 셈이 된다. 그와 같이하여 유치권은 유치권자의 그 채권의 만족을 간접적으로 확보하려는 것이다. 그런데 우리 법상 저당권 등의 부동산담보권은 이른바 비점유담보로서 그 권리자가 목적물을 점유함이 없이 설정되고 유지될 수 있고 실제로도 저당권자 등이 목적물을 점유하는 일은 매우 드물다. 따라서 어떠한 부동산에 저당권 또는 근저당권과 같이 담보권이 설정된 경우에도 그 설정 후에 제3자가 그 목적물을 점유함으로써 그 위에 유치권을 취득하게 될 수 있다. 이와 같이 저당권 등의 설정 후에 유치권이 성립한 경우에도 마찬가지로 유치권자는 그 저당권의 실행절차에서 목적물을 매수한 사람을 포함하여 목적물의 소유자 기타 권리자에 대하여 위와 같은 대세적인 인도거절권능을 행사할 수 있다. 따라서 부동산유치권은 대부분의 경우에 사실상 최우선순위의 담보권으로서 작용하여, 유치권자는 자신의 채권을 목적물의 교환가치로부터 일반채권

196

자는 물론 저당권자 등에 대하여도 그 성립의 선후를 불문하여 우선적으로 자기 채권의 만족을 얻을 수 있게 된다. 이렇게 되면 유치권의 성립 전에 저당권 등 담보를 설정받고 신용을 제공한 사람으로서는 목적물의 담보가치가 자신이 애초 예상·계산하였던 것과는 달리 현저히 하락하는 경우가 발생할 수 있다. 이와 같이 유치권제도는 "시간에 앞선 사람은 권리에서도 앞선다"는 일반적 법 원칙의 예외로 인정되는 것으로서, 특히 부동산담보거래에 일정한 부담을 주는 것을 감수하면서 마련된 것이다.

유치권은 목적물의 소유자와 채권자와의 사이의 계약에 의하여 설정되는 것이 아니라 법이 정하는 일정한 객관적 요건(민법 제320조 제1항, 상법 제58조, 제91조, 제111조, 제120조, 제147조 등 참조)을 갖춤으로써 발생하는 이른바 법정담보물권이다. 법이 유치권제도를 마련하여 위와 같은 거래상의 부담을 감수하는 것은 유치권에 의하여 우선적으로 만족을 확보하여 주려는 그 피담보채권에 특별한 보호가치가 있다는 것에 바탕을 둔 것으로서, 그러한 보호가치는 예를 들어 민법 제320조 이하의 민사유치권의 경우에는 객관적으로 점유자의 채권과 그 목적물 사이에 특수한 관계(민법 제320조 제1항의 문언에 의하면 "그 물건에 관한 생긴 채권"일 것, 즉 이른바 '물건과 채권과의 견련관계'가 있는 것)가 있는 것에서 인정된다. 나아가 상법 제58조에서 정하는 상사유치권은 단지 상인 간의 상행위에 기하여 채권을 가지는 사람이 채무자와의 상행위(그 상행위가 채권 발생의 원인이 된 상행위일 것이 요구되지 아니한다)에 기하여 채무자 소유의 물건을 점유하는 것만으로 바로 성립하는 것으로서, 피담보채권의 보호가치라는 측면에서 보면 위와 같이 목적물과 피담보채권 사이의 이른바 견련관계를 요구하는 민사유치권보다 그 인정범위가 현저하게 광범위하다. 이상과 같은 사정을 고려하여 보면, 유치권제도와 관련하여서는 거래당사자가 유치권을 자신의 이익을 위하여 고의적으로 작출함으로써 앞서 본 유치권의 최우선순위담보권으로서의 지위를 부당하게 이용하고 전체 담보권질서에 관한 법의 구상을 왜곡할 위험이 내재한다. 이러한 위험에 대처하여, 개별 사안의 구체적인 사정을 종합적으로 고려할 때 신의성실의 원칙에 반한다고 평가되는 유치권제도 남용의 유치권 행사는 이를 허용하여서는 안 될 것이다.(대법원 2011.12.22. 선고, 2011다84298, 판결)

## 유치권의 의의

실제로 부동산경매에서 일반인들이 가장 염려하는 것 중 하나가 유치권 자의 채권이다. 우리 민법에 따라 타인의 물건 또는 유가증권을 점유한 자는 그 물건이나 유가증권에 관하여 생긴 채권이 변제기에 있는 경우에 는 변제를 받을 때까지 해당 물건을 유치할 권리 또는 유가증권을 점유할 권리가 있다.

**판례 찾아보기** 대법원 2007.9.7, 선고, 2005다16942, 판결 [건물명도]

> 민법 제320조 제항에서 '그 물건에 관하여 생긴 채권'은 유치권 제도 본래의 취지인 공평의 원칙에 특별히 반하지 않는 한 채권이 목적물 자체로부터 발생한 경우는 물론이고 채권이 목적물의 반환청구권과 동일한 법률관계나 사실관계로부터 발생한 경우도 포함하고, 한편 민법 제321조는 "유치권자는 채권 전부의 변제를 받을 때까지 유치물 전부에 대하여 그 권리를 행사할 수 있다"고 규정하고 있으므로, 유치물은 그 각 부분으로써 피담보채권의 전부를 담보하며, 이와 같은 유치권의 불가분성은 그 목적물이 분할 가능하거나 수개의 물건인 경우에도 적용된다.

## 성립 요건

유치권이 성립하기 위해서는 부동산 소유자에 대한 채권이 아니라 유치물건에 관하여 생긴 채권이어야 하며, 아래의 요건들을 갖추어야 한다.

① 변제기가 도래한 채권

② 목적물에 대한 유치권자의 적법한 점유

③ 유치권을 배제하는 특약이 없을 것

## 유치권의 점유

유치권 신고를 하고 나서 해당 물건을 타인이 가져가거나 접근하지 못하도록 관리하는 것을 유치권의 점유라 한다. 유치권의 성립을 위하여 해당 목적물에 대한 유치권자의 점유가 불법이어서는 아니 되며, 유치권자는 유치물을 직접 또는 간접적으로 점유하고 있어야 한다. 이때 유치권자가 직접 점유를 하지 않더라도 일반적으로 보았을 때 사실상 점유하고 있다는 판단이 드는 경우에도 유치물을 점유하고 있다고 볼 수 있으며, 유치권자의 가족, 회사직원 또는 용역전문업체를 통해 점유하는 것도 가능하다. 점유의 행사 형태로는 해당 물건에 현수막으로 알리는 방법, 거주를 하는 형태, 출입문을 자물쇠로 잠그는 방식들이 보편적이며, 한 번쯤은 앞의 형태들을 본 적이 있을 것이다. 만일 점유를 하지 않은 상태라면 해당 물건 소유자의 동의를 얻어서 점유를 시작하여야 한다.

　유치권자가 점유만 하고 있는지만을 판단하지 말고, 점유의 시작이 경매개시결정이전(공매의 경우에는 공매기입등기이전)부터인지 점유를 시작한 시점도 확인하여야 한다.

## 유치물의 경매

유치권자는 채권을 변제를 받기 위하여 유치물을 경매할 수 있는데 유치권자는 미리 채무자에게 통지하고 감정인의 평가에 의하여 유치물로 직접 변제에 충당할 것을 법원에 청구할 수 있다.

한편, 채무자 소유의 부동산에 강제경매개시결정의 기입등기가 마쳐지고 압류의 효력이 발생한 후에 해당 채권을 취득함으로써 유치권이 성립한 경우에는 경매절차의 매수인에게 대항하지 못하며 또한, 소유자의 동의 없이 유치권자로부터 유치권의 목적물이 되는 물건을 임차한 자 역시 매수인에게 대항할 수 없다.

대법원 2011.10.13. 선고, 2011다55214, 판결 [유치권부존재확인]

유치권은 목적물에 관하여 생긴 채권이 변제기에 있는 경우에 비로소 성립하고(민법 제
320조), 한편 채무자 소유의 부동산에 경매개시결정의 기입등기가 마쳐져 압류의 효력이
발생한 후에 유치권을 취득한 경우에는 그로써 부동산에 관한 경매절차의 매수인에게 대
항할 수 없는데, 채무자 소유의 건물에 관하여 증·개축 등 공사를 도급받은 수급인이 경
매개시결정의 기입등기가 마쳐지기 전에 채무자에게서 건물의 점유를 이전받았다 하더라
도 경매개시결정의 기입등기가 마쳐져 압류의 효력이 발생한 후에 공사를 완공하여 공사
대금채권을 취득함으로써 그때 비로소 유치권이 성립한 경우에는, 수급인은 유치권을 내
세워 경매절차의 매수인에게 대항할 수 없다.

대법원 2011.6.15. 자, 2010마1059, 결정 [유치권신청에의한임의경매결정에대한즉시항고]

[1] 민사집행법 제91조 제2항, 제3항, 제268조는 경매의 대부분을 차지하는 강제경매와 담
보권 실행을 위한 경매에서 소멸주의를 원칙으로 하고 있을 뿐만 아니라 이를 전제로 하
여 배당요구의 종기결정이나 채권신고의 최고, 배당요구, 배당절차 등에 관하여 상세히 규
정하고 있는 점, 민법 제322조 제1항에 "유치권자는 채권의 변제를 받기 위하여 유치물을
경매할 수 있다."고 규정하고 있는데, 유치권에 의한 경매에도 채권자와 채무자의 존재를
전제로 하고 채권의 실현·만족을 위한 경매를 상정하고 있는 점, 반면에 인수주의를 취
할 경우 필요하다고 보이는 목적부동산 위의 부담의 존부 및 내용을 조사·확정하는 절차
에 대하여 아무런 규정이 없고 인수되는 부담의 범위를 제한하는 규정도 두지 않아, 유치
권에 의한 경매를 인수주의를 원칙으로 진행하면 매수인의 법적 지위가 매우 불안정한 상
태에 놓이게 되는 점, 인수되는 부담의 범위를 어떻게 설정하느냐에 따라 인수주의를 취하
는 것이 오히려 유치권자에게 불리해질 수 있는 점 등을 함께 고려하면, 유치권에 의한 경
매도 강제경매나 담보권 실행을 위한 경매와 마찬가지로 목적부동산 위의 부담을 소멸시
키는 것을 법정매각조건으로 하여 실시되고 우선채권자뿐만 아니라 일반채권자의 배당요
구도 허용되며, 유치권자는 일반채권자와 동일한 순위로 배당을 받을 수 있다고 보아야 한
다. 다만 집행법원은 부동산 위의 이해관계를 살펴 위와 같은 법정매각조건과는 달리 매각
조건 변경결정을 통하여 목적부동산 위의 부담을 소멸시키지 않고 매수인으로 하여금 인
수하도록 정할 수 있다.

[2] 유치권에 의한 경매가 소멸주의를 원칙으로 하여 진행되는 이상 강제경매나 담보권 실
행을 위한 경매의 경우와 같이 목적부동산 위의 부담을 소멸시키는 것이므로 집행법원이
달리 매각조건 변경결정을 통하여 목적부동산 위의 부담을 소멸시키지 않고 매수인으로

하여금 인수하도록 정하지 않은 이상 집행법원으로서는 매각기일 공고나 매각물건명세서에 목적부동산 위의 부담이 소멸하지 않고 매수인이 이를 인수하게 된다는 취지를 기재할 필요없다.

[3] 유치권에 의한 경매절차에서 집행법원이 매각기일 공고와 매각물건명세서 작성을 하면서 목적부동산이 매각되더라도 그 위에 설정된 제한물권 등 부담이 소멸하지 않고 매수인이 이를 인수하게 된다는 취지의 기재를 하지 않았고, 이에 집행법원이 경매절차에 매수인이 인수할 부담의 존재에 관하여 매수신청인 등에게 이를 고지하지 않은 중대한 잘못이 있다는 이유로 매각을 불허하고 원심이 이를 그대로 유지한 사안에서, 집행법원이 목적부동산 위의 부담이 소멸하지 않고 매수인에게 이를 인수시키기로 하는 변경결정을 하지 않은 이상 그러한 취지를 매각기일 공고나 매각물건명세서에 기재하는 등으로 매수신청인 등에게 고지하여야만 하는 것이 아님에도 유치권에 의한 경매가 인수주의로 진행됨을 전제로 위와 같이 매각을 불허한 집행법원의 판단을 그대로 유지한 원심결정에는 유치권에 의한 경매에 관한 법리오해의 위법이 있다고 한 사례.

**판례 찾아보기** 대법원 2009.1.15, 선고, 2008다70763, 판결 [유치권확인]

부동산 경매절차에서의 매수인은 민사집행법 제91조 제5항에 따라 유치권자에게 그 유치권으로 담보하는 채권을 변제할 책임이 있는 것이 원칙이나, 채무자 소유의 건물 등 부동산에 경매개시결정의 기입등기가 경료되어 압류의 효력이 발생한 후에 채무자가 위 부동산에 관한 공사대금 채권자에게 그 점유를 이전함으로써 그로 하여금 유치권을 취득하게 한 경우, 그와 같은 점유의 이전은 목적물의 교환가치를 감소시킬 우려가 있는 처분행위에 해당하여
민사집행법 제92조 제1항, 제83조 제4항에 따른 압류의 처분금지효에 저촉되므로 점유자로서는 위 유치권을 내세워 그 부동산에 관한 경매절차의 매수인에게 대항할 수 없다. 그러나 이러한 법리는 경매로 인한 압류의 효력이 발생하기 전에 유치권을 취득한 경우에는 적용되지 아니하고, 유치권 취득시기가 근저당권설정 후라거나 유치권 취득 전에 설정된 근저당권에 기하여 경매절차가 개시되었다고 하여 달리 볼 것은 아니다.

## 유치물의 과실수취권

유치권자는 유치물의 과실이 금전인 경우에는 수취하여 다른 채권보다 먼저 그 채권의 변제에 충당할 수 있다. 그러나 과실이 금전이 아닌 때에는 경매하여야 한다. 또한, 유치물의 과실은 먼저 채권의 이자에 충당하고 그 잉여가 있으면 원본에 충당한다.

## 유치자의 상환청구권

임대차 등 계약 시 특별계약사항으로 원상복구 조항을 넣는 경우를 흔히 볼 수 있다. 원상복구조항이 특별계약사항에 명시되어 있다면 유치권은 인정되지 않는다. 원상복구조항이 없다고 해도 임차인의 필요에 의하여 공사한 경우(예를 들어 커피숍을 운영하기 위해 실내장식을 한 경우)에는 유치권이 인정되지 않는다.

유치권자가 유치물에 관하여 필요비를 지출한 때나 유익비를 지출한 때에는 그 가액의 증가가 현존한 경우에 한하여 소유자의 선택에 좇아 그 지출한 금액이나 증가액의 상환을 청구할 수 있다.

필요비 : 유치물을 유지 · 보수하기에 필요하여 지출한 비용

이해를 돕기 위한 예로 건물에 도시가스관이 낡은 경우나 비가 새는 경우에서 세입자 또는 임차인이 수리하는 경우가 있다. 이러한 경우가 건물을 유지 보수하는 데 필요한 공사를 한 경우로 유치권이 인정될 수 있다. 다만, 필요비에 의해 발생하는 비용은 투자자 입장에서 부담으로 느껴질 정도는 아니다.

유익비 : 물건의 가치를 증가시키는 데 도움이 되는 비용

이해를 돕기 위한 예로 토지의 임차인이 진출입로 등의 이유로 토지를 개량하였거나, 건물에 이중창 또는 창틀 등의 공사를 하면서 들어간 비용을 말한다. 이러한 이유로 지출하고 토지의 가치를 증가시킨 한도 내에서 유익비가 될 수 있다.

**판례 찾아보기** 대법원 1995.6.30. 선고, 95다12927, 판결 [점유물반환 등]

임대차계약에서 "임차인은 임대인의 승인하에 개축 또는 변조할 수 있으나 부동산의 반환기일 전에 임차인의 부담으로 원상복구키로 한다"라고 약정한 경우, 이는 임차인이 임차목적물에 지출한 각종 유익비의 상환청구권을 미리 포기하기로 한 취지의 특약이라고 봄이 상당하다.

**판례 찾아보기** 대법원 1994.9.30. 선고, 94다20389, 판결 [손해배상(기),건물명도(반소)]

[1] 민법 제626조 제2항에서 임대인의 상환의무를 규정하고 있는 유익비란 임차인이 임차물의 객관적 가치를 증가시키기 위하여 투입한 비용을 말하는 것이므로, 임차인이 임차건물부분에서 간이 음식점을 경영하기 위하여 부착시킨 시설물에 불과한 간판은 건물부분의 객관적 가치를 증가시키기 위한 것이라고 보기 어려울 뿐만 아니라, 그로 인한 가액의 증가가 현존하는 것도 아니어서 그 간판설치비를 유익비라 할 수 없다.

[2] 임대차계약 체결시 임차인이 임대인의 승인하에 임차목적물인 건물부분을 개축 또는 변조할 수 있으나 임차목적물을 임대인에게 명도할 때에는 임차인이 일체 비용을 부담하여 원상복구를 하기로 약정하였다면, 이는 임차인이 임차목적물에 지출한 각종 유익비의 상환청구권을 미리 포기하기로 한 취지의 특약이라고 봄이 상당하다.

[3] 임대차계약의 종료에 의하여 발생된 임차인의 임차목적물 반환의무와 임대인의 연체차임을 공제한 나머지 보증금의 반환의무는 동시이행의 관계에 있는 것이므로, 임대차계약 종료 후에도 임차인이 동시이행의 항변권을 행사하여 임차목적물을 계속 점유하여 온 것이라면 임차인의 그 건물에 대한 점유는 불법점유라고 할 수 없으므로, 임차인이 임차목적물을 계속 점유하였다고 하여 바로 불법점유로 인한 손해배상책임이 발생하는 것은 아니라고 보아야한다.

**판례 찾아보기** 대법원 1969.7.22, 선고, 69다726, 판결 [유익비]

> 물건의 점유자와 회복자(점유물의 반환을 청구하는 자)와의 사이에 정당한 법률관계가 없
> 는 경우에 점유물 반환시에 점유자의 지출한 필요비 또는 유익비의 상환청구의 범위와 상
> 환시기에 관하여 규정한 특별규정으로서 점유자의 유익비 상환청구도 회복자의 점유회복
> 시기에 그 가액이 현존하는 경우에 한하여 회복자의 선택에 쫓아 그 지출금액이나 증가액
> 의 상환을 청구할 수 있다는 취지로 해석될 뿐 아니라 점유자가 점유물의점유중 지출한 유
> 익비로서 개량된 점유물에 의하여 이익을 받는 것이라 할 것이니 유익비 상환 청구권도 점
> 유자가 점유물을 반환할 때에 비로소 청구할 수 있다 할 것이다.

## 유치권자의 선관의무

유치권자는 선량한 관리자의 주의로 유치물을 점유하여야 하며, 유치물
의 보존에 필요한 사용을 제외하고는 채무자의 승낙 없이 유치물의 사용,
대여 또는 담보제공을 하지 못한다. 유치권자가 선관의무를 위반한 경우
에는 채무자는 유치권의 소멸을 청구할 수 있다.

**판례 찾아보기** 대법원 2002.11.27, 자, 2002마3516, 결정 [부동산인도명령]

> 유치권의 성립요건인 유치권자의 점유는 직접점유이든 간접점유이든 관계없지만, 유치권
> 자는 채무자의 승낙이 없는 이상 그 목적물을 타에 임대할 수 있는 처분권한이 없으므로
> (민법 제324조 제2항 참조), 유치권자의 그러한 임대행위는 소유자의 처분권한을 침해하
> 는 것으로서 소유자에게 그 임대의 효력을 주장할 수 없고, 따라서 소유자의 동의 없이 유
> 치권자로부터 유치권의 목적물을 임차한 자의 점유는 구 민사소송법(2002. 1. 26. 법률 제
> 6626호로 전문 개정되기 전의 것) 제647조 제1항 단서에서 규정하는 '경락인에게 대항할
> 수 있는 권원'에 기한 것이라고 볼 수 없다.

## 유치권의 시효 및 소멸

유치권의 행사는 채권의 소멸시효 진행에 영향을 미치지 않으며 채무자
는 상당한 담보를 제공하고 유치권의 소멸을 청구할 수 있다. 유치권은
점유의 상실로 인하여 소멸한다.

**판례 찾아보기** 대법원 2009.9.24, 선고, 2009다39530, 판결 [유치권부존재]

유치권이 성립된 부동산의 매수인은 피담보채권의 소멸시효가 완성되면 시효로 인하여 채
무가 소멸되는 결과 직접적인 이익을 받는 자에 해당하므로 소멸시효의 완성을 원용할 수
있는 지위에 있다고 할 것이나, 매수인은 유치권자에게 채무자의 채무와는 별개의 독립된
채무를 부담하는 것이 아니라 단지 채무자의 채무를 변제할 책임을 부담하는 점 등에 비추
어 보면, 유치권의 피담보채권의 소멸시효기간이 확정판결 등에 의하여 10년으로 연장된
경우 매수인은 그 채권의 소멸시효기간이 연장된 효과를 부정하고 종전의 단기소멸시효기
간을 원용할 수는 없다.

# CHAPTER 15

# 법정지상권

법정지상권이란 토지와 그 지상건물이 각각 다른 소유자에게 속한 경우 상호 간의 별도의 계약을 체결하지 않더라도 건물소유자가 요건만 갖추면 토지를 적법하게 사용할 수 있는 권리를 말한다.

법정지상권이 성립되면 토지의 낙찰자는 건물의 존속기간 동안 건물소유자로 하여금 철거를 요구할 수 없으며, 기간이 만료되더라도 지상권자의 지상권 설정계약요구를 생각하지 아니할 수 없다. 이 경우 토지소유자와의 마찰로 인하여 건물소유자는 토지소유자에게 토지 위의 건물 등을 매수하라고 청구할 수 있다. 법정지상권자가 가지는 지상물매수청구권은 형성권이므로 법정지상권자의 지상물 매수청구가 있으면 토지소유자는 반드시 지상물을 매수해야 한다. 따라서 토지 매수인은 토지의 소유권은 취득하지만 토지 이용에 상당한 제약이 따르게 된다.

## 법정지상권의 제도적 취지

민법 제366조의 법정지상권은 저당물의 경매로 인하여 토지와 그 지상건물이 다른 소유자에 속한 경우에는 그 토지소유자는 건물소유자에 대하여 지상권을 설정한 것으로 보는 제도인데, 이와 같은 제도를 둔 취지는 대지와 건물을 별개의 부동산으로 보는 우리 법제에서 대지와 건물 중 어느 하나를 저당에 넣은 경우 소유자의 의사에 기하지 않은 경매가 있게되고 새로운 대지소유자와 사이에 토지이용에 관한 합의가 원활하지 않게 되면 건물소유자는 건물을 철거해야만 하고, 이렇게 되면 건물의 경매대가도 떨어지고 건물소유를 위한 토지이용도 위협을 받게 되는 불합리를 피하기 위한 것이다(대구지법 2007.1.12. 선고, 2006가단56326).

## 성립요건

### 법정지상권

법정지상권은 토지에 저당권이 설정될 때에 건물이 존재하여야 하며, 그 토지와 건물의 소유자가 같을 것을 필요로 한다. 또한, 저당권을 설정할 당시에 토지와 건물 중 어느 한쪽 또는 양쪽에 저당권이 설정되어야 하며 경매로 인하여 토지와 건물소유자가 달라졌을 때에 법정지상권이 성립한다. 이때 건물이란 이동이 쉽지 않는 4개의 기둥과 벽, 지붕이 있는 것이면 되고 등기 여부는 무관하다(미등기건물과 무허가건물도 인정됨).

## 관습법상 법정지상권

관습법상 법정지상권이 성립하기 위하여 토지 또는 건물이 매각 등 기타의 원인으로 인하여 처분될 당시에 그 토지와 건물의 소유자가 동일인이어야 하며, 동일한 소유자가 그 건물을 철거한다는 조건이 없어야 한다. 계속하여 같은 소유였을 필요는 없으며, 매수당시에 동일한 소유이면 된다.

**판례 찾아보기** 대법원 2008.2.15, 선고, 2005다41771, 판결 [건물철거및토지인도등 · 손해배상(기)]

甲이 건물을 제외한 채 그 대지와 부근의 토지들을 함께 乙에게 매도하여 건물과 대지가 소유자를 달리하게 되었더라도 甲이 위 대지 부분을 다시 매수하고 그 대신 乙에게 위 토지와 인접한 다른 토지를 넘겨주기로 하는 특약을 맺었다면, 당사자 사이에 매수인으로 하여금 아무런 제한 없는 토지를 사용하게 하려는 의사가 있었다고 보아야 하므로, 위 특약이 매도인측의 귀책사유로 이행불능된 이상 매도인은 위 건물을 위한 관습상의 법정지상권을 주장하지 못하고 건물을 철거하여 매수인에게 아무런 제한 없는 토지를 인도할 의무가 있다.

**판례 찾아보기** 대법원 1995.7.28, 선고, 95다9075, 판결 [소유권이전등기,건물철거 등]

관습법상의 법정지상권이 성립되기 위하여는 토지와 건물 중 어느 하나가 처분될 당시에 토지와 그 지상건물이 동일인의 소유에 속하였으면 족하고 원시적으로 동일인의 소유였을 필요는 없다.

**판례 찾아보기** 대법원 1970.9.29, 선고, 70다1454, 판결 [건물수거 등]

강제경매로 인하여 관습상의 법정지상권이 성립하기 위하여는 경락당시에 토지와 그 지상건물이 소유자를 같이하고 있으면 족하고 강제경매를 위한 압류가 있은 때로부터 경락에 이르는 기간중 계약하여 그 소유자를 같이하고 있음을 요하는 것은 아니다.

대법원 1966.2.22, 선고, 65다2223, 판결 [건물명도 등]

> 토지와 건물이 동일한 소유자에 속하였다가 건물 또는 토지가 매각 기타의 원인으로 인하여 양자의 소유자가 다르게 될 때에는 특히 그 건물을 철거한다는 조건이 없는 이상 건물 소유자는 토지소유자에 대하여 그 건물을 위한 관습상의 법정지상권을 취득한다.

## 성립 여부 및 범위

### 법정지상권

법정지상권의 성립시기는 저당권설정 당시 동일인이며, 경매신청으로 토지와 건물의 소유자가 달라진 때이며, 등기부등본상의 등기설정을 필요로 하지 않고 법률의 규정에 따라 취득한다. 법정지상권자의 토지사용권의 범위는 대상 건물의 유지 및 사용에 필요한 범위 내에서 주변 토지까지 영향을 미친다.

### 관습법상 법정지상권

토지와 지상건물이 동일인에게 속하였는지에 따라 효력이 발생한다.

① 토지 또는 그 지상건물의 소유권이 강제경매로 인하여 매수인에게 이전되는 경우는 매수인이 소유권을 취득하는 매각대금의 완납 시가 아니라 강제경매개시결정으로 압류의 효력이 발생하는 때를 기준으로 토지와 지상건물이 동일인에게 속하였는지에 따라 관습법상 법정지상권의 성립 여부를 가려야 한다.

② 강제경매개시결정 이전의 가압류가 강제경매개시결정으로 본압류

로 이행되어 경매절차가 진행된 경우에는 애초 가압류의 효력이 발생한 때를 기준으로 토지와 그 지상건물이 동일인에 속하였는지에 따라 관습법상 법정지상권의 성립 여부를 판단하여야 한다.

**판례 찾아보기** 대법원 1967.11.28, 선고, 67다1831, 판결 [지상권설정등기]

동일인의 소유였던 대지와 지상건물이 공매에 의하여 다른 소유자에 속한 경우 건물소유자는 그 대지위에 지상권을 취득한다할 것인바 그 지상권자는 그 대지의 소유자가 변경되었을 때 그 지상권의 등기없이도 그 대지의 신소유자에게 대하여 지상권을 주장할 수 있다할 것이며 지상권의 등기가 없었다고 하여 건물의 양도가 있을 경우에 특별한 사정이 없는 한 곧 그 지상권이 소멸된 것이라 인정할 수 없다.

# 존속기간

## 법정지상권의 존속기간

법정지상권은 계약으로 지상권의 존속기간을 정함이 없으므로 민법 제 280, 281조에 따라 그 기간은 최단존속기간으로 하며 아래와 같은 기간이 적용된다.

### 민 법

제280조(존속기간을 약정한 지상권)
① 계약으로 지상권의 존속기간을 정하는 경우에는 그 기간은 다음 연한보다 단축하지 못한다.
  1. 석조, 석회조, 연와조 또는 이와 유사한 견고한 건물이나 수목의 소유를 목적으로 하는 때에는 30년
  2. 전호이외의 건물의 소유를 목적으로 하는 때에는 15년
  3. 건물이외의 공작물의 소유를 목적으로 하는 때에는 5년
② 전항의 기간보다 단축한 기간을 정한 때에는 전항의 기간까지 연장한다.

제281조(존속기간을 약정하지 아니한 지상권) ① 계약으로 지상권의 존속기간을 정하지 아니한 때에는 그 기간은 전조의 최단존속기간으로 한다.
② 지상권설정당시에 공작물의 종류와 구조를 정하지 아니한 때에는 지상권은 전조제2호의 건물의 소유를 목적으로 한 것으로 본다.

**판례 찾아보기** 대법원 1992.6.9, 선고, 92다4857, 판결 [대지인도등]

> 법정지상권의 존속기간은 성립 후 그 지상목적물의 종류에 따라 규정하고 있는 민법 제 280조 제1항 소정의 각 기간으로 봄이 상당하고…

## 갱신청구권과 매수청구권

법정지상권의 존속기간이 지나 지상권이 소멸한 경우에 건물 기타 입목이 현존하는 때에는 지상권자는 계약의 갱신을 청구할 수 있으며, 당사자가 계약을 갱신하는 경우에는 지상권의 존속기간은 갱신한 날로부터 민법 제280조의 최단존속기간보다 단축하지 못한다(단, 민법 제280조의 기간보다 장기의 기간을 정할 수 있다). 그러나 토지소유자가 지상권의 갱신을 원치 않는 때에는 지상권설정자가 상당한 가액으로 그 공작물이나 수목의 매수를 청구할 수 있고, 토지소유자는 정당한 이유 없이 지상권자의 매수청구권을 거절하지 못한다.

**판례 찾아보기** 대법원 1995.4.11, 선고, 94다39925, 판결 [건물철거 등]

> 법정지상권자가 건물을 제3자에게 양도하는 경우에는 특별한 사정이 없는 한 건물과 함께 법정지상권도 양도하기로 하는 채권적 계약이 있었다고 할 것이며, 양수인은 양도인을 순차 대위하여 토지소유자 및 건물의 전소유자에 대하여 법정지상권의 설정등기 및 이전등기절차이행을 구할 수 있고, 토지소유자는 건물소유자에 대하여 법정지상권의 부담을 용인하고 그 설정등기절차를 이행할 의무가 있다 할 것이므로, 법정지상권이 붙은 건물의 양수인은 법정지상권에 대한 등기를 하지 않았다 하더라도 토지소유자에 대한 관계에서 적법하게 토지를 점유사용하고 있는 자라 할 것이고, 따라서 건물을 양도한 자라고 하더라도 지상권갱신청구권이 있고 건물의 양수인은 법정지상권자인 양도인의 갱신청구권을 대위행사할 수 있다고 보아야 할 것이다.

## 지료

법정지상권이 설정된 경우에 「민법」에 따라 건물소유자는 토지소유자에게 토지에 대한 사용 대가인 지료를 지급해야 한다. 지료는 당사자의 합의에 따라 정할 수 있으나, 합의가 원만하지 않은 경우에는 당사자의 청구로 법원에서 지료를 정할 수 있다.

- 월지료 = {(기초가격 × 연면적 × 기대이율) + 필요제경비} ÷ 12
- 기초가격 : 공시지가의 약 1.4 ~ 1.5 배
- 기대이율 : 국공채이율, 은행장기금리대출, 일반시중금리 등

### 지료청구

지료는 건물주에게 청구하며, 건물주가 여러 명인 경우에는 모두에게 청구할 수도 있고 특정인에게 청구할 수도 있다. 부당이득 반환채무는 특별한 사정이 없으면 불가분적 이득의 반환으로서 불가분채무이고, 불가분채무는 각 채무자가 채무 전부를 이행할 의무가 있다.

### 지료증감청구권

지료청구권은 법정지상권이 성립하는 시점에 발생하며 지료가 토지에 관한 조세 기타 부담의 증감이나 지가의 변동으로 인하여 상당하지 아니하게 된 때에는 당사자는 그 증감을 청구할 수 있다.

### 지료연체

지상권자가 2년 이상의 지료를 지급하지 아니하였을 때에는 지상권설정자는 지상권의 소멸을 청구할 수 있다. 여기서 '2년 이상'이라 함은 통산적인 의미이며, 예를 들어 지료지급을 년 단위로 나누었을 경우 2013년 납부, 2014년 미납, 2015년 납부, 2016년 미납이면 2014년과 2016년이 연속하지 않지만 지료를 연체한 것으로 본다.

## 지료등기

지료에 관한 약정은 등기 시에만 제3자에게 대항할 수 있다. 지상권에서 지료의 지급시기 또는 금액에 관한 약정이 없으면 지료 지급을 요구하지 못한다. 그러나 토지소유권이 이전되었을 경우에 그 토지소유자는 지상권자를 상대로 지료등기가 없더라도 지료를 청구할 수 있다.

판례 찾아보기 대법원 2005.10.13, 선고, 2005다37208, 판결 [건물철거및대지인도 등]

> 토지소유자가 법정지상권자를 상대로 특정 기간에 대한 지료의 지급을 구하기 위하여 제기한 소송에서 재판상 화해로 그 기간에 대한 지료가 결정된 경우, 그 후의 기간에 대한 지료도 종전 기간에 대한 지료를 기초로 산정하여, 지체된 지료가 2년분을 초과하는 이상 토지소유자는 법정지상권의 소멸을 청구할 수 있다.

판례 찾아보기 대법원 2003.12.26, 선고, 2002다61934, 판결 [건물등철거 등]

> ① 법정지상권 또는 관습에 의한 지상권이 발생하였을 경우에 토지의 소유자가 지료를 청구함에 있어서 지료를 확정하는 재판이 있기 전에는 지료의 지급을 소구할 수 없는 것은 아니고, 법원에서 상당한 지료를 결정할 것을 전제로 하여 바로 그 급부를 구하는 청구를 할 수 있다 할 것이며, 법원도 이 경우에 판결의 이유에서 지료를 얼마로 정한다는 판단을 하면 족하다.
> ② 토지 소유자와 관습에 의한 지상권자 사이의 지료급부이행소송의 판결의 이유에서 정해진 지료에 관한 결정은 그 소송의 당사자인 토지 소유자와 관습에 의한 지상권자 사이에서는 지료결정으로서의 효력이 있다.
> ③ 지료증감청구권에 관한 민법 제286조의 규정에 비추어 볼 때, 특정 기간에 대한 지료가 법원에 의하여 결정되었다면 당해 당사자 사이에서는 그 후 위 민법규정에 의한 지료증감의 효과가 새로 발생하는 등의 특별한 사정이 없는 한 그 후의 기간에 대한 지료 역시 종전 기간에 대한 지료와 같은 액수로 결정된 것이라고 보아야 한다.

**판례 찾아보기** 대법원 1997.12.26, 선고, 96다34665, 판결 [건물철거 등]

법정지상권자라 할지라도 대지 소유자에게 지료를 지급할 의무는 있는 것이고, 법정지상
권이 있는 건물의 양수인으로서 장차 법정지상권을 취득할 지위에 있어 대지 소유자의 건
물 철거나 대지 인도 청구를 거부할 수 있다 하더라도 그 대지를 점유 · 사용함으로 인하여
얻은 이득은 부당이득으로서 대지 소유자에게 반환할 의무가 있다.

**판례 찾아보기** 대법원 1993.3.12, 선고, 92다44749, 판결 [건물철거 등]

법정지상권이 성립되고 지료액수가 판결에 의하여 정해진 경우 지상권자가 판결확정 후
지료의 청구를 받고도 책임 있는 사유로 상당한 기간 동안 지료의 지급을 지체한 때에는
지체된 지료가 판결확정의 전후에 걸쳐 2년분 이상일 경우에도 토지소유자는 민법 제287
조에 의하여 지상권의 소멸을 청구할 수 있다.

CHAPTER 16

# 분묘기지권

해당 토지에 분묘가 있으면 그 토지를 사용하는데 제한이 따를 수 있다.
따라서 토지를 사려거나 입찰에 참여하기 전에 해당 토지에 분묘가 있는
지를 확인하고, 있다면 몇 기가 있는지 분묘기지권이 있는지를 조사한 후
기일입찰(입찰) 여부를 판단하여야 한다.

## 분묘기지권의 의의

분묘를 수호하고 봉제사하는 목적을 달성하는 데 필요한 범위 내에서 다
른 사람의 토지를 사용할 수 있는 권리로 관습법상의 법정지상권과 유사
한 일종의 물권으로 정의된다. 분묘기지권은 당사자 사이에 특별한 사정
이 없으면 그 분묘가 존속하는 동안 계속 유지된다.

## 분묘기지권의 성립요건

분묘기지권이 성립될 수 있는 분묘란 외부에서 분묘의 존재를 인식할 수 있는 형태 즉 봉분 등을 갖추고 있어야 하고 시신이 안장되어 있을 것을 요구한다. 한편, 시신이 안장되어 있더라도 외부에서 인식할 수 없을 만큼 분묘가 평장되었거나, 내부에 시신이 안장되어 있지 않은 장래의 묘소로서 설치하는 등의 것은 분묘라 할 수 없다.

## 분묘기지권의 범위

분묘기지권은 분묘의 기지에만 국한되지 않고 분묘를 수호 및 봉제사하는 목적을 달성하는 데 필요한 범위 내에서 해당 토지를 사용할 수 있는 권리를 의미하므로, 분묘의 기지는 물론이거니와 그 분묘의 설치 목적을 수행함에 필요한 면적까지 인정된다.

**판례 찾아보기** 대법원 1994.8.26, 선고, 94다28970, 판결 [분묘철거 등]

> 분묘기지권은 분묘의 기지 자체뿐만 아니라 그 분묘의 설치목적인 분묘의 수호 및 제사에 필요한 범위 내에서 분묘의 기지 주위의 공지를 포함한 지역에까지 미치는 것이고, 그 확실한 범위는 각 구체적인 경우에 개별적으로 정하여야 하고 매장및묘지등에관한법률 제4조 제1항 후단 및 같은법시행령 제2조 제2항의 규정이 분묘의 점유면적을 1기당 20평방미터로 제한하고 있으나, 여기서 말하는 분묘의 점유면적이라 함은 분묘의 기지면적만을 가리키며 분묘기지 외에 분묘의 수호 및 제사에 필요한 분묘기지 주위의 공지까지 포함한 묘지면적을 가리키는 것은 아니므로 분묘기지권의 범위가 위 법령이 규정한 제한면적 범위 내로 한정되는 것은 아니다.

**판례 찾아보기** 대법원 1997.3.28, 선고, 97다3651, 판결 [토지소유권이전등기 · 분묘굴이및상석철거 등]

분묘기지권은 분묘를 수호하고 봉제사하는 목적을 달성하는 데 필요한 범위 내에서 타인의 토지를 사용할 수 있는 권리를 의미하는 것으로서, 분묘기지권은 분묘의 기지 자체뿐만아니라 그 분묘의 설치 목적인 분묘의 수호 및 제사에 필요한 범위 내에서 분묘의 기지 주위의 공지를 포함한 지역에까지 미치는 것이고, 그 확실한 범위는 각 구체적인 경우에 개별적으로 정하여야 한다.

**판례 찾아보기** 대법원 1997.5.23, 선고, 95다29086, 판결 [분묘기지권확인 · 분묘철거 등]

[1] 분묘기지권은 분묘의 기지 자체(봉분의 기저 부분)뿐만 아니라 그 분묘의 수호 및 제사에 필요한 범위 내에서 분묘의 기지 주위의 공지를 포함한 지역에까지 미치는 것이고 그 확실한 범위는 각 구체적인 경우에 개별적으로 정하여야 할 것인바, 사성(莎城, 무덤 뒤를 반달형으로 둘러쌓은 둔덕)이 조성되어 있다 하여 반드시 그 사성 부분을 포함한 지역에까지 분묘기지권이 미치는 것은 아니다.

[2] 분묘기지권은 분묘를 수호하고 봉제사하는 목적을 달성하는 데 필요한 범위 내에서 타인의 토지를 사용할 수 있는 권리를 의미하는 것으로서, 분묘기지권에는 그 효력이 미치는 지역의 범위 내라고 할지라도 기존의 분묘 외에 새로운 분묘를 신설할 권능은 포함되지 아니하는 것이므로, 부부 중 일방이 먼저 사망하여 이미 그 분묘가 설치되고 그 분묘기지권이 미치는 범위 내에서 그 후에 사망한 다른 일방의 합장을 위하여 쌍분(雙墳) 형태의 분묘를 설치하는 것도 허용되지 않는다.


## 존속기간

분묘권리자가 분묘의 수호와 봉사를 계속하고 그 분묘가 존속하는 한 분묘기지권은 계속하여 존속한다는 것이 판례의 입장이다.

   ※ 분묘의 설치기간(장사 등에 관한 법률)

   ① 공설묘지 및 사설묘지에 설치된 분묘의 설치기간은 15년으로 한다.

   ② 설치기간이 지난 분묘의 연고자가 시 · 도지사, 시장 · 군수 · 구청

장 또는 법인묘지의 설치·관리를 허가받은 자에게 그 설치기간의 연장을 신청하는 경우에는 한 번에 15년씩 3회에 한정하여 그 설치기간을 연장하여야 한다.

③ 설치기간을 계산할 때 합장 분묘인 경우에는 합장된 날을 기준으로 계산한다.

④ 시·도지사 또는 시장·군수·구청장은 관할 구역 안의 묘지 수급을 위하여 필요하다고 인정되면 조례로 정하는 바에 따라 5년 이상 15년 미만의 기간 안에서 분묘 설치기간의 연장 기간을 단축할 수 있다.

**판례 찾아보기** 대법원 1994.8.26, 선고, 94다28970, 판결 [분묘철거 등]

> 분묘기지권의 존속기간에 관하여는 민법의 지상권에 관한 규정에 따를것이 아니라 당사자 사이에 약정이 있는 등 특별한 사정이 있으면 그에 따를 것이며, 그러한 사정이 없는 경우에는 권리자가 분묘의 수호와 봉사를 계속하며 그 분묘가 존속하고 있는 동안은 분묘기지권은 존속한다고 해석함이 타당하므로 민법 제281조에 따라 5년 간이라고 보아야 할 것은 아니다.

## 지료

분묘기지권은 시효로 인하여 취득하였거나 특별한 약정이 없는 경우에 지료를 지급할 필요가 없다는 점에서 법정지상권과의 차이가 있다. 즉 지료는 시효취득 시에는 무상이며, 토지소유자가 분묘 있는 상태로 매각할 때는 지가의 5% 선에서 계약하는 것이 일반적이다.

판례 찾아보기 | 대법원 1995.2.28, 선고, 94다37912, 판결 [분묘수거]

지상권에 있어서 지료의 지급은 그 요소가 아니어서 지료에 관한 약정이없는 이상 지료의 지급을 구할 수 없는 점에 비추어 보면, 분묘기지권을 시효취득하는 경우에도 지료를 지급 할 필요가 없다고 해석함이 상당하다.

## 분묘기지권의 취득유형

### 자신의 토지에 분묘를 설치하고 별도의 특약없이 토지를 처분한 경우

자기소유 토지에 분묘를 설치하고 이를 타에 양도한 경우에는 그 분묘가 평장되어 외부에서 인식할 수 없는 경우를 제외하고는 당사자 간에 특별한 의사표시가 없으면 판 사람은 분묘소유를 위하여 산 사람의 토지에 대하여 지상권 유사의 물권을 취득한다.

### 경매로 인해 소유자를 달리하게 된 경우

자기소유 토지 위에 분묘를 설치하고 그 후 그 토지가 강제경매로 소유자를 달리하게 된 경우에 특히 그 분묘를 파 옮긴다는 조건이 없는 한 분묘의 소유자는 위 토지 상에 그 분묘소유를 위한 지상권 유사의 물건을 취득한다.

### 토지소유자의 승낙을 얻어 그 토지에 분묘를 설치한 경우

토지소유자의 승낙을 얻어 분묘를 설치한 경우에 해당 토지에 대한 사용기간, 이용대가 등에 대하여 구체적인 합의가 없을 때 분묘기지권으로 이

해되고 있으며, 당사자 간 분묘설치에 관해 임대차나 사용대차와 같이 구체적으로 합의된 경우에는 그 법률관계에 따르게 되며, 분묘기지권의 성립으로 볼 수는 없다.

## 시효로 인한 취득

타인소유의 토지 위에 그 소유자의 승낙 없이 분묘를 설치한 자가 20년간 평온 공연히 그 분묘의 묘지를 점유한 때에는 그 점유자는 시효에 의하여 그 토지 위에 지상권 유사의 물권을 취득하고 이에 대한 소유권을 취득하는 것은 아니다.

**판례 찾아보기** 대법원 1955.9.29., 4288민상210 [분묘발굴]

타인소유의 토지에 분묘를 설치한 자는 20년간 평온 공연히 분묘의 기지를 점유한 때에는 해 기지 및 벌내에 대하여 지상권에 유사한 일종의 물권을 취득하고 자기소유의 토지의 분묘를 설치한 자가 분묘기지에 대한 소유권을 보유하지 않고 또 분묘를 이전한다는 약정없이 토지를 처분한 경우에도 그 후 20년간 평온공연히 분묘의 기지를 점유한 때에는 역시 전기 권리를 취득하는 것이 아국의 관습이다.

**판례 찾아보기** 광주고법 1975.12.26., 75나166 [분묘확인청구사건]

이건 분묘 2기가 원고의 6대 조고비분묘등이고 위 분묘등이 설치후 20년을 훨씬 경과하였다면 비록 이건 분묘기지가 국유임야라고 할지라도 원고는 위 분묘기지에 대하여 지상권 유사의 물권을 취득하였다 할 것이다.

**판례 찾아보기** 대법원 1995.2.28, 선고, 94다37912, 판결 [분묘수거]

타인 소유의 토지에 소유자의 승낙 없이 분묘를 설치한 경우에는 20년간 평온, 공연하게 그 분묘의 기지를 점유함으로써 분묘기지권을 시효로 취득한다.

**판례 찾아보기** 대법원 1996.6.14, 선고, 96다14036, 판결 [분묘굴이]

[1] 평온한 점유란 점유자가 점유를 취득 또는 보유하는데 있어 법률상 용인될 수 없는 강포행위를 쓰지 않는 점유이고, 공연한 점유란 은비의 점유가 아닌 점유를 말한다.

[2] 타인 소유의 토지에 소유자의 승낙 없이 분묘를 설치한 경우에는 20년간 평온, 공연하게 그 분묘의 기지를 점유하면 지상권 유사의 관습상의 물권인 분묘기지권을 시효로 취득하는데, 이러한 분묘기지권은 봉분 등 외부에서 분묘의 존재를 인식할 수 있는 형태를 갖추고 있는 경우에 한하여 인정되고, 평장되어 있거나 암장되어 있어 객관적으로 인식할 수 있는 외형을 갖추고 있지 아니한 경우에는 인정되지 않으므로, 이러한 특성상 분묘기지권은 등기 없이 취득한다.

## 소멸

다음의 경우에 분묘기지권은 소멸한다.

① 분묘기지권자가 토지소유자 등에게 권리를 포기하겠다는 의사를 표시하는 경우(*이때 점유까지 포기하여야만 그 권리가 소멸하는 것은 아니다)
② 당사자 사이에 기간에 대한 약정이 있는 경우에는 약정기간 만료의 경우
③ 분묘기지권자의 이장 또는 폐묘의 경우

**판례 찾아보기** 대법원 1992.6.23, 선고, 92다14762, 판결 [관습상의분묘기지권확인]

분묘의 기지에 대한 지상권 유사의 물권인 관습상의 법정지상권이 점유를 수반하는 물권으로서 권리자가 의무자에 대하여 그 권리를 포기하는 의사표시를 하는 외에 점유까지도 포기하여야만 그 권리가 소멸하는 것은 아니다.

# 무연분묘

부동산의 경기를 떠나서도 여전히 전원주택의 인기는 사그라지지 않는다. 대지가 아닌 농지나 산지의 경우에는 전용과 형질변경 등을 거쳐 전원주택의 건축이 가능하게 하는 것이 일반적이다.

일반적으로 사람들은 묘지가 있는 땅은 깊게 생각하지 않는 경향이 크다. 그 이유는 우리나라의 유교사상이 크게 작용하였는바, 앞에서 살펴본 것과 같이 일반인들이 보기엔 복잡해 보일 수도 있으며 왠지 어둡거나 으스스한 느낌이 든다고 말한다.

저자 본인도 어렸을 적 명절 때마다 큰아버지 댁을 가고 성묘를 하러 가곤 하였다. 어느 추석날 오전 성묘를 하러 가는 중이었고 저자의 큰아버지께서 한 분묘를 보며 말씀하시길, 여기는 주변 광경이 한눈에 보이면서 남향이라 다른 사람들이 차지하기 전에 미리 가묘를 해둔 거라 말씀하셨던 것이 기억에 선명하다. 그렇다, 봉우리만 볼록하게 만들어 놓은 가묘라는 것이었고 지금도 그 묘는 여전히 가묘로 남아 있다.

이렇게 ㈎묘가 있는 자리는 주변의 경치가 훤히 보이는 자리이며 대게 '명당'이 불릴 만큼 지리적으로 우위에 있어 미리 선점해 가묘를 세워 둔 곳이 적지 않게 있다. 또한, 지목은 '묘(묘지)'로 되어 있으나 실제로는 묘가 없는 곳도 드물게 있다.

지목이 '묘'로 되어 있지만 실제로는 묘가 없는 땅에 건축행위를 하기 위해서는 우선 묘가 없다는 사실을 입증하기 위해 사진을 찍고 일간신문에 이장공고를 하여야 한다. 이 같은 경우 지목이 농지(전, 답, 과수원)나 산지(임야)가 아니므로 전용을 받는다거나 형질변경을 하여야 하는 등의 절차와 비용부분을 적지 않게 절감할 수 있다.

그러나 행위를 하려는 토지에 묘가 있는 경우에는 문제가 달라진다. 우선 형질변경허가를 신청하고 개장에 관한 절차를 진행해야 하는데 해당 묘의 연고자를 찾을 수 있고 이장에 관하여 원만하게 합의가 된다면 크게 문젯거리가 될 것이 없지만, 연고자를 찾을 수 없는 묘인 경우에는 앞에서 본 내용과 같이 해당 토지의 소유자라 할지라도 함부로 이장하거나 개장할 수가 없다.

## 무연분묘의 정의 및 연고자의 범위

무연분묘란 분묘를 관리해줄 자손 또는 관리인 등 연고자가 없는 묘를 말하고, 이와 반대로 연고자가 있는 묘는 유연분묘라 한다. 연고자의 범위는 「장사 등에 관한 법률」 제2조16호에 나와 있다.

## 연고자의 범위

"연고자"란 사망한 자와 다음 각 목의 관계에 있던 자를 말하며, 연고자의 권리·의무는 다음 각 목의 순서로 행사한다. 다만, 순위가 같은 자녀 또는 직계비속이 2명 이상이면 최근친의 연장자가 우선 순위를 갖는다.

가. 배우자

나. 자녀

다. 부모

라. 자녀 외의 직계비속

마. 부모 외의 직계존속

바. 형제·자매

사. 사망하기 전에 치료·보호 또는 관리하고 있었던 행정기관 또는 치료·보호기관의 장

(1) 「의료급여법 시행령」 제2조제1호에 해당하는 자에 대하여 의료급여를 실시하는 특별자치도지사·시장·군수·구청장(자치구의 구청장을 말하며, 이하 "시장등"이라 한다)

(2) 「노숙인 등의 복지 및 자립지원에 관한 법률」 제16조제1항제1호부터 제4호까지의 규정에 따른 노숙인복지시설의 장

(3) 「노인복지법」 제31조에 따른 노인복지시설 중 노인주거복지시설 및 노인의료복지시설의 장

(4) 「장애인복지법」 제58조제1항제1호에 따른 장애인 생활시설의 장

(5) 「정신보건법」 제10조에 따른 정신요양시설의 장

(6) 「아동복지법」 제52조제1항제1호부터 제3호까지의 규정에 따른 아동복지시설의 장

아. 가목부터 사목까지에 해당하지 아니하는 자로서 시체나 유골을 사실상 관리하는 자

## 무연분묘 처리방법

무연분묘는 이장과 개장의 방법으로 처리할 수 있다. 먼저 이장하는 방법으로는 타인소유의 토지에 불법으로 점유한 사실을 입증하고 법원의 이장 명령을 받아 강제 이장하는 방법이 있고, 다른 방법으로는 해당 분묘가 있는 관할 시·군의 장에게 개장허가를 신청하고 허가를 받아 개장하

는 방법이 있다. 보통의 무연분묘 개장 절차는 먼저 지장물 조사와 사진 촬영 등을 위한 현장답사를 하고, 시·군에 접수할 관계 서류(신청서, 공고안, 분묘사진, 사유서, 배치도 등)를 준비하여 허가신청을 하면, 관할 직원들이 현지답사 후에 허가증을 발급하여 준다. 이후 시·도 및 시·군·구의 인터넷홈페이지와 중앙지 및 지방지에 각 2회의 공고를 하고 그 공고내용을 관청에 제출하면 개장신고 필증이 발급된다.

---

■ **무연분묘 처리 절차**
1. 현지답사
2. 관계서류 접수
3. 시군구의 직원의 현지 답사
4. 신문등의 공고
5. 공고내용 제출
6. 개장신고 필증 발급
7. 개장
8. 납골당 안치(10년)

---

묘지관리 또는 이장전문업체에 의뢰하면 분묘 1기당 70만 원 정도의 비용이 소요되며, 이때 일간신문의 광고비는 별도이다. 신문광고까지도 의뢰하면 대행해주는데, 분묘가 몇 기인지는 무관하고 200만 원 내의 비용이면 충분하다.

## 타인의 토지에 설치된 분묘의 처리

분묘기지권이 인정되는 경우에는 분묘 관계자와 이장에 관한 협의를 하는 것이 좋으나, 합의가 어려운 경우에는 분묘가 있는 부분의 땅을 분할해서 분묘 관계자에게 매도하는 방법도 생각해 볼 수 있다. 만일, 취득한 토지 위에 분묘가 존재하는 경우에는 해당 분묘가 2001. 1. 13. 이후에 설치된 분묘 중 분묘기지권이 성립하는지의 절차를 확인해 보도록 한다.

## 설치된 분묘의 개장

「장사 등에 관한 법률」에 따라 토지 소유자(점유자나 그 밖의 관리인을 포함), 묘지 설치자 또는 연고자는 연고자가 없는 무연고 분묘이거나 분묘기지권이 없는 분묘인 경우에는 그 분묘를 관할하는 특별자치도 · 시 · 군 · 구청에 개장허가를 신청해서 허가를 받은 후 분묘에 매장된 시체 또는 유골을 개장할 수 있다.

### 개장할 수 있는 분묘의 경우

① 토지 소유자의 승낙 없이 해당 토지에 설치한 분묘
② 묘지 설치자 또는 연고자의 승낙 없이 해당 묘지에 설치한 분묘

이때 해당하는 분묘의 연고자는 해당 토지 소유자, 묘지 설치자 또는 연고자에게 토지 사용권이나 그 밖에 분묘의 보존을 위한 권리를 주장할 수 없다. 또한, 토지 소유자 또는 자연장지 조성자의 승낙 없이 다른 사람 소유의 토지 또는 자연장지에 자연장을 한 자 또는 그 연고자는 당해 토지 소유자 또는 자연장지 조성자에 대하여 토지사용권이나 그 밖에 자연장의 보존을 위한 권리를 주장할 수 없다.

개장하려는 분묘의 설치자 등의 통보

이때 개장을 하려는 토지 소유자, 묘지 설치자 또는 연고자는 미리 3개월 이상의 기간을 정하여 그 뜻을 해당 분묘의 설치자 또는 연고자에게 알려야 한다. 다만, 해당 분묘의 연고자를 알 수 없으면 그 뜻을 공고하여야 한다.

① 묘지의 연고자를 알고 있는 경우 : 설치기간이 끝난 분묘에 따른 조치를 하기 3개월 전에 다음의 사항을 문서로 표시하여 해당 분묘의 연고자에게 알릴 것

가. 묘지 또는 분묘의 위치 및 장소

나. 개장사유, 개장 후 안치 장소 및 기간

다. 공설묘지 또는 사설묘지 설치자의 성명·주소 및 연락방법

라. 그 밖에 개장에 필요한 사항

② 분묘의 연고자를 알 수 없는 경우 : 중앙일간신문을 포함한 둘 이상의 일간신문 또는 관할 시·도 및 시·군·구 인터넷 홈페이지와 하나 이상의 일간신문에 위 '연고자를 알고 있는 경우의 알릴 사항(가목부터 라목까지)'을 2회 이상 공고하되, 두 번째 공고는 첫 번째 공고일부터 1개월이 지난 후에 다시 할 것

개장 허가증의 발급

토지소유, 묘지 설치자 또는 연고자는 매장된 시체나 유골을 개장하려는 경우에는 개장 허가신청서에 다음의 서류를 첨부하여 관할 시장 등에게 신청하여 개장허가증을 발급받을 수 있다.

① 기존 분묘의 사진

② 분묘의 연고자를 알지 못하는 사유

③ 묘지 또는 토지가 개장 허가신청인의 소유임을 증명하는 서류

④ 「부동산등기법」 등 관계 법령에 따라 해당 토지 등의 사용에 관하여 해당 분묘 연고자의 권리가 없음을 증명하는 서류

⑤ 해당 분묘의 설치자 또는 연고자에게 알린 통보문

⑥ 해당 분묘의 연고자를 알 수 없어 그 뜻을 공고한 공고문

**판례 찾아보기** 대법원 1991.1.29, 선고, 90다카26942, 판결 [분묘개장공고무효확인 등]

매장및묘지등에관한법률 제16조 제2항, 제1항, 동 규칙 제6조, 제7조 소정의 토지소유자의 분묘개장권한은 무연분묘에 한하여 그 절차를 거쳐서만 생길 수 있는 것이고, 유연분묘에 대하여는 개장권한은 생길 여지가 없으므로 토지소유자가 분묘개장공고를 함에 있어 소정 공고기간내에 분묘신고를 하지 아니하면 무연분묘로 간주하여 처리하겠다는 취지를 표시 하였다고 하더라도, 유연분묘에 관하여 위 공고에 따른 분묘신고가 없다 하여 무연분묘로 간주되어 임의개장권을 취득하게 되는 것이 아니며, 따라서 위 공고는 무연분묘에 대한 신 고를 촉구하는 사실행위로 보여지므로, 이에 의하여 분묘의 연고권들과 토지소유자 사이 에 직접적이고 구체적인 법률관계가 생길 여지가 없고, 나아가 분묘의 연고자들이 위 공고 에 따른 신고까지 마친 바이어서 무연분묘로 간주되어 임의개장 당할 염려도 없다면 위 분 묘개장공고의 무효확인을 구할 소의 이익이 없다.

| 제  호 | 개장 | □ 신고서<br>□ 허가신청서 | 처리기간 |
|---|---|---|---|
| ※ □에 √를 기재하시기 바랍니다. | | | 개장신고 : 2일<br>개장허가 : 3일 |

| 사망자 | 성 명 | | 주민등록번호 | | 사망연월일 | |
|---|---|---|---|---|---|---|
| | 묘지 또는<br>봉안된 장소 | | | 매장 또는<br>봉안연월일 | | |
| | 개장장소 | | | 개장방법<br>(매장 · 화장) | | ～ |
| | 개장의 사유 | | | 매장(봉안)기간 | | |

| 신고인<br>(허가<br>신청인) | 성 명 | | 주민등록번호 | | － | 사망자와의<br>관계 | |
|---|---|---|---|---|---|---|---|
| | 주 소 | | | | 전화번호 | | |

「장사 등에 관한 법률」 제8조 · 제27조 및 같은 법 시행규칙 제2조 · 제18조에 따라
개장신고(허가신청)합니다.

신고인(신청인)          (서명 또는 날인)

귀하

| 구비서류<br>(행정정보의 공동이용을 통하여 첨부서류에 대한 정보를 확인할 수 있는 경우<br>에는 그 확인으로 첨부서류를 갈음합니다) | 담당 공무원 확인사항 |
|---|---|
| 1. 개장신고의 경우<br>　가. 기존 분묘의 사진<br>　나. 통보문 또는 공고문(설치기간이 종료된 분묘의 경우만 해당합니다)<br>2. 개장허가의 경우<br>　가. 기존 분묘의 사진<br>　나. 분묘의 연고자를 알지 못하는 사유<br>　다. 묘지 또는 토지가 개장허가 신청인의 소유임을 증명하는 서류<br>　라. 「부동산등기법」 등 관계 법령에 의하여 해당 토지 등의 사용에 관하여<br>　　　해당 분묘연고자의 권리가 없음을 증명하는 서류<br>　마. 통보문 또는 공고 | 1. 토지(임야)대장<br>2. 토지등기부 등본 |

---

| 제  호 | 개장 | □ 신고증명서<br>□ 허가증 |
|---|---|---|
| ※ □에 √를 기재하시기 바랍니다. | | |

| 사망자 | 성 명 | | 주민등록번호 | | 사망연월일 | |
|---|---|---|---|---|---|---|
| | 묘지 또는<br>봉안된 장소 | | | 매장 또는<br>봉안연월일 | | |
| | 개장장소 | | | 개장방법<br>(매장 · 화장) | | ～ |

| 신고인<br>(신청인) | 성 명 | | 주민등록번호 | | － | 사망자와의 관계 | |
|---|---|---|---|---|---|---|---|
| | 주 소 | | | | | 전화번호 | |

「장사 등에 관한 법률」 제8조 · 제27조 및 같은 법 시행규칙 제2조 · 제18조에 따라 위와 같이 개장신고
(허가)를 하였으므로 신고증명서(허가증)를 발급합니다.

년　월　일
시 · 도지사, 특별자치도지사, 시장 · 군수 · 구청장 인

210mm×297mm(보존용지(1종) 70g/㎡)

이 신고(신청)서는 아래와 같이 처리됩니다.                                                      (뒤쪽)

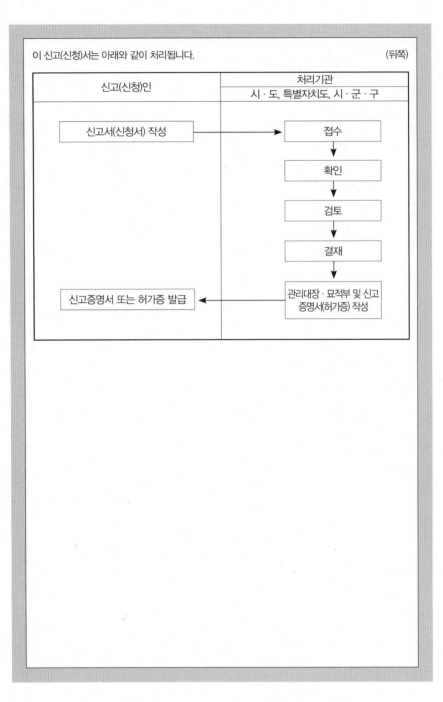

# PART 3
# 낙찰된 농지의 개발

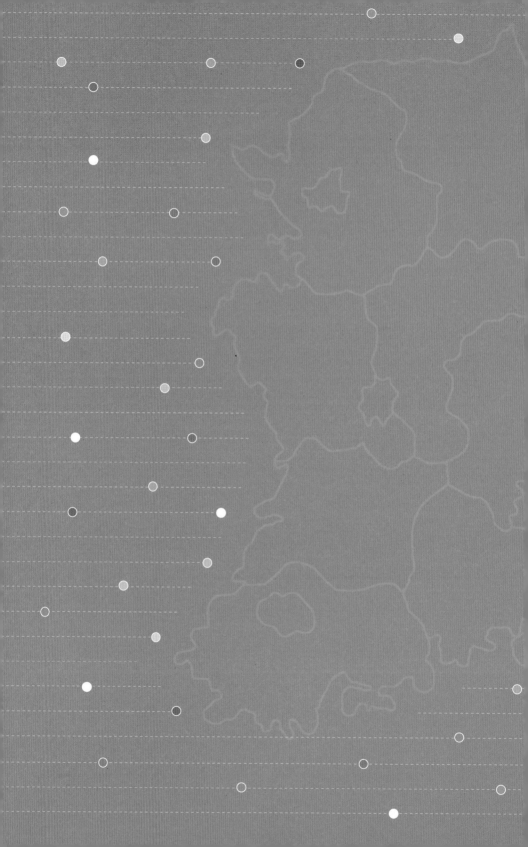

# CHAPTER 17

# 개발행위허가

경매로 낙찰받은 농지를 농지법에서 정한 농업목적 외의 용도인 공장부지나 전원주택 부지 등의 개발용도로 사용하기 위해서는 개발행위허가를 받아야 하며, 경매대상 농지가 개발이 가능한 토지인지 사전에 판단하기 위해서는 개발행위허가 절차와 기준을 이해하고 있어야 한다. 용도지역 기준으로 녹지지역·관리지역·농림지역·자연환경보전지역 농지에서 개발행위허가를 받기 위한 기준 등은 국토계획법을 기본으로 여러 법에 분산되어 있다.

# 개발행위허가의 절차

## 개발행위허가의 절차

### 개발행위허가

토지이용과 관련된 개발행위 중 도시계획 차원에서 검토가 필요하거나 관리하는 것이 타당하다고 판단되는 경우에는 국토계획법에 의거하여 특별시장·광역시장·시장 또는 군수의 허가를 받도록 하고 있으며, 이것을 개발행위허가제도라고 한다. 즉, 개발행위허가제도는 계획의 적정성, 기반시설의 확보여부, 주변 환경과의 조화 등을 고려하여 개발행위에 대한 허가여부를 결정함으로써 계획에 의한 개발이 이루어지도록 하기 위한 제도이다. 그에 따라, 농지나 산지를 전용하여 주택부지, 공장부지, 창고부지 등을 조성하기 위하여서는 반드시 개발행위허가를 받아야 한다.

### 개발행위의 허가의 대상

국토계획법에 의하여 개발행위허가의 대상은 다음과 같이 6가지가 있다. 건축물의 건축, 토지의 형질변경 등 다음의 6가지 행위를 하려는 자는 특별시장·광역시장·시장 또는 군수의 개발행위허가를 받아야 한다.

| 구분 | 내용 | 비고 |
|---|---|---|
| 1. 건축물의 건축 | 「건축법」제2조제1항제2호에 따른 건축물의 건축 | |
| 2. 공작물의 설치 | 인공을 가하여 제작한 시설물의 설치 | 「건축법」제2조제1항제2호에 따른 건축물을 제외 |
| 3. 토지의 형질변경 | 절토 · 성토 · 정지 · 포장 등의 방법으로 토지의 형상을 변경하는 행위와 공유수면의 매립 | 경작을 위한 토지의 형질변경을 제외 |
| 4. 토석채취 | 흙 · 모래 · 자갈 · 바위 등의 토석을 채취하는 행위 | 토지의 형질변경을 목적으로 하는 것을 제외 |
| 5. 토지 분할 | 다음 각 목의 어느 하나에 해당하는 토지의 분할(「건축법」제57조에 따른 건축물이 있는 대지는 제외한다)<br>가. 녹지지역 · 관리지역 · 농림지역 및 자연환경보전지역 안에서 관계법령에 따른 허가 · 인가 등을 받지 아니하고 행하는 토지의 분할<br>나. 「건축법」제57조제1항에 따른 분할제한면적 미만으로의 토지의 분할<br>다. 관계 법령에 의한 허가 · 인가 등을 받지 아니하고 행하는 너비 5m 이하로의 토지의 분할 | |
| 6. 물건을 쌓아 놓는 행위 | 녹지지역 · 관리지역 또는 자연환경보전지역안에서 건축물의 울타리안(적법한 절차에 의하여 조성된 대지에 한한다)에 위치하지 아니한 토지에 물건을 1월 이상 쌓아놓는 행위 | |

## 개발행위허가의 절차

개발행위허가는 다음과 같은 절차를 거치게 된다.

1. 개발행위를 하려는 자는 그 개발행위에 따른 기반시설의 설치나 그에 필요한 용지의 확보, 위해방지, 환경오염 방지, 경관, 조경 등에 관한 계획서를 첨부한 신청서를 개발행위허가권자에게 제출한다.

2. 허가권자인 특별시장 · 광역시장 · 시장 또는 군수는 제1항에 따른 개발행위허가의 신청에 대하여 특별한 사유가 없으면 법령으로 정하는 기간인 15일 이내에 허가 또는 불허가의 처분을 하여야 한다. 15일의 기간 계산시 도시계획위원회의 심의를 거쳐야 하거나 관계 행정기관과 별도의 협의를 하여야 하는 경우에는 심의 또는 협의기간은 15일에 포함되지 않는다.

3. 특별시장 · 광역시장 · 시장 또는 군수는 제2항에 따라 허가 또는 불허가의 처분을 할 때에는 그 신청인에게 허가증을 발급하거나 불허가처분의 사유를 서면으로 통보 한다.

4. 특별시장 · 광역시장 · 시장 또는 군수는 개발행위허가를 하는 경우에는 기반시설의 설치 또는 그에 필요한 용지의 확보, 위해 방지, 환경오염 방지, 경관, 조경 등에 관한 조치를 할 것을 조건으로 개발행위허가를 할 수 있다.

■ 특히, 개발하고자 하는 토지의 규모가 일정 규모를 넘어서면 환경영향평가법에 의한 소규모환경영향평가 협의대상 사업에 해당하므로 소규모환경영향평가 협의절차도 동시에 진행하여야 한다. 통상 별도의 전문용역기관에 용역을 주어 진행이 되며, 그에 따라 인허가에 소요되는 기간도 협의기간 만큼 길어지게 된다.

■ "소규모 환경영향평가"란 환경보전이 필요한 지역이나 난개발(亂開發)이 우려되어 계획적 개발이 필요한 지역에서 개발사업을 시행할 때에 입지의 타당성과 환경에 미치는 영향을 미리 조사 · 예측 · 평가하여 환경보전방안을 마련하는 것을 말한다.

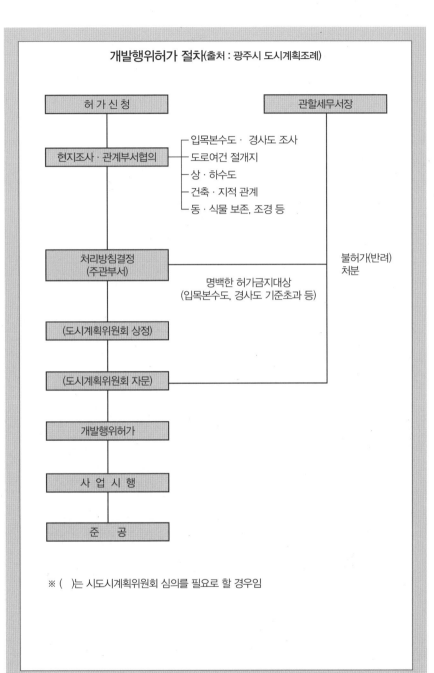

개발행위허가 절차(출처 : 광주시 도시계획조례)

허 가 신 청

관할세무서장

현지조사 · 관계부서협의
- 입목본수도 · 경사도 조사
- 도로여건 절개지
- 상 · 하수도
- 건축 · 지적 관계
- 동 · 식물 보존, 조경 등

처리방침결정
(주관부서)

명백한 허가금지대상
(입목본수도, 경사도 기준초과 등)

불허가(반려)
처분

(도시계획위원회 상정)

(도시계획위원회 자문)

개발행위허가

사 업 시 행

준 공

※ ( )는 시도시계획위원회 심의를 필요로 할 경우임

## 개발행위허가 신청시 구비 서류

허가를 신청하기 위해서는 개발행위허가신청서와 다음의 서류를 첨부하여야 한다.

1. 토지의 소유권 또는 사용권 등 신청인이 당해 토지에 개발행위를 할 수 있음을 증명하는 서류. 다만, 다른 법령에서 개발행위허가가 의제되어 개발행위허가에 관한 신청서류를 제출하는 경우에 다른 법령에 의한 인가 · 허가 등의 과정에서 본문의 제출 서류의 내용을 확인할 수 있는 경우에는 그 확인으로 제출서류에 갈음할 수 있다.

2. 배치도 등 공사 또는 사업관련 도서(토지의 형질변경 및 토석채취인 경우에 한한다)

3. 설계도서(공작물의 설치인 경우에 한한다)

4. 당해 건축물의 용도 및 규모를 기재한 서류(건축물의 건축을 목적으로 하는 토지의 형질변경인 경우에 한한다)

5. 개발행위의 시행으로 폐지되거나 대체 또는 새로이 설치할 공공시설의 종류 · 세목 · 소유자 등의 조서 및 도면과 예산내역서(토지의 형질변경 및 토석채취인 경우에 한한다)

6. 법 제57조제1항의 규정에 의한 위해방지 · 환경오염방지 · 경관 · 조경 등을 위한 설계도서 및 그 예산내역서.(토지분할인 경우를 제외한다.)

7. 법 제61조제3항의 규정에 의한 관계 행정기관의 장과의 협의에 필요한 서류

# 개 발 행 위 허 가 신 청 서

| 처리기간 |
| --- |
| 15일 |

■ 토지형질변경  □ 공작물 설치  □ 물건적치
□ 토석채취  □ 토지분할

| 신청인 | ① 성 명<br>(법인명) | 한 글 | 00주식회사 홍길동 | ②주민등록번호<br>(법인등록번호) | 110111-4079111 |
| --- | --- | --- | --- | --- | --- |
| | | 한 자 | | | |
| | ③ 주    소 | | (전화 : 010-1234-9440) 서울시 강남구 역삼동 123 | | |

## 허 가 신 청 사 항

| ④ 위치(지 번) | | | 00시 오성면 00리 산1 | | ⑤ 지 목 | 임야 |
| --- | --- | --- | --- | --- | --- | --- |
| ⑥ 용도지역 | | | 도시외지역 | | ⑦ 용도지구 | 계획관리지역,<br>성장관리권역 |
| 신<br>청<br>내<br>용 | 공작물설치 | ⑧신청면적 | | | ⑨ 중    량 | |
| | | ⑩공작물구조 | | | ⑪ 부    피 | |
| | 형질변경 | 토지현황 | ⑫경사도 | % | ⑬ 토    질 | |
| | | | ⑭토석매장량 | | | |
| | | 죽목재식현황 | ⑮주요수종 | | | |
| | | | ⑯임목지 | | ⑰ 무임목지 | |
| | | ⑱신청면적 | 전용면적 | 15,000㎡ | | |
| | | | 합계 | 15,000㎡ | | |
| | | 죽목벌채 | ⑲수종 | | ⑳나 무 수 | |
| | 토석채취 | 신청면적 | 해당없음. | | 부피 | 해당없음. |
| | 토지분할 | 종전면적 | 해당없음. | | 분할면적 | 해당없음. |
| | 물건적지 | 중량 | 해당없음. | | 부피 | 해당없음. |
| | | 품명 | 해당없음. | | 평균적치량 | 해당없음. |
| | | 적치기간 | 년   월 일부터 ~   년   월   일까지 | | | |
| 개 발 행 위 목 적 | | | 공장부지조성 | | | |
| 사업기간 | 착공 | | 2014년 1월 일 | 준공 | 2016년 1월 일 | |

국토의 계획 및 이용에 관한 법률 제57조제1항의 규정에 의하여 위와 같이 신청합니다.

2014 년  1월   일
신청인 :  00 주식회사
대 표 :   홍 길 동  (서명 또는 인)

00 시 장 귀하

## 관련 인 · 허가 등의 의제

의제처리란 본질은 같지 않지만 법률에서 다룰 때는 동일한 것으로 처리하여 동일한 효과를 주는 것을 말한다. 개발행위허가를 할 때에 특별시장 · 광역시장 · 시장 또는 군수가 그 개발행위에 관련된 다음 각 호의 인가 · 허가 · 승인 · 면허 · 협의 · 해제 · 신고 또는 심사 등에 관하여 법령에 따라 미리 관계 행정기관의 장과 협의한 사항에 대하여는 그 인 · 허가 등을 받은 것으로 본다. 즉, 아래의 열거된 행위는 개별적으로 모두 인 · 허가를 신청하는 것이 아니고 개발행위허가를 신청할 때에 해당 법률에서 정하는 관련 서류를 함께 제출하면 인 · 허가가 의제처리 되는 것이다. 예를 들면 산지전용허가, 농지전용허가, 도로점용허가 및 구거를 사용하기위한 공유수면 점용 · 사용허가 등은 모두 의제처리 되는 것이다.

1. 「공유수면 관리 및 매립에 관한 법률」에 따른 공유수면의 점용 · 사용허가, 점용 · 사용 실시계획의 승인 또는 신고, 공유수면의 매립면허 및 공유수면매립실시계획의 승인

2. 삭제 〈2010.4.15〉

3. 「광업법」에 따른 채굴계획의 인가

4. 「농어촌정비법」에 따른 농업생산기반시설의 목적 외 사용의 승인

5. 「농지법」에 따른 농지전용의 허가 또는 협의, 농지전용의 신고 및 농지의 타용도 일시사용의 허가 또는 협의

6. 「도로법」따른 도로공사 시행의 허가 및 도로 점용의 허가

7. 「장사 등에 관한 법률」에 따른 무연분묘의 개장 허가

8. 「사도법」에 따른 사도 개설의 허가

9. 「사방사업법」토지의 형질 변경 등의 허가 및 사방지 지정의 해제

10. 「산지관리법」에 따른 산지전용허가 및 산지전용신고, 산지일시사용 허가 · 신고, 토석채취허가, 토사채취신고 및 「산림자원의 조성 및 관리에 관한 법률」에 따른 입목벌채 등의 허가 · 신고

11. 「소하천정비법」에 따른 소하천공사 시행의 허가 및 소하천의 점용 허가

12. 「수도법」에 따른 전용상수도 설치 및 전용공업용수도설치의 인가

13. 「연안관리법」에 따른 연안정비사업실시계획의 승인

14. 「체육시설의 설치 · 이용에 관한 법률」에 따른 사업계획의 승인

15. 「초지법」에 따른 초지전용의 허가, 신고 또는 협의

16. 「측량 · 수로조사 및 지적에 관한 법률」에 따른 지도 등의 간행 심사

17. 「하수도법」에 따른 공공하수도에 관한 공사 시행의 허가

18. 「하천법」에 따른 하천공사 시행의 허가 및 하천 점용의 허가

## 개발행위허가 여부 통부 및 허가증 수령

개발행위허가 신청에 대하여 허가가 떨어지면 개발행위허가 신청 처리에 대한 알림 공문을 통보 받게 되며, 농지보전부담금 · 대체산림자원조성 비 · 복구비 등을 납부하고 허가증을 수령 받게 된다.

■ 제2종근린생활시설(제조업소) 개발행위허가 통보문 사례

**제목 : 개발행위허가 신청 처리 알림(홍길동)**

1. 귀하께서 우리시에 신청하신 ㅁㅁ리 산1-1번지 2,800㎡에 제2종근린생활시설(제조업소)부지조성 목적의 개발행위허가 신청에 대하여 국토계획법 제56조의 규정에 의거 붙임과 같이 허가처리 하오니, 다음의 사항을 이행하신 후 허가증을 교부받으시기 바랍니다.

2. 허가증을 교부받기 전 사업계획에 의한 공사를 착수하시면 국토계획법 제60조및제140조 규정에 의거 허가취소나 원상회복 등의 처분을 받게 됨을 알려드립니다.

　가. 개발행위허가 및 산지전용협의에 따른 각 면허세를 납부하고 영수증 사본 제출
　나. 개발행위허가에 따른 지역개발공채 ₩1,710,000원을 납고하고 매입필증 제출
　다. 개발행위허가에 따른 대체산림자원조성비 ₩6,336,960원을 납부하고 영수증 제출
　라. 개발행위에 따른 복구비 ₩26,170,000원을 현금 또는 인·허가 보증보험증권으로 예치하고 보증보험증서 제출(보증기간 – 2013.02.28)

붙임 : 개발행위허가증 및 허가조건 1부. 끝

**ㅇㅇ시장**

## 개발행위허가의 이행 보증

1. 특별시장·광역시장·시장 또는 군수는 기반시설의 설치나 그에 필요한 용지의 확보, 위해 방지, 환경오염 방지, 경관, 조경 등을 위하여 필요하다고 인정되는 경우로서 법령으로 정하는 경우에는 이의 이행을 보증하기 위하여 개발행위허가를 받는 자로 하여금 이행보증금을 예치하게 할 수 있다.

2. 이행보증금의 예치금액은 기반시설의 설치, 위해의 방지, 환경오염의 방지, 경관 및 조경에 필요한 비용의 범위 안에서 산정하되 총공사비의 20% 이내가 되도록 하고, 그 산정에 관한 구체적인 사항 및 예치방법은 특별시·광역시·시 또는 군의 도시계획조례로

정해져 있다. 이 경우 도시지역 또는 계획관리지역안의 산지안에서의 개발행위에 대한 이행보증금의 예치금액은 「산지관리법」 제38조에 따른 복구비를 포함하여 정하되, 복구비가 이행보증금에 중복하여 계상되지 않도록 하여야 한다.

3. 이행보증금은 현금으로 납입하되, 통상은 보증보험증서로 대체하여 처리한다.

4. 이행보증금은 개발행위허가를 받은 자가 준공검사를 받으면 반환받게 된다.

5. 특별시장 · 광역시장 · 시장 또는 군수는 개발행위허가를 받지 아니하고 개발행위를 하거나 허가내용과 다르게 개발행위를 하는 자에게는 그 토지의 원상회복을 명할 수 있으며, 특별시장 · 광역시장 · 시장 또는 군수는 원상회복의 명령을 받은 자가 원상회복을 하지 아니하면 「행정대집행법」에 따른 행정대집행에 따라 원상회복을 할 수 있다. 이 경우 행정대집행에 필요한 비용은 개발행위허가를 받은 자가 예치한 이행보증금을 사용할 수 있다. 잔액이 있을 경우에는 예치자에게 반환하게 된다.

### 개발행위허가의 조건 : 사례

특별시장 · 광역시장 · 시장 또는 군수는 개발행위허가를 하는 경우에는 그 개발행위에 따른 기반시설의 설치 또는 그에 필요한 용지의 확보, 위해 방지, 환경오염 방지, 경관, 조경 등에 관한 조치를 할 것을 조건으로 개발행위허가를 할 수 있다. 대게 다음과 같은 유사한 형태의 개발행위조건이 붙는다.

일반조건

1. 건설공사의 시공업자는 건설산업기본법제9조 및 동법시행령제8조
   의 규정에 의거 등록된 건설업체로 하여금 시공토록 하여야 합니다.

2. 공사시행 및 시설물 운영 시에는 인근가옥 등에 피해가 발생하지
   않도록 피해방지 시설을 하여야 하며, 피해 발생 시에는 사업시행
   자가 민·형사상 책임 처리 하여야 합니다.

3. 개발행위허가는 제출된 신청서를 근거로 현장 확인 등을 통하여 하
   가한 사항으로 향후 제출서류 등의 허위 기타 부정한 방법과 전제
   조건 불이행 등이 있을 시에는 국토의계획및이용에관한법률 제133
   조에 의거 하가를 취소할 수 있습니다.

4. 다음 각 호의 어느 하나에 해당하는 경우에는 허가를 받은 자의 의
   견을 들은 후 개발행위허가를 취소할 수 있습니다. (도시계획조례 제26
   조제1항)

   1) 농지법이 규정하는 전용허가의 취소 등의 사유에 해당하는 행위를
      한 때

   2) 산지관리법이 규정하는 산지전용허가의 취소 등의 사유에 해당하
      는 행위를 한 때

   3) 허가를 받은 자가 정당한 사유 없이 허가조건을 이행하지 아니하는
      경우

5. 도시계획조례 제26조 제2항의 제1항내지 제3호의 사유로 인하여
   개발행위허가를 취소하고자 하는 경우에 허가받은 자가 정당한 이
   유를 들어 기간연장을 요청하는 때에는 1회에 한하여 1년 이내의
   범위 안에서 그 기간을 연장할 수 있습니다.

6. 국토의계획및이용에관한법률시행령 제55조1항의 규정에 의한 개발행위 규모가 적합하지 아니함에도 불구하고 동법시행령제5항3호 또는 제4호의 규정을 적용하여 개발행위허가를 하는 경우에는 당해 건축물의 용도변경(연접개발을 적용하지 아니하는 건축물간의 변경은 제외)을 제한합니다.

7. 기타 타 법규에 저촉되는 사항에 대하여는 개별법규에 의한 인·허가, 협의, 동의 등의 절차를 이행하여야 합니다.

8. 저촉사항은 없으나 사업시행 중 매장문화재 발견 시 문화재보호법 제54조에 의거 발견 7일 이내에 신고를 바랍니다. (문화관광과)

9. 개발이익환수에관한법률 제5조 규정에 의한 개발부담금 부과대상 사업이므로 시행규칙 제20조 규정에 의하여 준공인가일(개발사업 착수 후 취소한 경우에는 취소일)로부터 40일 이내에 개발비용산출내역서를 민원봉사과에 제출하시기 바랍니다. (민원봉사과)

그 외 산지전용협의조건, 착공 전 이행조건, 준공검사 신청 전 이행조건 등은 첨부한 개발행위허가 조건을 참조하기 바랍니다.

## 개발행위허가의 준공

개발행위허가를 받은 자는 그 개발행위를 마치면 국토교통부령으로 정하는 바에 따라 특별시장·광역시장·시장 또는 군수의 준공검사를 받아야 한다. 국토계획법에 의거 준공시 구비서류는 다음과 같다.

① 승인 사항에 의거한 공사여부를 증명할 수 있는 현황도면
② 산지일 경우 등록전환 측량성과도 및 허가지에 제외지가 있을 경우

분할측량성과도

③ 적지복구승인서

④ 건축물대장

⑤ 현장사진 등

⑥ 지적공부정리신청서

준공검사를 받으면 토지의 지목은 임야나 전,답,과수원에서 공장용지로 지목변경이 되며, 시행자는 준공 후 40일 이내에 개발부담금의 납부와 관련한 개발비용내역서를 제출하여야 한다.

### 개발행위허가의 제한

국토교통부장관, 시·도지사, 시장 또는 군수는 다음의 어느 하나에 해당되는 지역으로서 도시관리계획상 특히 필요하다고 인정되는 지역에 대하여는 중앙도시계획위원회나 지방도시계획위원회의 심의를 거쳐 1회에 한하여 3년 이내의 기간 동안 개발행위허가를 제한할 수 있다. 다만, 제3호부터 제5호까지에 해당하는 지역에 대하여는 1회에 한하여 2년 이내의 기간 동안 개발행위허가의 제한을 연장할 수 있다. 따라서, 개발행위허가를 신청하기 전에 허가 대상 부지가 개발행위허가제한지역으로 지정되어 있는지 여부를 토지이용계획확인서를 통해 확인하여야 한다.

① 녹지지역이나 계획관리지역으로서 수목이 집단적으로 자라고 있거나 조수류 등이 집단적으로 서식하고 있는 지역 또는 우량 농지 등으로 보전할 필요가 있는 지역

② 개발행위로 인하여 주변의 환경·경관·미관·문화재 등이 크게

오염되거나 손상될 우려가 있는 지역

③ 도시기본계획이나 도시관리계획을 수립하고 있는 지역으로서 그 도시기본계획이나 도시관리계획이 결정될 경우 용도지역·용도지구 또는 용도구역의 변경이 예상되고 그에 따라 개발행위허가의 기준이 크게 달라질 것으로 예상되는 지역

④ 지구단위계획구역으로 지정된 지역

⑤ 기반시설부담구역으로 지정된 지역

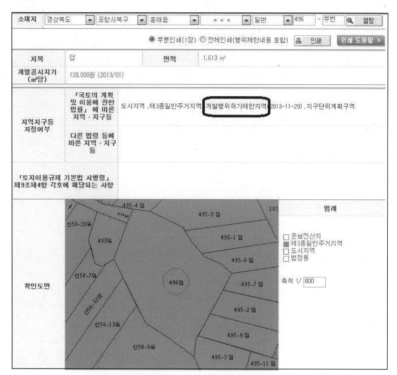

| 소재지 | 경상북도 ▼ 포항시북구 ▼ 홍해읍 ▼ * * * ▼ 일반 ▼ 496 - 부번 🔍 열람 |

● 부분인쇄(1장) ○ 전체인쇄(행위제한내용 포함) 🖨 인쇄 인쇄 도움말 >

| 지목 | 답 | 면적 | 1,613 ㎡ |
| 개별공시지가 (㎡당) | 128,000원 (2013/01) | | |

| 지역지구등 지정여부 | 「국토의 계획 및 이용에 관한 법률」에 따른 지역·지구등 | 도시지역 ,제3종일반주거지역,개발행위허가제한지역(2013-11-29) ,지구단위계획구역 |
| | 다른 법령 등에 따른 지역·지구 등 | |

| 「토지이용규제 기본법 시행령」 제9조제4항 각호에 해당되는 사항 | |

확인도면

범례
□ 준보전산지
■ 제3종일반주거지역
□ 도시지역
□ 법정동

축척 1/ 800

▣ 주거지역 등 용도지역 결정 후 세부 도시관리계획이 미 수립된 지역에 향후 지구단위계획이 수립될 때 까지 무질서한 개발행위를 방지하고 향후 체계적인 계획 및 개발을 위하여 개발행위허가제한지역으로 묶여있는 토지

## 개발행위허가제한지역과 개발제한구역

두 가지는 이름은 유사하지만 전혀 별개의 개념이다. 개발행위허가제한지역은 국토계획법에 의하여 일시적으로 개발행위허가가 제한된 지역을 말하며, 개발제한구역은 개발제한구역의지정및관리에관한특별조치법에

의하여 지정된 Green Belt를 말하며 개발행위가 엄격히 제한된 토지를 말한다.

## 개발행위허가의 취소

다음의 개발행위허가의 취소 사유는 ○○시 도시계획조례의 규정을 인용한 것이다. 다른 지방자치단체도 국토계획법의 위임에 의하여 도시계획조례에 유사하게 규정하고 있다.

■ 제24조(개발행위허가의 취소)
① 시장은 다음 각 호의 어느 하나에 해당하는 경우 허가를 받은 자의 의견을 들은 후 (허가받은 자가 행방 불명 되었거나 특별한 사유로 의견을 들을 수 없는 경우에는 제외한다) 개발행위허가를 취소할 수 있다.
1. 허가를 받은 자가 허가를 받은 날부터 2년 이내에 공사를 착수하지 아니하는 경우
2. 허가를 받은 자가 공사를 중단한 날로부터 1년 이상 정당한 사유 없이 공사를 다시 시작하지 아니하는 경우
3. 허가를 받은 자가 정당한 사유 없이 허가조건을 이행하지 아니하는 경우
② 제1항제1호의 사유로 인하여 개발행위 허가를 취소하고자 하는 경우 허가받은 자가 정당한 이유를 들어 기간연장을 요청하는 때에는 1회에 한하여 1년 이내의 범위 안에서 그 기간을 연장할 수 있다.

# CHAPTER 18

# 개발행위허가의 기준

## 개발행위허가의 기준

개발행위허가의 기준은 국토계획법을 기준으로 하여 시 · 군의 도시계획 조례 및 산지관리법, 농지법 등 여러 가지 법에서 다양한 기준을 제시하고 있으며, 해당 기준을 모두 충족하여야 허가를 받을 수 있다. 따라서, 개발행위허가를 받으려면 국토계획법 및 해당 시 · 군의 도시계획조례에서 정하는 기준을 충족하여야 하고, 또한, 산지인 경우에는 산지관리법 농지인 경우에는 농지법의 기준도 동시에 충족하여야 한다.

## 국토계획법상 개발행위허가의 기준

1. 개발행위허가의 기준(『국토의 계획 및 이용에 관한 법률』제58조)

개발행위허가의 신청 내용은 다음의 기준에 적합해야 한다.

1. 용도지역별 특성을 고려하여 개발행위의 규모에 적합할 것
2. 도시관리계획의 내용에 어긋나지 아니할 것
3. 도시계획사업의 시행에 지장이 없을 것
4. 주변지역의 토지이용실태 또는 토지이용계획, 건축물의 높이, 토지의 경사도, 수목의 상태, 물의 배수, 하천·호소·습지의 배수 등 주변 환경이나 경관과 조화를 이룰 것
5. 해당 개발행위에 따른 기반시설의 설치나 그에 필요한 용지의 확보계획이 적절할 것

2. 용도지역별 개발행위허가의 규모 기준

앞의 개발행위허가기준 1항에 의하여 개발행위의 규모는 다음의 용도지역별 허용 규모에 적합하여야 합니다.

| 도시지역 | 주거지역,상업지역,<br>자연녹지지역,생산녹지지역 | 1만㎡ 미만 |
|---|---|---|
| | 공업지역 | 3만㎡ 미만 |
| | 보전녹지지역 | 5천㎡ 미만 |
| 관리지역 | 3만㎡ 미만 | |
| 농림지역 | 3만㎡ 미만 | |
| 자연환경보전지역 | 5천㎡ 미만 | |

3. 세부적인 허가기준

개발행위허가를 담당하고 있는 행정청에서는 위에서 언급한 기준 외에도

아래와 같은 6가지 사항에 대하여 세부적인 허가심사기준을 고려하여 개발행위의 허가여부를 심사하고 있다.

## 공통분야

① 조수류 · 수목 등의 집단서식지가 아니고, 우량농지 등에 해당하지 않아 보전의 필요가 없을 것

② 역사적 · 문화적 · 향토적 가치, 국방상 목적 등에 따른 원형보전의 필요가 없을 것

③ 토지의 형질변경 또는 토석채취의 경우에는 표고 · 경사도 · 임상 및 인근 도로의 높이, 배수 등을 참작하여 도시계획조례가 정하는 기준에 적합할 것

## 도시관리계획

① 용도지역별 개발행위의 규모 및 건축제한 기준에 적합할 것

② 개발행위허가제한지역에 해당하지 아니할 것

## 도시관리계획사업

① 도시계획사업부지에 해당하지 아니할 것

② 개발시기와 가설시설의 설치 등이 도시계획사업에 지장을 초래하지 아니할 것

## 주변지역과의 관계

① 개발행위로 건축 또는 설치하는 건축물 또는 공작물이 주변의 자연경

관 및 미관을 훼손하지 아니하고, 그 높이 · 형태 및 색채가 주변건축물과 조화를 이루어야 하며, 도시계획으로 경관계획이 수립되어 있는 경우에는 그에 적합할 것

② 개발행위로 인하여 당해 지역 및 그 주변지역에 대기오염 · 수질오염 · 토질오염 · 소음 · 진동 · 분진 등에 의한 환경오염 · 생태계파괴 · 위해발생 등이 발생할 우려가 없을 것. 다만, 환경오염 · 생태계파괴 · 위해발생 등의 방지가 가능하여 환경오염의 방지, 위해의 방지, 조경, 녹지의 조성, 완충지대의 설치 등을 허가의 조건으로 붙이는 경우에는 그러하지 아니하다.

③ 개발행위로 인하여 녹지축이 절단되지 아니하고, 개발행위로 배수가 변경되어 하천 · 호소 · 습지로의 유수를 막지 아니할 것


기반시설

① 주변의 교통소통에 지장을 초래하지 아니할 것

② 대지와 도로의 관계는 「건축법」에 적합할 것


기타

① 공유수면매립의 경우 매립목적이 도시계획에 적합할 것

② 토지의 분할 및 물건을 쌓아놓는 행위에 입목의 벌채가 수반되지 아니할 것


## 도시계획조례에 의한 개발행위허가 기준

지방자치단체는 국토계획법의 위임(앞의 3.세부적인허가기준 공통분야(3))에 의

하여 ① 경사도, ② 입목본수도(입목축적), ③ 표고 등을 기준으로 개발행위허가기준을 조금씩 다르게 규정하고 있으며, 허가 대상 부지는 해당 기준을 모두 충족하여야 개발행위허가를 받을 수 있다. 개발관점에서 농지를 분석하기 위해서는 이 3가지 기준을 잘 숙지하고 있어야 한다.

## 1. 경사도(평균경사도)

경사도는 농지와 산지의 구분 없이 적용하는 기준이지만, 농지에서는 경사도를 적용할 여지가 거의 없고 주로 산지에 적용되는 기준이다. 검토대상 토지의 경사도를 측정은 토목설계사무소에 의뢰하여 해결할 수 있다.

## 2. 표고

표고란 기준점에서 개발행위허가 대상 토지까지의 높낮이를 말하는 것으로, 기준점 및 표고 에 대한 개발행위허가 기준은 시·군마다 도시계획조례로 조금씩 다르게 규정하고 있다. 표고와 관련된 사항 역시 인·허가 실무에서는 토목설계사무소에 의뢰하여 해결할 수 있다.

## 3. 임상(입목본수도 및 입목축적)

입목본수도를 기준으로 하거나 입목축적을 기준으로 하거나 시·군마다 도시계획조례로 조금씩 다르게 규정하고 있다. 인·허가 실무에서는 토목설계사무소에 의뢰하면 산림조사전문기관에 재의뢰하여 해결한다.

### 1) 입목본수도(토지이용규제서비스 토지용어사전 인용)

입목본수도는 현재 자라고 있는 입목(立木)의 본수나 재적을 그 임지의 적절한 본수나 재적에 대한 비율(백분율)로 나타낸 것을 말한다. 입목본수도의 조사방법은 해당 지방자치단체의 도시계획조례로 정하고 있으며, 개발행위허가 기준으로 활용되고 있다. 일반적으로 입목본수도는 조사구역의 입목을 전수 조사하고 가슴높이직경의 측정은 경사지에서는 위쪽에서, 평지에서는 임의의 방향에서 지상 1.2m(가슴높이)의 높이를 측정한다. 입목본수도는 측정한 각 수종의 직경별 본수에 평균직경을 곱하여 직경 소계를 구하고 직경 소계를 합산하여 직경 총계를 구하며, 직경 총계를 대상지의 전체 본수로 나누어 평균가슴높이직경을 구한 후 입목본수기준표에 의거 대상지 수목의 평균가슴높이직경에 해당되는 ㏊당 정상입목본수를 ㎡당 입목본수로 환산하여 산출한다.

① 대상지 정상입목본수(본) = 대상지면적(㎡) × 정상입목본수도(본/㎡)

② 입목본수도(%) = (대상지 현재 생육본수 ÷ 대상지 정상 입목본수) × 100

2) 입목축적도

개발(전용)하려는 산지의 헥타르당 입목축적이 산림기본통계상의 관할 시·군·자치구의 헥타르당 입목축적의 150퍼센트 이하이어야 한다. 다만, 산불발생·솎아베기·벌채를 실시한 후 5년이 지나지 아니한 때에는 그 산불발생·솎아베기 또는 벌채 전의 입목축적을 환산하여 조사·작성 시점까지의 생장율을 반영한 입목축적을 적용한다.

## 제18조(개발행위허가의 기준)

① 영 별표 1의2제1호가목(3)에 따라 시장은 다음 각 호의 요건을 모두 갖춘 토지에 한하여 개발행위를 허가할 수 있다.(단 주·상·공업지역, 제2종지구단위계획, 자연취락지구안에서는 1호부터 3호를 적용하지 아니한다)

1. 입목축적의 적용은「산지관리법」을 준용한다.

2. 경사도가 15도 미만인 토지. 다만, 경사도가 15°이상으로「공익사업을 위한 토지 등의 취득 및 보상에 관한 법률」제4조 각 호 어느 하나에 해당하는 사업과 시장이 필요하다고 인정한 개발행위는 시 도시계획위원회의 자문을 거쳐 허가할 수 있다.

3. 기준 표고는 시 도시기본계획의 토지이용계획 부분 개발가능지 분석 기준에 따라 개발가능 지역을 아래의 기준범위 안에서 세부적인 기준을 조례 시행규칙에서 따로 정할 수 있다.

　가. 우정읍, 마도면, 송산면, 서신면 : 기준표고 해발 0m 기준으로 50m 미만에 있는 토지

　나. 팔탄면, 장안면, 양감면, 남양동, 진안동, 병점1동, 병점2동, 반월동, 기배동, 화산동 : 기준표고 해발 25m 기준으로 50m 미만에 있는 토지

　다. 봉담읍, 향남읍, 매송면, 비봉면, 정남면, 동탄면 : 기준표고 해발 50m 기준으로 50m 미만에 있는 토지

4. 환경·생태적으로 보전가치가 있는 생태자연도 Ⅰ등급권역과 녹지자연도 8급 이상 지역이 아닌 토지

5. 제1항제3호의 규정에 불구하고 다음 각 목의 어느 하나에 해당하는 경우에는 시 도시계획위원회 자문을 거쳐 허가할 수 있다.

　가. 10호 이상의 자연마을이 형성된 인접지역에서 단독주택을 건축하기 위한 개발행위(단, 단독주택 이라 함은「건축법 시행령」별표 1제1호의 가목에 한하며, 그 부지면적은 660㎡ 미만)

　나.「공익사업을 위한 토지 등의 취득 및 보상에 관한 법률」제4조 각 호 어느 하나에 해당되는 사업과 시장이 필요하다고 인정한 개발행위

② 제1항은 같은 조례 제25조제1항에 따라 개발행위를 허가하는 경우에는 적용하지 아니한다.

③ 제1항제2호의 경사도 산출은 「산지관리법」을 준용한다.

■ 참조2 : 00시 도시계획조례 제20조(개발행위허가의 기준)

① 영 별표1의2 제1호가목(3)의 규정에 의하여 시장은 다음 각 호의 요건을 모두 갖춘 토지에 한하여 개발행위를 허가할 수 있다.

1. 다음 각 목의 입목본수도 요건 중 하나의 요건을 갖춘 토지. 다만, 판매를 목적으로 재배하는 나무는 입목본수도 산정 시 이를 산입하지 아니한다.

　　가. 개발행위허가 대상토지 및 해당 토지의 경계로부터 50m 이내에 위치하는 주변토지의 총 입목본수도가 50% 미만인 경우

　　나. 개발행위허가 대상토지의 중심부로부터 경계까지의 거리의 50% 거리 안에 위치하는 주변토지의 입목본수도가 50% 미만인 경우

2. 평균경사도가 23°미만인 토지. 다만, 평균경사도가 23°이상인 토지에 대하여는 시도시계획위원회의 자문을 거쳐 허가할 수 있다. 이 경우 평균경사도 산정 방식은 「산지관리법 시행규칙」제10조제2항제8호에 따른다.

3. 제1호 및 제2호의 규정에도 불구하고 계획관리지역 안에서의 다음 각 목의 요건을 모두 갖춘 토지에 대하여 개발행위허가를 할 수 있다.

　　가. 평균경사도가 18°미만인 토지. 다만, 평균경사도가 18°이상 되는 토지에 대하여는 시도시계획위원회의 자문을 거쳐 허가할 수 있다. 이 경우 평균경사도 산정방식은 「산지관리법 시행규칙」제10조제2항제8호에 따른다.

　　나. 입목축척도 150% 미만인 경우

② 제1항의 규정은 제23조, 제24조의 규정에 의하여 개발행위를 허가하는 경우에는 적용하지 아니한다.

## 농지법상 농지전용허가 기준

허가 대상 부지가 농지라면 농지법상의 농지전용허가 기준을 별도로 충족하여야 한다. 농지의 전용허가 기준은 산지의 전용허가 기준 보다는 단순하며 심사기준은 아래와 같다. 특히, 인허가 실무에서는 인근농지의 농업경영 환경을 저해하여 민원의 발생 소지가 없도록 유의하여야 한다. 진입로, 배수로, 농기계의 통행로 등과 관련된 민원이 허가의 발목을 잡는 경우가 많으므로 사전에 꼼꼼하게 검토하여야 한다.

■ 농지법 제33조(농지전용허가의 심사)

1. 법 제32조 (농업진흥지역의 농지인 경우에 한한다) 및 법 제37조에 위배되지 아니할 것
2. 다음 각 목의 사항 등을 참작할 때 전용하려는 농지가 전용목적사업에 적합하게 이용될 수 있을 것으로 인정될 것
   가. 시설의 규모 및 용도의 적정성
   나. 건축물의 건축에 해당하는 경우에는 도로 · 수도 및 하수도의 설치 등 해당 지역의 여건
3. 다음 각 목의 사항 등을 참작할 때 전용하려는 농지의 면적이 전용목적사업의 실현을 위하여 적정한 면적일 것
   가. 「건축법」의 적용을 받는 건축물의 건축 또는 공작물의 설치에 해당하는 경우에는 건폐율 등 「건축법」의 규정
   나. 건축물 또는 공작물의 기능 · 용도 및 배치계획
4. 다음 각 목의 사항 등을 참작할 때 전용하려는 농지를 계속하여 보전할 필요성이 크지 아니할 것
   가. 경지정리 및 수리시설 등 농업생산기반정비사업 시행 여부
   나. 해당 농지가 포함된 지역농지의 집단화 정도
   다. 해당 농지의 전용으로 인하여 인근 농지의 연쇄적인 전용 등 농지잠식 우려가 있는지의 여부
   라. 해당 농지의 전용으로 인근농지의 농업경영 환경을 저해할 우려가 있는지의 여부
   마. 해당 농지의 전용으로 인하여 농지축(農地築)이 절단되거나 배수가 변경되어 물의 흐름에 지장을 주는지의 여부
5. 해당 농지의 전용이 인근 농지의 농업경영과 농어촌생활환경의 유지에 피해가 없을 것. 다만, 그 피해가 예상되는 경우에는 다음 각 목의 사항 등을 고려할 때 그 피해방지계획이 타당하게 수립되어 있을 것
   가. 해당 농지의 전용이 농지개량시설 또는 도로의 폐지 · 변경을 수반하는 경우 예상되는 피해 및 피해방지계획의 적절성
   나. 해당 농지의 전용이 토사의 유출, 폐수의 배출, 악취 · 소음의 발생을 수반하는 경우 예상되는 피해 및 피해방지계획의 적절성
   다. 해당 농지의 전용이 인근 농지의 일조 · 통풍 · 통작(通作)에 현저한 지장을 초래하는 경우 그 피해방지계획의 적절성
6. 해당 농지의 전용이 용수의 취수를 수반하는 경우 그 시기 · 방법 · 수량 등이 농수산업 또는 농어촌생활환경유지에 피해가 없을 것. 다만, 그 피해가 예상되는 경우에는 그 피해방지계획이 타당하게 수립되어 있을 것
7. 사업계획 및 자금조달계획이 전용목적사업의 실현에 적합하도록 수립되어 있을 것

## 전용된 농지의 용도변경

농지법에 따라 농지전용허가나 농지전용협의 또는 농지전용신고를 하고 목적사업에 사용되고 있거나 사용된 토지를 5년 이내에 다른 목적으로 사용하고자 하는 경우에는 시장·군수의 승인을 받아야 한다.

1. 5년의 기간계산

    해당 시설물의 준공검사필증을 교부한 날 또는 건축물대장에 등재된 날, 그 밖의 농지의 전용목적이 완료된 날(건축물 등 행정절차가 필요 없는 경우로 자재야적장 설치 등이 이에 해당)부터 기산한다.

2. 다른 목적으로 사용하고자 하는 경우

    당해 시설의 용도를 변경하거나 농지전용목적사업의 업종을 변경하는 경우를 말하며, 건축물의 설치 여부와 관계없이 전용목적사업을 변경하고자 할 때도 포함한다.

3. 용도변경승인

    용도변경승인을 신청하는 경우, 설치하고자 하는 시설의 규모·용도 및 지역여건 등을 참작하여 농지법시행령 제33조의 규정에 의한 심사기준에 따라 심사하고, 그 결과 적합한 경우에 한하여 용도변경승인을 받을 수 있다.

# CHAPTER 19

# 소규모 환경영향평가

## 소규모 환경영향평가(구. 사전환경성검토)

### 사전환경성검토

"소규모 환경영향평가"란 환경보전이 필요한 지역이나 난개발(亂開發)이 우려되어 계획적 개발이 필요한 지역에서 개발사업을 시행할 때에 환경영향평가법 제43조에 의하여 입지의 타당성과 환경에 미치는 영향을 미리 조사·예측·평가하여 환경보전방안을 마련하는 것을 말한다. 일정규모 이상의 개발행위허가는 소규모환경영향평가 협의의 대상이 되며, 실무에서는 토목설계사무소에 개발행위허가를 의뢰하면 토목설계사무소에서 전문회사에 별도의 용역을 주어 처리된다.

## 소규모 환경영향평가 대상사업의 종류, 범위 및 협의 요청시기

| 구분 | 소규모 환경영향평가 대상사업의 종류 · 규모 | 협의 요청시기 |
|---|---|---|
| 1. 「국토의 계획 및 이용에 관한 법률」 적용지역 | 가. 「국토의 계획 및 이용에 관한 법률」 제6조제2호에 따른 관리지역의 경우 사업계획 면적이 다음의 면적 이상인 것<br>1) 보전관리지역: 5,000㎡<br>2) 생산관리지역: 7,500㎡<br>3) 계획관리지역: 10,000㎡ | 사업의 허가 · 인가 · 승인 · 면허 · 결정 또는 지정 등(이하 이 표에서 "허가"라 한다) 전 |
| | 나. 「국토의 계획 및 이용에 관한 법률」 제6조제3호에 따른 농림지역의 경우 사업계획 면적이 7,500㎡ 이상인 것 | 사업의 허가 전 |
| | 다. 「국토의 계획 및 이용에 관한 법률」 제6조제4호에 따른 자연환경보전지역의 경우 사업계획 면적이 5,000㎡ 이상인 것 | 사업의 허가 전 |
| 2. 「개발제한구역의 지정 및 관리에 관한 특별조치법」 적용지역 | 「개발제한구역의 지정 및 관리에 관한 특별조치법」 제3조에 따른 개발제한구역의 경우 사업계획 면적이 5,000㎡ 이상인 것 | 사업의 허가 전 |
| 3. 「자연환경보전법」 및 「야생생물 보호 및 관리에 관한 법률」 적용지역 | 가. 「자연환경보전법」 제2조제12호 및 제12조에 따른 생태 · 경관보전지역(같은 법 제23조에 따른 시 · 도 생태 · 경관보전지역을 포함한다)의 경우 사업계획 면적이 다음의 면적 이상인 것<br>1) 생태 · 경관핵심보전구역 : 5,000㎡<br>2) 생태 · 경관완충보전구역 : 7,500㎡<br>3) 생태 · 경관전이보전구역 : 10,000㎡ | 사업의 허가 전 |
| | 나. 「자연환경보전법」 제2조제13호 및 제22조에 따른 자연유보지역의 경우 사업계획 면적이 5,000㎡ 이상인 것 | 사업의 허가 전 |
| | 다. 「야생생물 보호 및 관리에 관한 법률」 제27조에 따른 야생생물 특별보호구역 및 같은 법 제33조에 따른 야생생물 보호구역의 경우 사업계획 면적이 5,000㎡ 이상인 것 | 사업의 허가 전 |
| 4. 「산지관리법」 적용지역 | 가. 「산지관리법」 제4조제1항제1호 나목에 따른 공익용산지의 경우 사업계획 면적이 10,000㎡ 이상인 것 | 사업의 허가 전 |
| | 나. 「산지관리법」 제4조제1항제1호 나목에 따른 공익용산지 외의 산지의 경우 사업계획 면적이 30,000㎡ 이상인 것 | 사업의 허가 전 |

| | | |
|---|---|---|
| 5. 「자연공원법」 적용지역 | 가. 「자연공원법」 제18조제1항제1호에 따른 공원자연 보존지구의 경우 사업계획 면적이 5,000㎡ 이상 인 것 | 사업의 허가 전 |
| | 나. 「자연공원법」 제18조제1항제2호에 따른 공원자연환 경지구 및 제18조제1항제6호에 따른 공원문화유산 지구의 경우 사업계획 면적이 7,500㎡ 이상인 것 | 사업의 허가 전 |
| 6. 「습지보전법」 적용지역 | 가. 「습지보전법」 제8조제1항에 따른 습지보호지역의 경우 사업계획 면적이 5,000㎡ 이상인 것 | 사업의 허가 전 |
| | 나. 「습지보전법」 제8조제1항에 따른 습지주변관리지 역의 경우 사업계획 면적이 7,500㎡ 이상인 것 | 사업의 허가 전 |
| | 다. 「습지보전법」 제8조제2항에 따른 습지개선지역의 경우 사업계획 면적이 7,500㎡ 이상인 것 | 사업의 허가 전 |
| 7. 「수도법」, 「하천 법」, 「소하천정비 법」 및 「지하수법」 적용지역 | 가. 「수도법」 제3조제7호에 따른 광역상수도가 설치 된 호소(湖沼)의 경계면(계획홍수위를 기준으로 한다)으로부터 상류로 1㎞ 이내인 지역(팔당댐 상 류의 남한강 · 북한강의 경우에는 환경정책기본 법 제38조제1항에 따라 지정된 특별대책지역 I 권역으로서 「한강수계 상수원 수질개선 및 주민 지원 등에 관한 법률」 제4조제1항제1호에 따른 수 변구역의 지정대상이 되는 지역의 경계선 이내의 지역으로 한다)의 경우 사업계획 면적이 7,500㎡ (「주택법」 제2조제2호에 따른 공동주택의 경우에 는 5,000㎡) 이상인 것 | 사업의 허가 전 |
| | 나. 「하천법」 제2조제2호에 따른 하천구역의 경우 사 업계획 면적이 10,000㎡ 이상인 것 | 사업의 허가 전 |
| | 다. 「소하천정비법」 제2조제2호에 따른 소하천구역의 경우 사업계획 면적이 7,500㎡ 이상인 것 | 사업의 허가 전 |
| | 라. 「지하수법」 제2조제3호에 따른 지하수보전구역의 경우 사업계획 면적이 5,000㎡ 이상인 것 | 사업의 허가 전 |
| 8. 「초지법」 적용 지역 | 「초지법」 제5조제1항에 따른 초지조성허가 신청의 경 우 사업계획 면적이 30,000㎡ 이상인 것 | 사업의 허가 전 |
| 9. 그 밖의 개발사업 | 사업계획 면적이 제1호부터 제8호까지의 규정에 따 른 최소 소규모 환경영향평가 대상 면적의 60% 이 상인 개발사업 중 환경오염, 자연환경훼손 등으로 지역균형발전과 생활환경이 파괴될 우려가 있는 사 업으로서 시 · 도 또는 시 · 군 · 구의 조례로 정하 는 사업과 관계행정기관의 장이 미리 시 · 도 또는 시 · 군 · 구 환경보전자문위원회의 의견을 들어 소규 모 환경영향평가가 필요하다고 인정한 사업 | 사업의 허가 전 |

비고
1. 환경부장관과 협의를 거쳐 확정된 최하위 실행계획성격의 개발기본계획(「국토의 계획 및 이용에 관한 법률」 제2조제4호마목에 따른 지구단위계획구역의 지정 · 변경 또는 지구단위계획에 관한 도시 · 군관리계획의 경우에는 지구단위계획을 말한다)에 정해진 지역에서의 개발사업은 소규모 환경영향평가 대상에서 제외한다.
2. 위 표에 따른 소규모 환경영향평가 대상이 중복되는 경우에는 중복하여 검토하지 않으며, 하나의 개발사업이 위 표 제1호 및 제4호에 해당될 때에는 위 표 제1호를 적용한다.
3. 다른 법령에서 이 법에 따른 소규모 환경영향평가를 하도록 규정하고 있는 사업은 소규모 환경영향평가를 하여야 하는 사업으로 본다.
4. 「산림자원의 조성 및 관리에 관한 법률」 제22조 및 제23조에 따른 산림의 조성 · 육성 · 벌채 및 병해충구제 등 산림사업, 「사방사업법」 제2조제2호에 따른 사방사업, 「농지법」 제21조에 따른 토양의 개량 · 보전을 위한 사업, 「농어촌정비법」 제2조제5호나목에 따른 농업생산기반개량사업, 「재난구호 및 재난복구 비용부담기준 등에 관한 규정」 제3조제6호의 기능복원사업은 위 표의 소규모 환경영향평가대상에서 제외한다.
5. 위 표 제1호의 지역 중 농림지역 및 관리지역에서의 「농어촌정비법」 제2조제4호에 따른 농어촌정비사업에 대해서는 그 소규모 환경영향평가대상이 되는 규모를 환경부장관이 따로 정하여 고시할 수 있다.
6. 별표 2 제2호나목1)에 따른 공장 건축이 가능한 지역의 지정에 대하여 전략환경영향평가를 한 경우에는 그 지역에 설립되는 개별 공장은 소규모 환경영향평가 대상에서 제외한다.
7. 위 표 제1호의 지역 중 「가축분뇨의 관리 및 이용에 관한 법률」 제2조제3호 및 제8호에 따른 가축분뇨의 배출시설 및 처리시설과 가축사육 부지면적의 합계가 5,000제곱미터 이상이 되는 경우에는 소규모 환경영향평가대상에 포함한다.
8. 위 표 제4호는 「산지관리법」 제14조 또는 제25조에 따른 산지전용허가 또는 토석채취허가(이하 이 호에서 "산지전용허가등"이라 한다)만을 받아 시행하는 사업으로 한정하여 적용하고, 개발사업지역 안에서 산지전용허가등과 함께 「건축법」 등 다른 법률에 따른 허가를 받아 시행하는 사업의 경우에는 위 표 제4호를 적용하지 아니하고, 위 표 제1호부터 제3호까지 및 제5호부터 제7호까지를 적용한다.
9. 개발사업이 보전이 필요한 지역에 따른 개발사업의 종류 · 규모란의 지역 · 지구 · 구역 · 지구 등 지역의 구분(이하 "용도지역"이라 한다) 중 둘 이상의 용도지역에 걸쳐 있는 경우에는 다음 계산식에 따라 산출한 수치의 합이 1 이상이면 위 표에 따른 소규모 환경영향평가대상에 포함한다.

$$\frac{\text{해당 용도지역의 사업계획 면적}}{\text{해당 용도지역의 최소 소규모 환경영향평가 대상면적}} + \frac{\text{해당 용도지역의 사업계획 면적}}{\text{해당 용도지역의 최소 소규모 환경영향평가 대상면적}} + \cdots\cdots$$

10. 「수목원 조성 및 진흥에 관한 법률」 제2조제1호에 따른 수목원을 조성하는 사업의 경우 소규모 환경영향평가 대상면적은 토지의 형질변경, 흙 · 돌 등의 채취, 건축물 설치 등 실질적으로 개발이 되는 면적을 기준으로 한다.
11. 같은 사업자(사업자가 시장 · 군수 · 구청장인 경우는 제외한다)가 이미 허가를 받은 지역과 직선거리 50m 이내의 지역에서 허가를 받으려는 경우에는 이미 허가를 받은 면적과 추가로 허가를 받으려는 면적의 합이 최소 소규모 환경영향평가 대상면적 이상이고, 추가로 허가를 받으려는 면적이 최소 소규모 환경영향평가 대상면적의 30퍼센트 이상인 경우(여러 번의 변경으로 최소 소규모 환경영향평가 대상면적의 30퍼센트 이상 증가하는 경우를 포함한다) 이를 소규모 환경영향평가 대상에 포함한다.
12. 개발사업의 종류 · 규모 중 사업의 규모는 협의 요청시기란 중 허가를 받으려는 사업의 규모를 말한다.

# CHAPTER 20

# 농지의 전용

## 농지의 전용

### 농지의 전용허가

"농지의 전용"이란 농지를 농작물의 경작이나 다년생식물의 재배 등 농업생산 또는 농지개량 외의 용도로 사용하는 것을 말하며, 농지를 공장부지, 전원주택부지 등으로 개발하려면 즉, 전용하려면 농림축산식품부장관의 허가를 받아야 한다.

### 농지의 허가 · 협의 (농지법 제34조)

① 농지를 전용하려는 자는 다음 각 호의 어느 하나에 해당하는 경우

외에는 농림축산식품부장관의 허가를 받아야 한다. 허가받은 농지의 면적 또는 경계 등 중요 사항을 변경하려는 경우에도 또한 같다.

1. 다른 법률에 따라 농지전용허가가 의제되는 협의를 거쳐 농지를 전용하는 경우

2. 「국토의 계획 및 이용에 관한 법률」에 따른 도시지역 또는 계획관리지역에 있는 농지로서 제2항에 따른 협의를 거친 농지나 제2항제1호 단서에 따라 협의 대상에서 제외되는 농지를 전용하는 경우

3. 제35조에 따라 농지전용신고를 하고 농지를 전용하는 경우

4. 「산지관리법」 제14조에 따른 산지전용허가를 받지 아니하거나 같은 법 제15조에 따른 산지전용신고를 하지 아니하고 불법으로 개간한 농지를 산림으로 복구하는 경우

5. 「하천법」에 따라 하천관리청의 허가를 받고 농지의 형질을 변경하거나 공작물을 설치하기 위하여 농지를 전용하는 경우

② 주무부장관이나 지방자치단체의 장은 다음 각 호의 어느 하나에 해당하면 대통령령으로 정하는 바에 따라 농림축산식품부장관과 미리 농지전용에 관한 협의를 하여야 한다.

1. 「국토의 계획 및 이용에 관한 법률」에 따른 도시지역에 주거지역·상업지역 또는 공업지역을 지정하거나 도시·군계획시설을 결정할 때에 해당 지역 예정지 또는 시설 예정지에 농지가 포함되어 있는 경우. 다만, 이미 지정된 주거지역·상업지역·공업지역을 다른 지역으로 변경하거나 이미 지정된 주거지

역·상업지역·공업지역에 도시·군계획시설을 결정하는 경우는 제외한다.

1의2. 「국토의 계획 및 이용에 관한 법률」에 따른 계획관리지역에 지구단위계획구역을 지정할 때에 해당 구역 예정지에 농지가 포함되어 있는 경우

2. 「국토의 계획 및 이용에 관한 법률」에 따른 도시지역의 녹지지역 및 개발제한구역의 농지에 대하여 같은 법 제56조에 따라 개발행위를 허가하거나 「개발제한구역의 지정 및 관리에 관한 특별조치법」 제12조제1항 각 호 외의 부분 단서에 따라 토지의 형질변경허가를 하는 경우


## 농지전용허가의 심사 (농지전용업무처리규정 제6조)

① 농지법 제34조에 따른 농지전용허가(협의) 요청이 있는 경우 다음 각 호의 심사기준에 따라 심사하여야 한다.

1. 농지법 제32조(농업진흥지역안의 농지인 경우에 한한다) 및 농지법 제37조에 위배되지 아니할 것

2. 다음 각 목의 사항 등을 참작할 때 전용하려는 농지가 전용목적사업에 적합하게 이용될 수 있을 것으로 인정될 것

   가. 시설의 규모 및 용도의 적정성

   나. 건축물의 건축에 해당하는 경우에는 도로·수도 및 하수도의 설치 등 해당 지역의 여건

3. 다음 각 목의 사항 등을 참작할 때 전용하려는 농지의 면적이

268

전용목적사업의 실현을 위하여 적정한 면적일 것

　가.「건축법」의 적용을 받는 건축물의 건축 또는 공작물의 설치
　　에 해당하는 경우에는 건폐율 등「건축법」의 규정

　나. 건축물 또는 공작물의 기능·용도 및 배치계획

4. 다음 각 목의 사항 등을 참작할 때 전용하려는 농지를 계속하
여 보전할 필요성이 크지 아니할 것

　가. 경지정리 및 수리시설 등 농업생산기반정비사업 시행 여부

　나. 해당 농지가 포함된 지역농지의 집단화 정도

　다. 해당 농지의 전용으로 인하여 인근 농지의 연쇄적인 전용
　　등 농지잠식 우려가 있는지의 여부

　라. 해당 농지의 전용으로 인근농지의 농업경영 환경을 저해할
　　우려가 있는지의 여부

　마. 해당 농지의 전용으로 인하여 농지축이 절단되거나 배수가
　　변경되어 물의 흐름에 지장을 주는지의 여부

5. 해당 농지의 전용이 인근 농지의 농업경영과 농어촌생활환경
의 유지에 피해가 없을 것. 다만, 그 피해가 예상되는 경우에는
다음 각 목의 사항 등을 참작할 때 그 피해방지계획이 타당하
게 수립되어 있을 것

　가. 해당 농지의 전용이 농지개량시설 또는 도로의 폐지·변경
　　을 수반하는 경우 예상되는 피해 및 피해방지계획의 적정성

　나. 해당 농지의 전용이 토사의 유출, 폐수의 배출, 악취·소음
　　의 발생을 수반하는 경우 예상되는 피해 및 피해방지계획의
　　적정성

다. 해당 농지의 전용이 인근농지의 일조 · 통풍 · 통작(通作)에 현저한 지장을 초래하는 경우 그 피해방지계획의 적정성

6. 해당 농지의 전용이 용수의 취수를 수반하는 경우 그 시기 · 방법 · 수량 등이 농수산업 또는 농어촌생활환경 유지에 피해가 없을 것. 다만, 그 피해가 예상되는 경우에는 피해방지계획이 타당하게 수립되어 있을 것

7. 사업계획 및 자금조달계획이 전용목적사업의 실현에 적합하도록 수립되어 있을 것

② 시 · 도지사 또는 시장 · 군수 · 구청장이 관할청에 농지전용허가신청서를 송부하기 위하여 심사의견서를 작성하고자 할 때에는 제1항에 따라 심사를 하여야 한다.

## 농지전용허가의 심사결과 처리기준 (농지전용업무처리규정 제7조)

① 관할청은 제5조 및 제6조에 따라 심사결과 다음 각 호의 어느 하나에 해당하는 경우에는 법 제37조제2항 및 시행령 제33조제2항에 따라 원칙적으로 전용허가를 하여서는 아니 된다.

1. 농지법 제32조 및 농지법시행령 제44조에 따른 농지전용 제한 사항에 해당하는 경우

■ 농지법 제32조(용도구역에서의 행위 제한)

① 농업진흥구역에서는 농업 생산 또는 농지 개량과 직접적으로 관련되지 아니한 토지이용행위를 할 수 없다. 다만, 다음 각 호의 토지이용행위는 그러하지 아니하다.

1. 대통령령으로 정하는 농수산물(농산물·임산물·축산물·수산물을 말한다. 이하 같다)의 가공·처리 시설의 설치 및 농수산업(농업·임업·축산업·수산업을 말한다. 이하 같다) 관련 시험·연구 시설의 설치

2. 어린이놀이터, 마을회관, 그 밖에 대통령령으로 정하는 농업인의 공동생활에 필요한 편의 시설 및 이용 시설의 설치

3. 농업인 주택, 어업인 주택이나 그 밖에 대통령령으로 정하는 농업용 시설, 축산업용 시설 또는 어업용 시설의 설치

4. 국방·군사 시설의 설치

5. 하천, 제방, 그 밖에 이에 준하는 국토 보존 시설의 설치

6. 문화재의 보수·복원·이전, 매장 문화재의 발굴, 비석이나 기념탑, 그 밖에 이와 비슷한 공작물의 설치

7. 도로, 철도, 그 밖에 대통령령으로 정하는 공공시설의 설치

8. 지하자원 개발을 위한 탐사 또는 지하광물 채광(採鑛)과 광석의 선별 및 적치(積置)를 위한 장소로 사용하는 행위

9. 농어촌 소득원 개발 등 농어촌 발전에 필요한 시설로서 대통령령으로 정하는 시설의 설치

② 농업보호구역에서는 다음 각 호 외의 토지이용행위를 할 수 없다.

1. 제1항 각 호에 따른 토지이용행위

2. 농업인 소득 증대에 필요한 시설로서 대통령령으로 정하는 건축물·공작물, 그 밖의 시설의 설치

3. 농업인의 생활 여건을 개선하기 위하여 필요한 시설로서 대통령령으로 정하는 건축물·공작물, 그 밖의 시설의 설치

③ 농업진흥지역 지정 당시 관계 법령에 따라 인가·허가 또는 승인 등을 받거나 신고하고 설치한 기존의 건축물·공작물과 그 밖의 시설에 대하여는 제1항과 제2항의 행위 제한 규정을 적용하지 아니한다.

④ 농업진흥지역 지정 당시 관계 법령에 따라 다음 각 호의 행위에 대하여 인가·허가·승인 등을 받거나 신고하고 공사 또는 사업을 시행 중인 자(관계 법령에 따라 인가·허가·승인 등을 받거나 신고할 필요가 없는 경우에는 시행 중인 공사 또는 사업에 착수한 자를 말한다)는 그 공사 또는 사업에 대하여만 제1항과 제2항의 행위 제한 규정을 적용하지 아니한다.

1. 건축물의 건축

2. 공작물이나 그 밖의 시설의 설치

3. 토지의 형질변경

4. 그밖에 제1호부터 제3호까지의 행위에 준하는 행위

- **농지법 시행령 제44조(농지전용허가의 제한대상시설)**

① 법 제37조제1항제1호에서 "대통령령으로 정하는 시설"이란 다음 각 호의 시설을 말한다.

1. 「대기환경보전법 시행령」 별표 1에 따른 1종사업장부터 4종사업장까지의 사업장에 해당하는 시설. 다만, 미곡종합처리장의 경우에는 3종사업장 또는 4종사업장에 해당하는 시설을 제외한다.

2. 「대기환경보전법 시행령」 별표 1에 따른 5종사업장에 해당하는 시설 중 「대기환경보전법」 제2조제9호에 따른 특정대기유해물질을 배출하는 시설. 다만, 「자원의 절약과 재활용촉진에 관한 법률」 제2조제6호에 따른 재활용시설, 「폐기물관리법」 제2조제8호에 따른 폐기물처리시설 및 「의료법」 제17조에 따른 세탁물의 처리시설을 제외한다.

② 법 제37조제1항제2호에서 "대통령령으로 정하는 시설"이란 다음 각 호의 시설을 말한다.

1. 「수질 및 수생태계 보전에 관한 법률 시행령」 별표 13에 따른 1종사업장부터 4종사업장까지의 사업장에 해당하는 시설

2. 「수질 및 수생태계 보전에 관한 법률 시행령」 별표 13에 따른 5종사업장에 해당하는 시설 중 농림축산식품부령으로 정하는 시설. 다만, 「자원의 절약과 재활용촉진에 관한 법률」 제2조제6호에 따른 재활용시설, 「폐기물관리법」 제2조제8호에 따른 폐기물처리시설 및 「농수산물유통 및 가격안정에 관한 법률」 제2조제5호에 따른 농수산물공판장 중 축산물공판장을 제외한다.

③ 법 제37조제1항제3호에서 "대통령령으로 정하는 시설"이란 다음 각 호의 시설을 말한다.

1. 「건축법 시행령」 별표 1 제2호가목, 제3호나목, 제4호가목(일반음식점에 한한다)·나목·사목(이 영 제29조제2항제1호 및 제29조제7항제3호·제4호의 시설을 제외한다)·차목, 제5호, 제8호, 제10호다목·라목·바목, 제14호, 제15호(「제주특별자치도 설치 및 국제자유도시 조성을 위한 특별법」 제174조제1항에 따른 1천제곱미터 이하의 휴양펜션업 시설을 제외한다)·제16호, 제20호나목부터 바목까지 및 제27호에 해당하는 시설

2. 「건축법 시행령」 별표 1 제1호, 제3호가목·다목부터 바목까지·자목, 제4호가목(일반음식점을 제외한다)·다목부터 바목까지·아목·자목·카목·타목, 제6호, 제11호, 제12호, 제13호, 제19호, 제20호가목·사목·아목 및 제26호에 해당하는 시설로서 그 부지로 사용하려는 농지의 면적이 1,000㎡를 초과하는 것

3. 「건축법 시행령」 별표 1 제2호나목 및 다목에 해당하는 시설로서 그 부지로 사용하려는 농지의 면적이 15,000㎡를 초과하는 것

4. 「건축법 시행령」 별표 1 제7호가목 · 나목, 제17호, 제18호에 해당하는 시설 및 「농어촌정비법」 제2조제16호나목에 따른 관광농원사업의 시설로서 그 부지로 사용하려는 농지의 면적이 30,000㎡를 초과하는 것

5. 제1호부터 제4호까지의 규정에 해당되지 아니하는 시설로서 그 부지로 전용하려는 농지의 면적이 10,000㎡를 초과하는 것. 다만, 그 시설이 법 제32조제1항제3호부터 제8호까지의 규정에 따라 농업진흥구역에 설치할 수 있는 시설, 도시 · 군계획시설, 「농어촌정비법」 제101조에 따른 마을정비구역으로 지정된 구역에 설치하는 시설, 「도로법」 제3조에 따른 도로부속물 중 고속국도관리청이 설치하는 고속국도의 도로부속물 시설, 「자연공원법」 제2조제10호에 따른 공원시설 및 「체육시설의 설치 · 이용에 관한 법률」 제3조에 따른 골프장에 해당되는 경우를 제외한다.

6. 그 밖에 해당 지역의 농지규모 · 농지보전상황 등 농업여건을 감안하여 시(특별시 및 광역시를 포함한다) · 군의 조례로 정하는 농업의 진흥이나 농지의 보전을 저해하는 시설

④ 같은 부지 안에 제3항제2호부터 제5호까지의 규정에 해당하는 시설을 함께 설치하는 경우 그 면적은 가장 넓은 면적을 적용한다.

⑤ 제3항 각 호 및 제4항에 따른 전용제한면적을 적용함에 있어서 해당 시설을 설치하는 자가 동시 또는 수차에 걸쳐 그 시설이나 그 시설과 같은 종류의 시설의 부지로 사용하기 위하여 연접하여 농지를 전용하는 경우에는 그 전용하려는 농지의 면적과 그 농지전용허가신청일 이전 5년간 연접하여 전용한 농지면적을 합산한 면적을 해당 시설의 부지면적으로 본다.

⑥ 법 제34조제1항 후단에 따른 변경허가(농지전용면적이 증가하지 아니하는 경우에 한한다) 또는 법 제40조에 따른 용도변경의 승인을 함에 있어서 1996년 12월 31일 이전에 농지전용허가(다른 법률에 따라 농지전용허가가 의제되는 협의를 포함한다)를 받거나 농지전용신고를 한 농지에 대하여는 제3항부터 제5항까지의 규정에도 불구하고 1996년 12월 31일 당시에 적용되던 제한기준을 적용한다.

2. 전용하고자 하는 농지가 농업생산기반이 정비되어 있거나 농업생산기반정비사업의 시행예정지역으로 편입되어 우량농지로 보전할 필요성이 있는 경우

3. 해당 농지의 전용 또는 타용도일시사용이 일조 · 통풍 · 통작에 현저한 지장을 초래하거나 농지개량시설의 폐지를 수반하여 인근 농지의 농업경영에 현저한 영향을 미치는 경우

4. 해당 농지의 전용 또는 타용도일시사용에 따른 토사의 유출 등으로 인근 농지 또는 농업기반시설을 손괴할 우려가 있는 경우

5. 전용목적의 실현을 위한 사업계획 및 자금조달계획이 불확실한 경우

6. 전용하려는 면적이 전용목적 실현을 위한 면적보다 과다한 경우

② 시 · 도지사가 전용허가를 하는 경우에는 시장 · 군수 · 구청장이 제출한 심사의견서를 참작하여 심사를 하여야 한다.

# CHAPTER 21

# 농업진흥지역 농지의 개발

## 농지의 구분

### 농업진흥지역

농지는 농지법에서 크게 농업진흥지역과 농업진흥지역 밖에 있는 농지로 구분하며 실무에서 해당여부는 토지이용계획확인서를 보고 판단한다. 농업진흥지역은 다시 세분류로 농업진흥구역과 농업보호구역으로 구분한다. 농업진흥지역으로 지정되지 않은 농지를 농업진흥지역 밖 농지라 한다.

### 농업진흥지역의 지정

시·도지사는 농지를 효율적으로 이용하고 보전하기 위하여 농업진흥지역을 지정할 수 있다. 농업진흥지역은 용도지역기준으로 녹지지역·관리지역 · 농림지역 및 자연환경보전지역에 지정이 된다. 다만, 특별시의 녹지지역은 제외한다. 바꾸어 얘기하면 도시지역의 주거지역 · 상업지역 · 공업지역의 농지는 농업진흥지역으로 지정되지 않는다.

## 농업진흥지역과 절대농지

농업진흥지역은 농지를 효율적으로 이용하고 보존하기 위하여 지정되며, 「농지법」 시행 전의 절대농지와 비슷한 개념이기 때문에 요즘도 절대농지라고 표현하는 사람들이 많다. 그러나, 절대농지와 상대농지는 농지를 필지별로 구분하여 지정한 데 반하여, 농업진흥지역은 한 단계 진보하여 농지를 권역별로 지정했다는 데 차이가 있다.

> ■ **농지의 보전 및 이용에 관한법률**
> • 1973.1.1~1995.12.31 시행
> • 농지를 절대농지와 상대농지로 구분
> • 절대농지라 함은 공공투자에 의하여 조성된 농지, 농업기반이 정비된 농지, 집단화된 농지로서 농수산부장관이 지정한 농지를 말한다
> • 상대농지라 함은 절대농지 이외의 농지를 말한다

## 농업진흥지역 안팎의 구분

농업진흥지역 안팎의 구분은 토지이용계획확인서를 보고 판단한다. 농지는 농업진흥지역은 표시가 되지만 농업진흥지역 밖은 별도로 표시되지 않는다. 토지이용계획확인서에 농업진흥지역 안에 있는 농지는 '다른 법령 등에 따른 지역지구' 항목에서 '농업진흥구역〈농지법〉' 또는 '농업보호구역〈농지법〉'이라고 구체적으로 표시되어 있다.

# 농업진흥지역 농지의 개발

## 농업진흥구역에서 할 수 있는 행위

 농업진흥구역 농지

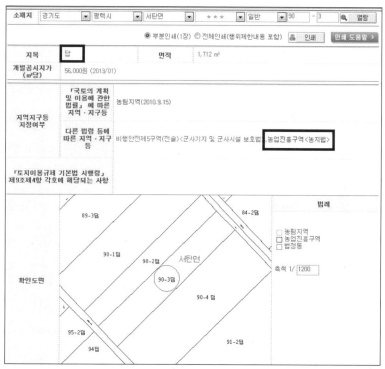

➡ 농지로서 토지이용계획확인서의 「다른 법령 등에 따른 지역·지구 등」 란에 '농업진흥구역〈농지법〉'으로 표시되어 있는 것이 농업진흥지역의 농업진흥구역 농지이다.

농업진흥구역은 농지조성사업 또는 농업기반정비사업이 시행되었거나 시행 중인 지역으로서 농업용으로 이용하고 있거나 이용할 토지가 집단화되어 있는 지역이나, 그 외의 지역으로서 농업용으로 이용하고 있는 토지가 집단화되어 있는 지역을 말한다. 실무에서는 토지이용계획확인서에 '농업진흥구역'이라고 구체적으로 표시되어 있다. 농업진흥구역 토지를 활용하여 개발할 수 있는 행위는 농지법제32조 및 농지법시행령제29조에 열거되어 있으며 다음과 같은 행위들이 허용되고 있다.

1. 농 · 림 · 수 · 축산물의 가공 · 처리시설 및 농림수축산업 관련 시험 · 연구시설의 설치

2. 어린이놀이터 · 마을회관, 기타 농업인의 공동생활의 편익 시설 및 이용시설의 설치

   – 농업인이 공동으로 운영하고 사용하는 창고 · 작업장 · 농기계수리시설 등

   – 경로당 · 보육시설 · 유치원 등 노유자시설 등

3. 농업인 주택, 기타 법령이 정하는 농업용 또는 축산업용 시설의 설치 또는 어업용 시설의 설치

4. 국방 · 군사시설의 설치.

5. 하천, 제방, 기타 이에 준하는 국토보존시설의 설치

6. 문화재의 보수 · 복원 · 이전 또는 매장문화재의 발굴, 비석 · 기념탑, 기타 이와 유사한 공작물의 설치

7. 도로 · 철도 · 전기공급시설, 기타 법령이 정하는 공공시설의 설치 : 태양광발전소

8. 지하자원의 개발을 위한 탐사 및 지하광물의 채광과 광석의 선별

및 적치를 위한 장소로 사용하는 행위

9. 농어촌 소득원의 개발 등 농어촌 발전을 위하여 필요한 시설의 설치

## 농업보호구역에서 할 수 있는 행위

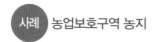 농업보호구역 농지

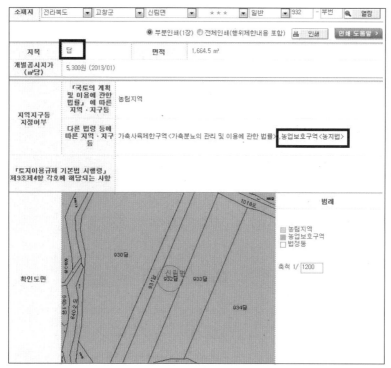

▸ 농지로서 토지이용계획확인서의「다른 법령 등에 따른 지역 · 지구 등」란에 '농업보호구역〈농지법〉'으로 표시되어 있는 것이 농업진흥지역의 농업보호구역 농지이다.

농업보호구역은 농업진흥구역의 용수 확보와 수질 보전을 위해 지정된 지역을 말한다. 현장에서는 집단화된 농업진흥구역의 주변이나 하단에 많이 지정되어 있으며, 실무에서는 토지이용계획확인서에 농업보호구역 이라고 구체적으로 표시되어 있다. 농업보호구역 토지를 활용하여 개발 할 수 있는 행위도 농지법제32조 및 농지법시행령제29조에 열거되어 있다. 농업진흥구역에서 허용되는 행위를 포함하여 다음과 같은 행위들이 허용되고 있다.

1. 농업진흥구역에서 허용되는 행위
2. 관광농원사업으로 설치하는 시설로서 그 부지가 20,000㎡ 미만인 것
3. 주말농원사업으로 설치하는 시설로서 그 부지가 3,000㎡ 미만인 것
4. 「신에너지 및 재생에너지 개발·이용·보급 촉진법」 제2조제1호가 목에 따른 태양에너지를 이용하는 발전설비
5. 다음에 해당하는 시설로서 그 부지가 1,000㎡ 미만인 것
   1) 단독주택
   2) 「건축법 시행령」 별표 1 제3호 가목, 라목 부터 사목까지 및 자 목에 해당하는 시설

■ 「건축법 시행령」 별표 1 제3호 : 제1종 근린생활시설

가. 수퍼마켓과 일용품(식품 · 잡화 · 의류 · 완구 · 서적 · 건축자재 · 의약품 · 의료기기
　　등)의 소매점으로서 같은 건축물에 해당 용도로 쓰는 바닥면적의 합계가 1,000㎡
　　미만인 것

라. 의원 · 치과의원 · 한의원 · 침술원 · 접골원, 조산원 및 안마원

마. 탁구장 및 체육도장으로서 같은 건축물에 해당 용도로 쓰는 바닥면적의 합계가
　　500㎡ 미만인 것

바. 지역자치센터, 파출소, 지구대, 소방서, 우체국, 방송국, 보건소, 공공도서관, 지역건
　　강보험조합, 그 밖에 이와 비슷한 것으로서 같은 건축물에 해당 용도로 쓰는 바닥
　　면적의 합계가 1,000㎡ 미만인 것

사. 마을회관, 마을공동작업소, 마을공동구판장, 그 밖에 이와 비슷한 것

자. 지역아동센터(단독주택과 공동주택에 해당하지 아니한 것을 말한다)

3) 「건축법 시행령」 별표 1 제4호 가목(일반음식점을 제외한다), 다목, 라목(골프연습장을 제외한다)부터 바목 까지, 아목 및 자목에 해당 하는 시설

■ 「건축법 시행령」 별표 1 제4호 : 제2종 근린생활시설

가. 일반음식점, 기원

다. 서점으로서 제1종 근린생활시설에 해당하지 아니하는 것

라. 테니스장, 체력단련장, 에어로빅장, 볼링장, 당구장, 실내낚시터, 골프연습장, 물놀이형 시설, 그 밖에 이와 비슷한 것으로서 같은 건축물에 해당 용도로 쓰이는 바닥면적의 합계가 500㎡ 미만인 것

마. 공연장(극장, 영화관, 연예장, 음악당, 서커스장, 「영화 및 비디오물의 진흥에 관한 법률」 제2조제16호가목에 따른 비디오물감상실, 같은 호 나목에 따른 비디오물소극장, 그 밖에 이와 비슷한 것을 말한다.) 또는 종교집회장으로서 같은 건축물에 해당 용도로 쓰는 바닥면적의 합계가 300㎡ 미만인 것

바. 금융업소, 사무소, 부동산중개사무소, 결혼상담소 등 소개업소, 출판사, 그 밖에 이와 비슷한 것으로서 같은 건축물에 해당 용도로 쓰는 바닥면적의 합계가 500㎡ 미만인 것

아. 「게임산업진흥에 관한 법률」 제2조제6호의2가목에 따른 청소년게임제공업의 시설 및 같은 조 제8호에 따른 복합유통게임제공업의 시설(청소년 이용 불가 게임물을 제공하는 경우는 제외한다)로서 같은 건축물에 그 용도로 쓰는 바닥면적의 합계가 500㎡ 미만인 것과 같은 조 제7호에 따른 인터넷컴퓨터게임시설제공업의 시설로서 같은 건축물에 그 용도로 쓰는 바닥면적의 합계가 300㎡ 미만인 것

자. 사진관, 표구점, 학원(같은 건축물에 해당 용도로 쓰는 바닥면적의 합계가 500㎡ 미만인 것만 해당되며, 자동차학원 및 무도학원을 제외한다), 직업훈련소(같은 건축물에 해당 용도로 쓰는 바닥면적의 합계가 500㎡ 미만인 것을 말하되, 운전 · 정비 관련 직업훈련소는 제외한다), 장의사, 동물병원, 독서실, 총포판매사, 그 밖에 이와 비슷한 것

6. 변전소, 양수장, 정수장, 대피소, 공중화장실, 그밖에 이와 비슷한 것으로서 그 부지가 3,000㎡ 미만인 것

## 농지법에 의하여 허용되는 건축물의 건폐율 완화

농업진흥지역에서 농지법 제32조제1항(농업진흥구역에서 허용되는 행위)에 의하여 허용되는 건축물을 건축하는 경우에는 건폐율을 우대해 준다. 경기도 광주, 이천 등에서는 농업보호구역의 농지는 농업용 창고로 허가를 받아 개발된 것을 많이 볼 수 있으며, 또한, 농업관련 시설이기 때문에 건폐율도 20%가 아닌 50%까지 적용을 받아 건축할 수 있다.

> ■ 경기 이천시 도시계획조례 제56조(농지법에 따른 허용되는 건축물의 건폐율 완화)
> 보전관리지역 · 생산관리지역 · 농림지역 또는 자연환경보전지역에「농지법」제32조제1항에 따라 허용되는 건축물의 건폐율은 60% 이하로 한다.

# 농업진흥지역 밖 농지의 개발

■ 농업진흥지역 밖 농지 사례

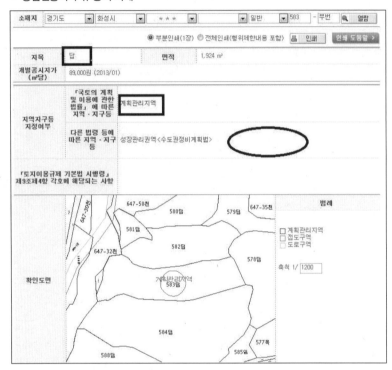

▶ 농지로서 토지이용계획확인서의 「다른 법령 등에 따른 지역·지구 등」 란에 농업진흥구역이나 농업보호구역으로 별도의 표시가 없는 것이 농업진흥지역 밖의 농지이다.

농업진흥지역 밖의 농지는 용도지역을 기준으로 어떤 건축물로 개발할 수 있을 것인가를 판단 한다. 즉, 해당 농지의 용도지역이 '계획관리지역'으로 표시가 되어 있으므로 계획관리지역에서 허용되는 건폐율·용적률·건축할 수 있는 건축물 세 가지를 적용하여 해당 토지를 개발할 수 있는 것이다. 용도지역별 농지의 농지의 개발 편에서 자세하게 설명되어 진다.

CHAPTER 22

# 용도지역별
# 농지의 개발

## 용도지역이란?

"용도지역"이란 토지의 이용 및 건축물의 용도, 건폐율, 용적률, 높이 등
을 제한함으로써 토지를 경제적 · 효율적으로 이용하고 공공복리의 증진
을 도모하기 위하여 서로 중복되지 아니하게 도시 · 군관리계획으로 결정
하는 지역을 말한다. 토지 투자의 입장에서 정리하면 용도지역이 무엇이
냐에 따라서 해당 토지에서의 ① 건폐율, ② 용적률, ③ 건축물의 용도(건
축할 수 있는 건축물), ④ 높이 등이 결정된다. 따라서 투자하고자 하는 토지
또는 농지에서의 건축제한을 확인하려면 반드시 용도지역을 먼저 확인하
여야 한다.

## 국토계획법에 의한 21개 용도지역

### 🔽 21개 용도지역과 건폐율 · 용적률 · 건축가능한 건축물

| 구분 | 용도지역 | | 건폐율 | 용적률 | 건축 가능한 건축물 |
|---|---|---|---|---|---|
| 1 | 제1종전용주거지역 | 주 | 50% 이하 | 50% 이상 100% 이하 | 시 · 군 도시계획조례 에서 결정 |
| 2 | 제2종전용주거지역 | | 50% 이하 | 100% 이상 150% 이하 | |
| 3 | 제1종일반주거지역 | | 60% 이하 | 100% 이상 200% 이하 | |
| 4 | 제2종일반주거지역 | | 60% 이하 | 150% 이상 250% 이하 | |
| 5 | 제3종일반주거지역 | | 50% 이하 | 200% 이상 300% 이하 | |
| 6 | 준주거지역 | | 70% 이하 | 200% 이상 500% 이하 | |
| 7 | 중심상업지역 | 상 | 90% 이하 | 400% 이상 1,500% 이하 | |
| 8 | 일반상업지역 | | 80% 이하 | 300% 이상 1,300% 이하 | |
| 9 | 근린상업지역 | | 70% 이하 | 200% 이상 900% 이하 | |
| 10 | 유통상업지역 | | 80% 이하 | 200% 이상 1,100% 이하 | |
| 11 | 전용공업지역 | 공 | 70% 이하 | 150% 이상 300% 이하 | |
| 12 | 일반공업지역 | | 70% 이하 | 200% 이상 350% 이하 | |
| 13 | 준공업지역 | | 70% 이하 | 200% 이상 400% 이하 | |
| 14 | 보전녹지지역 | 녹 | 20% 이하 | 50% 이상 80% 이하 | |
| 15 | 생산녹지지역 | | 20% 이하 | 50% 이상 100% 이하 | |
| 16 | 자연녹지지역 | | 20% 이하 | 50% 이상 100% 이하 | |
| 17 | 보전관리지역 | 관 | 20% 이하 | 50% 이상 80% 이하 | |
| 18 | 생산관리지역 | | 20% 이하 | 50% 이상 80% 이하 | |
| 19 | 계획관리지역 | | 40% 이하 | 50% 이상 100% 이하 | |
| 20 | 농림지역 | 농 | 20% 이하 | 50% 이상 80% 이하 | |
| 21 | 자연환경보전지역 | 자 | 20% 이하 | 50% 이상 80% 이하 | |

## 1. 도 · 관 · 농 · 자

대한민국의 국토는 국토계획법에 의하여 다음과 같이 도 · 관 · 농 · 자 4
대 용도지역으로 지정하여 관리하고 있다. 도시지역은 다시 주 · 상 ·
공 · 녹 4가지로 구분하고, 관리지역은 보전관리지역, 생산관리지역, 계획관리지역으로 구분한다.

## 토지투자 대상 8가지 용도지역

녹지지역, 관리지역, 농림지역, 자연환경보전지역 농지는 ① 토지의 외
관이 농지나 임야가 7할을 차지하고 ② 도로나 배수로 등 기반시설이 미
비하고 ③ 건폐율이 20%에 불과하고(개발용도인 계획관리지역은 40%) ④ 건축
물의 높이가 4층 이하라는 공통점을 가지고 있다.

### 1. 보전녹지지역

도시의 자연환경·경관·산림 및 녹지공간을 보전할 필요가 있는 지역

## 2. 생산녹지지역

주로 농업적 생산을 위하여 개발을 유보할 필요가 있는 지역

## 3. 자연녹지지역

도시의 녹지공간의 확보, 도시확산의 방지, 장래 도시용지의 공급 등을 위하여 보전할 필요가 있는 지역으로서 불가피한 경우에 한하여 제한적인 개발이 허용되는 지역

## 4. 보전관리지역

자연환경 보호, 산림 보호, 수질오염 방지, 녹지공간 확보 및 생태계 보전 등을 위하여 보전이 필요하나, 주변 용도지역과의 관계 등을 고려할 때 자연환경보전지역으로 지정하여 관리하기가 곤란한 지역

## 5. 생산관리지역

농업 · 임업 · 어업 생산 등을 위하여 관리가 필요하나, 주변 용도지역과의 관계 등을 고려할 때 농림지역으로 지정하여 관리하기가 곤란한 지역

## 6. 계획관리지역

도시지역으로의 편입이 예상되는 지역이나 자연환경을 고려하여 제한적인 이용 · 개발을 하려는 지역으로서 계획적 · 체계적인 관리가 필요한 지역

## 7. 농림지역

도시지역에 속하지 아니하는 「농지법」에 따른 농업진흥지역 또는 「산지관리법」에 따른 보전산지 등으로서 농림업을 진흥시키고 산림을 보전하기 위하여 필요한 지역

## 8. 자연환경보전지역

자연환경·수자원·해안·생태계·상수원 및 문화재의 보전과 수산자원의 보호·육성 등을 위하여 필요한 지역

# 허용행위 열거방식과 금지행위열거방식

## 1. 허용행위열거방식(positive system)

용도지역에서 건축할 수 있는 건축할 수 있는 건축물을 판단함에 있어서 해당 용도지역에서 허용되는 건축물을 열거하여 놓은 방식을 말한다. 따라서, 해당 용도지역에서는 열거되어 있는 건축물만이 건축이 허용되고, 열거되어 있지 않은 건축물은 건축이 허용되지 않는다. 토지투자 대상인 녹지지역, 관리지역, 농림지역, 자연환경보전지역에서 계획관리지역 토지 만을 제외하고는 허용행위열거방식을 적용하고 있다.

## 2. 금지행위열거방식(negative system)

용도지역에서 건축할 수 있는 건축할 수 있는 건축물을 판단함에 있어서 해당 용도지역에서 금지되는 건축물을 열거하여 놓은 방식을 말한다. 따

라서, 해당 용도지역에서는 금지되는 건축물로 열거되어 있는 건축물은 건축이 금지되고, 열거되어 있지 않은 건축물은 모두 건축이 허용된다. 허용행위열거방식에 비하여 규제의 완화라는 측면에서의 장점은 있으나 금지된 건축물 외에는 어떤 건축물이라도 허용이 됨으로써 자칫 난개발을 부추길 수 있는 단점이 있다. 과거에 준농림지역에서 이 방식을 적용함으로써 난개발이 심해지자 2003년부터 허용행위열거방식으로 전환하였다가 박근혜정부에서 규제완화차원에서 법을 개정하면서 계획관리지역 토지에서는 다시 금지행위열거방식을 적용하고 있다.

# 보전녹지지역 농지의 개발

## 보전녹지지역 농지의 사례

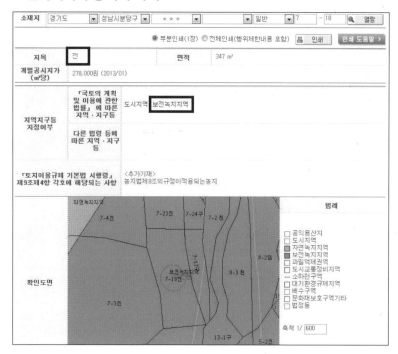

## 농업진흥지역 밖에 있는 농지

해당 농지는 토지이용계획확인서상의 「다른 법령 등에 따른 지역·지구 등」란에 '농업진흥구역〈농지법〉'이나 '농업보호구역〈농지법〉'의 표시가 없으므로 농업진흥지역 밖의 농지에 해당한다.

## 건폐율

국토계획법 및 해당「도시·군 계획조례」에 의하여 건폐율 20% 이하를 적용한다.


## 용적률

국토계획법에 정한 용적률 "50% 이상 80% 이하"의 범위 내에서「도시·군 계획조례」로 정한 용적률을 적용한다. 통상 50% 이하를 많이 적용하고 있다.


## 건축할 수 있는 건축물

- 허용행위 열거방식을 적용하고 있다. 따라서, 아래에서 열거된 건축물을 건축할 수 있으며 열거되지 않은 건축물은 건축할 수 없다.

▣ 여기서 예시하고 있는 용도지역에서 건축할 수 있는 건축물은 국토계획법에 의한 것이다. 따라서, 1항의 건축할 수 있는 건축물은 전국적으로 동일하고, 2항의 도시·군계획조례가 정하는 바에 의하여 건축할 수 있는 건축물은 시·군마다 차이가 있다. 실무를 적용함에 있어서는 반드시 해당「도시·군 계획조례」의 용도지역에서 건축할 수 있는 건축물을 참조하여야 한다.(이하 같다.)


### 1. 건축할 수 있는 건축물

(4층 이하의 건축물에 한한다. 다만, 4층 이하의 범위안에서 도시·군계획조례로 따로 층수를 정하는 경우에는 그 층수 이하의 건축물에 한한다)

가.「건축법 시행령」별표 1 제10호의 교육연구시설 중 초등학교

나.「건축법 시행령」별표 1 제18호가목의 창고(농업·임업·축산업·수산업

용만 해당한다)

다. 「건축법 시행령」 별표 1 제23호의 교정 및 국방 · 군사시설

## 2. 도시 · 군계획조례가 정하는 바에 의하여 건축할 수 있는 건축물

(4층 이하의 건축물에 한한다. 다만, 4층 이하의 범위 안에서 도시 · 군계획조례로 따로

층수를 정하는 경우에는 그 층수 이하의 건축물에 한한다)

가. 「건축법 시행령」 별표 1 제1호의 단독주택(다가구주택을 제외한다)

나. 「건축법 시행령」 별표 1 제3호의 제1종 근린생활시설로서 해당용도
에 쓰이는 바닥면적의 합계가 500제곱미터 미만인 것

다. 「건축법 시행령」 별표 1 제4호의 제2종 근린생활시설 중 종교집회장

라. 「건축법 시행령」 별표 1 제5호의 문화 및 집회시설 중 동호 라목에
해당하는 것

마. 「건축법 시행령」 별표 1 제6호의 종교시설

바. 「건축법 시행령」 별표 1 제9호의 의료시설

사. 「건축법 시행령」 별표 1 제10호의 교육연구시설 중 유치원 · 중학
교 · 고등학교

아. 「건축법 시행령」 별표 1 제11호의 노유자시설

자. 「건축법 시행령」 별표 1 제19호의 위험물저장 및 처리시설 중 액화
석유가스충전소 및 고압가스충전 · 저장소

차. 「건축법 시행령」 별표 1 제21호의 동물 및 식물관련시설(동호 다목 및
라목에 해당하는 것을 제외한다)

카. 「건축법 시행령」 별표 1 제26호의 묘지관련시설

타. 「건축법 시행령」 별표 1 제28호의 장례식장

## 높이

앞의 건축할 수 있는 건축물의 괄호에서 알수 있듯이 4층 이하를 적용하고 있다.

# 생산녹지지역 농지의 개발

## 생산녹지지역 농지 사례

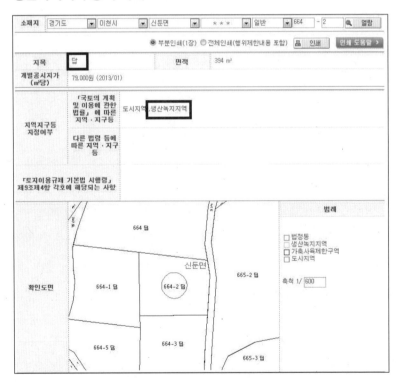

## 농업진흥지역 밖에 있는 농지

해당 농지는 토지이용계획확인서상의 「다른 법령 등에 따른 지역 · 지구 등」란에 '농업진흥구역〈농지법〉' 이나 '농업보호구역〈농지법〉'의 표시가 없으므로 농업진흥지역 밖의 농지에 해당한다.

## 건폐율

국토계획법 및 해당 「도시 · 군 계획조례」에 의하여 건폐율 20% 이하를 적용한다.

## 용적률

국토계획법에 정한 용적률 "50% 이상 100% 이하"의 범위 내에서 「도시 · 군 계획조례」로 정한 용적률을 적용한다.

## 건축할 수 있는 건축물

– 허용행위 열거방식을 적용하고 있다. 따라서, 아래에서 열거된 건축물을 건축할 수 있으며 열거되지 않은 건축물은 건축할 수 없다.

### 1. 건축할 수 있는 건축물

(4층 이하의 건축물에 한한다. 다만, 4층 이하의 범위 안에서 도시 · 군계획조례로 따로 층수를 정하는 경우에는 그 층수 이하의 건축물에 한한다)

가.「건축법 시행령」별표 1 제1호의 단독주택

나.「건축법 시행령」별표 1 제3호의 제1종 근린생활시설

다.「건축법 시행령」별표 1 제10호의 교육연구시설 중 유치원·초등학교

라.「건축법 시행령」별표 1 제11호의 노유자시설

마.「건축법 시행령」별표 1 제12호의 수련시설

바.「건축법 시행령」별표 1 제13호의 운동시설 중 운동장

사.「건축법 시행령」별표 1 제18호가목의 창고(농업·임업·축산업·수산업 용만 해당한다)

아.「건축법 시행령」별표 1 제19호의 위험물저장 및 처리시설 중 액화 석유가스충전소 및 고압가스충전·저장소

자.「건축법 시행령」별표 1 제21호의 동물 및 식물관련시설(동호 다목 및 라목에 해당하는 것을 제외한다)

차.「건축법 시행령」별표 1 제23호의 교정 및 국방·군사시설

카.「건축법 시행령」별표 1 제24호의 방송통신시설

타.「건축법 시행령」별표 1 제25호의 발전시설


2. 도시·군계획조례가 정하는 바에 의하여 건축할 수 있는 건축물

(4층 이하의 건축물에 한한다. 다만, 4층 이하의 범위 안에서 도시·군계획조례로 따로 층수를 정하는 경우에는 그 층수 이하의 건축물에 한한다)

가.「건축법 시행령」별표 1 제2호의 공동주택(아파트를 제외한다)

나.「건축법 시행령」별표 1 제4호의 제2종 근린생활시설로서 해당용도 에 쓰이는 바닥면적의 합계가 1천제곱미터 미만인 것(단란주점을 제외 한다)

다.「건축법 시행령」별표 1 제5호의 문화 및 집회시설 중 동호 나목 및 라목에 해당하는 것

라.「건축법 시행령」별표 1 제7호의 판매시설(농업·임업·축산업·수산업 용에 한한다)

마.「건축법 시행령」별표 1 제9호의 의료시설

바.「건축법 시행령」별표 1 제10호의 교육연구시설 중 중학교·고등학교·교육원(농업·임업·축산업·수산업과 관련된 교육시설로 한정한다)·직업훈련소 및 연구소(농업·임업·축산업·수산업과 관련된 연구소로 한정한다)

사.「건축법 시행령」별표 1 제13호의 운동시설(운동장을 제외한다)

아.「건축법 시행령」별표 1 제17호의 공장 중 도정공장·식품공장(「농어업·농어촌 및 식품산업 기본법」제3조제6호에 따른 농수산물을 직접 가공하여 음식물을 생산하는 것으로 한정한다)·제1차산업생산품 가공공장 및「산업집적활성화 및 공장설립에 관한 법률 시행령」별표 1 제2호마목의 첨단업종의 공장(이하 "첨단업종의 공장"이라 한다)으로서 다음의 어느 하나에 해당하지 아니하는 것

　① 「대기환경보전법」제2조제9호에 따른 특정대기유해물질을 배출하는 것

　② 「대기환경보전법」제2조제11호에 따른 대기오염물질배출시설에 해당하는 시설로서 같은 법 시행령 별표 1에 따른 1종사업장 내지 3종사업장에 해당하는 것

　③ 「수질 및 수생태계 보전에 관한 법률」제2조제8호에 따른 특정수질유해물질을 배출하는 것. 다만, 동법 제34조에 따라 폐수무방

류배출시설의 설치허가를 받아 운영하는 경우를 제외한다.

④ 「수질 및 수생태계 보전에 관한 법률」 제2조제10호에 따른 폐수
  배출시설에 해당하는 시설로서 같은 법 시행령 별표 13에 따른
  제1종사업장부터 제4종사업장까지 해당하는 것

⑤ 「폐기물관리법」 제2조제4호에 따른 지정폐기물을 배출하는 것

자. 「건축법 시행령」 별표 1 제18호가목의 창고(농업·임업·축산업·수산
  업용으로 쓰는 것은 제외한다)

차. 「건축법 시행령」 별표 1 제19호의 위험물저장 및 처리시설(액화석유
  가스충전소 및 고압가스충전·저장소를 제외한다)

카. 「건축법 시행령」 별표 1 제20호의 자동차관련시설 중 동호 사목 및
  아목에 해당하는 것

타. 「건축법 시행령」 별표 1 제21호의 동물 및 식물관련시설 중 동호
  다목 및 라목에 해당하는 것

파. 「건축법 시행령」 별표 1 제22호의 분뇨 및 쓰레기처리시설

하. 「건축법 시행령」 별표 1 제26호의 묘지관련시설

거. 「건축법 시행령」 별표 1 제28호의 장례식장


## 높이

앞의 건축할 수 있는 건축물의 괄호에서 알수 있듯이 4층 이하를 적용하
고 있다.

# 자연녹지지역 농지의 개발

## 자연녹지지역 농지 사례

## 농업진흥지역 밖에 있는 농지

해당 농지는 토지이용계획확인서상의 「다른 법령 등에 따른 지역ㆍ지구 등」란에 '농업진흥구역〈농지법〉' 이나 '농업보호구역〈농지법〉'의 표시가 없으므로 농업진흥지역 밖의 농지에 해당한다.

## 건폐율

국토계획법 및 해당「도시·군 계획조례」에 의하여 건폐율 20% 이하를 적용한다.

## 용적률

국토계획법에 정한 용적률 "50% 이상 100% 이하"의 범위 내에서「도시·군 계획조례」로 정한 용적률을 적용한다.

## 건축할 수 있는 건축물

허용행위 열거방식을 적용하고 있다. 따라서, 아래에서 열거된 건축물을 건축할 수 있으며 열거되지 않은 건축물은 건축할 수 없다.

### 1. 건축할 수 있는 건축물

(4층 이하의 건축물에 한한다. 다만, 4층 이하의 범위 안에서 도시·군계획조례로 따로 층수를 정하는 경우에는 그 층수 이하의 건축물에 한한다)

가.「건축법 시행령」별표 1 제1호의 단독주택

나.「건축법 시행령」별표 1 제3호의 제1종 근린생활시설

다.「건축법 시행령」별표 1 제4호의 제2종 근린생활시설(동호 나목에 해당하는 것과 일반음식점·단란주점 및 안마시술소를 제외한다)

라.「건축법 시행령」별표 1 제9호의 의료시설(종합병원·병원·치과병원 및 한방병원을 제외한다)

마. 「건축법 시행령」별표 1 제10호의 교육연구시설(직업훈련소 및 학원을

제외한다)

바. 「건축법 시행령」별표 1 제11호의 노유자시설

사. 「건축법 시행령」별표 1 제12호의 수련시설

아. 「건축법 시행령」별표 1 제13호의 운동시설

자. 「건축법 시행령」별표 1 제18호가목의 창고(농업·임업·축산업·수산

업용만 해당한다)

차. 「건축법 시행령」별표 1 제21호의 동물 및 식물관련시설

카. 「건축법 시행령」별표 1 제22호의 분뇨 및 쓰레기처리시설

타. 「건축법 시행령」별표 1 제23호의 교정 및 국방·군사시설

파. 「건축법 시행령」별표 1 제24호의 방송통신시설

하. 「건축법 시행령」별표 1 제25호의 발전시설

거. 「건축법 시행령」별표 1 제26호의 묘지관련시설

너. 「건축법 시행령」별표 1 제27호의 관광휴게시설

더. 「건축법 시행령」별표 1 제28호의 장례식장

## 2. 도시·군계획조례가 정하는 바에 의하여 건축할 수 있는 건축물

(4층 이하의 건축물에 한한다. 다만, 4층 이하의 범위 안에서 도시·군계획조례로 따로

층수를 정하는 경우에는 그 층수 이하의 건축물에 한한다)

가. 「건축법 시행령」별표 1 제2호의 공동주택(아파트를 제외한다)

나. 「건축법 시행령」별표 1 제4호의 제2종 근린생활시설 중 동호 나목

에 해당하는 것과 일반음식점 및 안마시술소

다. 「건축법 시행령」별표 1 제5호의 문화 및 집회시설

라. 「건축법 시행령」 별표 1 제6호의 종교시설

마. 「건축법 시행령」 별표 1 제7호의 판매시설 중 다음의 어느 하나에
  해당하는 것

  ① 「농수산물유통 및 가격안정에 관한 법률」 제2조에 따른 농수산
    물공판장

  ② 「농수산물유통 및 가격안정에 관한 법률」 제68조제2항에 따른
    농수산물직판장으로서 해당용도에 쓰이는 바닥면적의 합계가
    1만제곱미터 미만인 것(「농어업·농어촌 및 식품산업 기본법」 제3조제2
    호 및 제4호에 따른 농업인·어업인 및 생산자단체, 같은 법 제25조에 따른 후
    계농어업경영인, 같은 법 제26조에 따른 전업농어업인 또는 지방자치단체가
    설치·운영하는 것에 한한다)

  ③ 지식경제부장관이 관계중앙행정기관의 장과 협의하여 고시하
    는 대형할인점 및 중소기업공동판매시설

바. 「건축법 시행령」 별표 1 제8호의 운수시설

사. 「건축법 시행령」 별표 1 제9호의 의료시설 중 종합병원·병원·치
  과병원 및 한방병원

아. 「건축법 시행령」 별표 1 제10호의 교육연구시설 중 직업훈련소 및
  학원

자. 「건축법 시행령」 별표 1 제15호의 숙박시설로서 「관광진흥법」에 따
  라 지정된 관광지 및 관광단지에 건축하는 것

차. 「건축법 시행령」 별표 1 제17호의 공장 중 다음의 어느 하나에 해
  당하는 것

  ① 첨단업종의 공장, 지식산업센터, 도정공장 및 식품공장(「농어

업·농어촌 및 식품산업 기본법」 제3조제6호에 따른 농수산물을 직접 가공하

여 음식물을 생산하는 것으로 한정한다)과 읍·면지역에 건축하는 제

재업의 공장으로서 별표 16 제2호 아목 ① 내지 ⑤의 어느 하나

에 해당하지 아니하는 것

② 「공익사업을 위한 토지 등의 취득 및 보상에 관한 법률」에 따른

공익사업 및 「도시개발법」에 따른 도시개발사업으로 해당 특별

시·광역시·시 및 군 지역으로 이전하는 레미콘 또는 아스콘

공장

카. 「건축법 시행령」 별표 1 제18호가목의 창고(농업·임업·축산업·수산

업용으로 쓰는 것은 제외한다) 및 같은 호 라목의 집배송시설

타. 「건축법 시행령」 별표 1 제19호의 위험물저장 및 처리시설

파. 「건축법 시행령」 별표 1 제20호의 자동차관련시설


## 높이

앞의 건축할 수 있는 건축물의 괄호에서 알수 있듯이 4층 이하를 적용하

고 있다.

# 보전관리지역 농지의 개발

## 보전관리지역 농지 사례

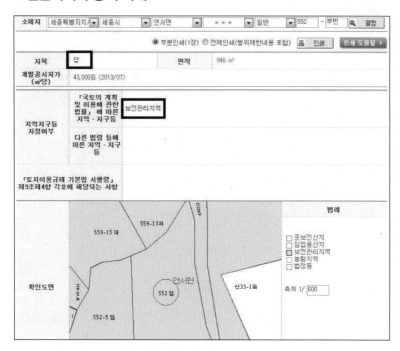

## 농업진흥지역 밖에 있는 농지

해당 농지는 토지이용계획확인서상의 「다른 법령 등에 따른 지역·지구 등」란에 '농업진흥구역〈농지법〉' 이나 '농업보호구역〈농지법〉'의 표시가 없으므로 농업진흥지역 밖의 농지에 해당한다.

## 건폐율

국토계획법 및 해당 「도시 · 군 계획조례」에 의하여 건폐율 20% 이하를 적용한다.

## 용적률

국토계획법에 정한 용적률 "50% 이상 80% 이하"의 범위 내에서 「도시 · 군 계획조례」로 정한 용적률을 적용한다.

## 건축할 수 있는 건축물

허용행위 열거방식을 적용하고 있다. 따라서, 아래에서 열거된 건축물을 건축할 수 있으며 열거되지 않은 건축물은 건축할 수 없다.

### 1. 건축할 수 있는 건축물

(4층 이하의 건축물에 한한다. 다만, 4층 이하의 범위 안에서 도시 · 군계획조례로 따로 층수를 정하는 경우에는 그 층수 이하의 건축물에 한한다)

가. 「건축법 시행령」 별표 1 제1호의 단독주택

나. 「건축법 시행령」 별표 1 제10호의 교육연구시설 중 초등학교

다. 「건축법 시행령」 별표 1 제23호의 교정 및 국방 · 군사시설

### 2. 도시 · 군계획조례가 정하는 바에 의하여 건축할 수 있는 건축물

(4층 이하의 건축물에 한한다. 다만, 4층 이하의 범위 안에서 도시 · 군계획조례로 따로

층수를 정하는 경우에는 그 층수 이하의 건축물에 한한다)

가. 「건축법 시행령」 별표 1 제3호의 제1종 근린생활시설(휴게음식점 및
제과점을 제외한다)

나. 「건축법 시행령」 별표 1 제4호의 제2종 근린생활시설(동호 나목 및 사
목에 해당하는 것과 일반음식점 및 단란주점을 제외한다)

다. 「건축법 시행령」 별표 1 제6호의 종교시설 중 종교집회장

라. 「건축법 시행령」 별표 1 제9호의 의료시설

마. 「건축법 시행령」 별표 1 제10호의 교육연구시설 중 유치원·중고등학교

바. 「건축법 시행령」 별표 1 제11호의 노유자시설

사. 「건축법 시행령」 별표 1 제18호가목의 창고(농업·임업·축산업·수산
업용만 해당한다)

아. 「건축법 시행령」 별표 1 제19호의 위험물저장 및 처리시설

자. 「건축법 시행령」 별표 1 제21호의 동물 및 식물관련시설 중 동호
가목 및 마목 내지 아목에 해당하는 것

차. 「건축법 시행령」 별표 1 제24호의 방송통신시설

카. 「건축법 시행령」 별표 1 제25호의 발전시설

타. 「건축법 시행령」 별표 1 제26호의 묘지관련시설

파. 「건축법 시행령」 별표 1 제28호의 장례식장

## 높이

앞의 건축할 수 있는 건축물의 괄호에서 알수 있듯이 4층 이하를 적용하
고 있다.

# 생산관리지역 농지의 개발

## 생산관리지역 농지 사례

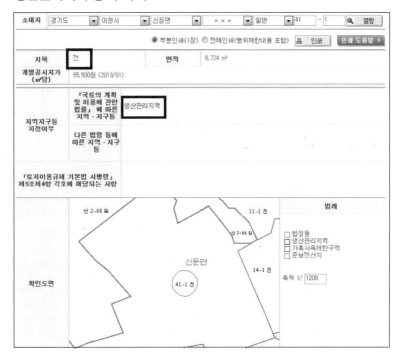

## 농업진흥지역 밖에 있는 농지

해당 농지는 토지이용계획확인서상의 「다른 법령 등에 따른 지역·지구
등」란에 '농업진흥구역〈농지법〉' 이나 '농업보호구역〈농지법〉'의 표시가
없으므로 농업진흥지역 밖의 농지에 해당한다.

## 건폐율

국토계획법 및 해당 「도시 · 군 계획조례」에 의하여 건폐율 20% 이하를 적용한다.


## 용적률

국토계획법에 정한 용적률 "50% 이상 80% 이하"의 범위 내에서 「도시 · 군 계획조례」로 정한 용적률을 적용한다.


## 건축할 수 있는 건축물

허용행위 열거방식을 적용하고 있다. 따라서, 아래에서 열거된 건축물을 건축할 수 있으며 열거되지 않은 건축물은 건축할 수 없다.


### 1. 건축할 수 있는 건축물

(4층 이하의 건축물에 한한다. 다만, 4층 이하의 범위 안에서 도시 · 군계획조례로 따로 층수를 정하는 경우에는 그 층수 이하의 건축물에 한한다)

가. 「건축법 시행령」 별표 1 제1호의 단독주택

나. 「건축법 시행령」 별표 1 제3호의 제1종 근린생활시설 중 같은 호 가목, 아목 및 차목에 해당하는 것

다. 「건축법 시행령」 별표 1 제10호의 교육연구시설 중 초등학교

라. 「건축법 시행령」 별표 1 제13호의 운동시설 중 운동장

마. 「건축법 시행령」 별표 1 제18호가목의 창고(농업 · 임업 · 축산업 · 수산업

용만 해당한다)

바.「건축법 시행령」별표 1 제21호의 동물 및 식물관련시설 중 동호 마목 내지 아목에 해당하는 것

사.「건축법 시행령」별표 1 제23호의 교정 및 국방·군사시설

아.「건축법 시행령」별표 1 제25호의 발전시설

## 2. 도시·군계획조례가 정하는 바에 의하여 건축할 수 있는 건축물

(4층 이하의 건축물에 한한다. 다만, 4층 이하의 범위 안에서 도시·군계획조례로 따로 층수를 정하는 경우에는 그 층수 이하의 건축물에 한한다)

가.「건축법 시행령」별표 1 제2호의 공동주택(아파트를 제외한다)

나.「건축법 시행령」별표 1 제3호의 제1종 근린생활시설(같은 호 가목·나목·아목 및 차목에 해당하는 것을 제외한다)

다.「건축법 시행령」별표 1 제4호의 제2종 근린생활시설(동호나목 및 사목에 해당하는 것과 일반음식점 및 단란주점을 제외한다)

라.「건축법 시행령」별표 1 제7호의 판매시설(농업·임업·축산업·수산업 용에 한한다)

마.「건축법 시행령」별표 1 제9호의 의료시설

바.「건축법 시행령」별표 1 제10호의 교육연구시설 중 유치원·중학교·고등학교 및 교육원(농업·임업·축산업·수산업과 관련된 교육시설에 한한다)

사.「건축법 시행령」별표 1 제11호의 노유자시설

아.「건축법 시행령」별표 1 제12호의 수련시설

자.「건축법 시행령」별표 1 제17호의 공장(동시행령 별표 1 제4호의 제2종 근

린생활시설 중 제조업소를 포함한다) 중 도정공장 및 식품공장(「농어업·농어촌 및 식품산업 기본법」 제3조제6호에 따른 농수산물을 직접 가공하여 음식물을 생산하는 것으로 한정한다)과 읍·면지역에 건축하는 제재업의 공장으로서 다음의 어느 하나에 해당하지 아니하는 것

① 「대기환경보전법」 제2조제9호에 따른 특정대기유해물질을 배출하는 것

② 「대기환경보전법」 제2조제11호에 따른 대기오염물질배출시설에 해당하는 시설로서 같은 법 시행령 별표 1에 따른 1종사업장 내지 3종사업장에 해당하는 것

③ 「수질 및 수생태계 보전에 관한 법률」 제2조제8호에 따른 특정수질유해물질을 배출하는 것. 다만, 동법 제34조에 따라 폐수무방류배출시설의 설치허가를 받아 운영하는 경우를 제외한다.

④ 「수질 및 수생태계 보전에 관한 법률」 제2조제10호에 따른 폐수배출시설에 해당하는 시설로서 같은 법 시행령 별표 13에 따른 제1종사업장부터 제4종사업장까지 해당하는 것

차. 「건축법 시행령」 별표 1 제19호의 위험물저장 및 처리시설

카. 「건축법 시행령」 별표 1 제20호의 자동차관련시설 중 동호 사목 및 아목에 해당하는 것

타. 「건축법 시행령」 별표 1 제21호의 동물 및 식물관련시설 중 동호 가목 내지 라목에 해당하는 것

파. 「건축법 시행령」 별표 1 제22호의 분뇨 및 쓰레기처리시설

하. 「건축법 시행령」 별표 1 제24호의 방송통신시설

거. 「건축법 시행령」 별표 1 제26호의 묘지관련시설

너. 「건축법 시행령」 별표 1 제28호의 장례식장

## 높이

앞의 건축할 수 있는 건축물의 괄호에서 알수 있듯이 4층 이하를 적용하고 있다.

# 계획관리지역 농지의 개발

## 계획관리지역 농지 사례

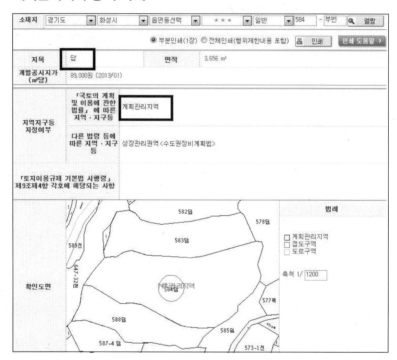

## 농업진흥지역 밖에 있는 농지

해당 농지는 토지이용계획확인서상의 「다른 법령 등에 따른 지역·지구
등」란에 '농업진흥구역〈농지법〉' 이나 '농업보호구역〈농지법〉'의 표시가
없으므로 농업진흥지역 밖의 농지에 해당한다.

## 건폐율

국토계획법 및 해당 「도시 · 군 계획조례」에 의하여 건폐율 20% 이하를 적용한다.

## 용적률

국토계획법에 정한 용적률 "50% 이상 100% 이하"의 범위 내에서 「도시 · 군 계획조례」로 정한 용적률을 적용한다.

## 건축할 수 있는 건축물

금지행위 열거방식을 적용하고 있다. 따라서, 아래에서 금지대상으로 열거된 건축물은 건축할 수 없으며, 열거되지 않은 건축물은 건축할 수 있다.

### 1. 건축할 수 없는 건축물

  가. 4층을 초과하는 모든 건축물

  나. 「건축법 시행령」 별표 1 제2호의 공동주택 중 아파트

  다. 「건축법 시행령」 별표 1 제3호의 제1종 근린생활시설 중 휴게음식점 및 제과점으로서 국토교통부령으로 정하는 기준에 해당하는 지역에 설치하는 것

  라. 「건축법 시행령」 별표 1 제4호의 제2종 근린생활시설 중 일반음식점 · 휴게음식점 · 제과점으로서 국토교통부령으로 정하는 기준에

해당하는 지역에 설치하는 것과 단란주점

마. 「건축법 시행령」 별표 1 제7호의 판매시설(성장관리방안이 수립된 지역
　　에 설치하는 판매시설로서 그 용도에 쓰이는 바닥면적의 합계가 3천제곱미터 미만
　　인 경우는 제외한다)

바. 「건축법 시행령」 별표 1 제14호의 업무시설

사. 「건축법 시행령」 별표 1 제15호의 숙박시설로서 국토교통부령으로
　　정하는 기준에 해당하는 지역에 설치하는 것

아. 「건축법 시행령」 별표 1 제16호의 위락시설

자. 「건축법 시행령」 별표 1 제17호의 공장 중 다음의 어느 하나에 해당
　　하는 것(「공익사업을 위한 토지 등의 취득 및 보상에 관한 법률」에 따른 공익사업
　　및 「도시개발법」에 따른 도시개발사업으로 해당 특별시 · 광역시 · 특별자치시 · 특별
　　자치도 · 시 또는 군의 관할구역으로 이전하는 레미콘 또는 아스콘 공장은 제외한다)

　　① 별표 19 제2호자목 ①부터 ④까지에 해당하는 것. 다만, 인쇄 ·
　　　　출판시설이나 사진처리시설로서 「수질 및 수생태계 보전에 관
　　　　한 법률」 제2조제8호에 따라 배출되는 특정수질유해물질을 모
　　　　두 위탁처리하는 경우는 제외한다.

　　② 화학제품제조시설(석유정제시설을 포함한다). 다만, 물 · 용제류 등
　　　　액체성 물질을 사용하지 않고 제품의 성분이 용해 · 용출되지
　　　　않는 고체성 화학제품제조시설은 제외한다.

　　③ 제1차금속 · 가공금속제품 및 기계장비제조시설 중 「폐기물관리
　　　　법 시행령」 별표 1 제4호에 따른 폐유기용제류를 발생시키는 것

　　④ 가죽 및 모피를 물 또는 화학약품을 사용하여 저장하거나 가공
　　　　하는 것

⑤ 섬유제조시설 중 감량 · 정련 · 표백 및 염색시설

⑥ 「수도권정비계획법」 제6조제1항제3호에 따른 자연보전권역 외의 지역 및 「환경정책기본법」 제38조에 따른 특별대책지역 외의 지역의 사업장 중 「폐기물관리법」 제25조에 따른 폐기물처리업 허가를 받은 사업장. 다만, 「폐기물관리법」 제25조제5항제5호부터 제7호까지의 규정에 따른 폐기물 중간 · 최종 · 종합재활용업으로서 특정수질유해물질이 배출되지 않는 경우는 제외한다.

⑦ 「수도권정비계획법」 제6조제1항제3호에 따른 자연보전권역 및 「환경정책기본법」 제38조에 따른 특별대책지역에 설치되는 부지면적(둘 이상의 공장을 함께 건축하거나 기존 공장부지에 접하여 건축하는 경우와 둘 이상의 부지가 너비 8미터 미만의 도로에 서로 접하는 경우에는 그 면적의 합계를 말한다) 1만제곱미터 미만의 것. 다만, 특별시장 · 광역시장 · 특별자치시장 · 특별자치도지사 · 시장 또는 군수가 1만5천제곱미터 이상의 면적을 정하여 공장의 건축이 가능한 지역으로 고시한 지역 안에 입지하는 경우는 제외한다.

## 2. 지역 여건 등을 고려하여 도시 · 군계획조례로 정하는 바에 따라 건축할 수 없는 건축물

가. 4층 이하의 범위에서 도시 · 군계획조례로 따로 정한 층수를 초과하는 모든 건축물

나. 「건축법 시행령」 별표 1 제2호의 공동주택(제1호나목에 해당하는 것은 제외한다)

다. 「건축법 시행령」 별표 1 제3호의 제1종 근린생활시설 중 휴게음식점

및 제과점으로서 도시 · 군계획조례로 정하는 지역에 설치하는 것

라. 「건축법 시행령」 별표 1 제4호의 제2종 근린생활시설 중 일반음식
점 · 휴게음식점 · 제과점으로서 도시 · 군계획조례로 정하는 지역
에 설치하는 것과 안마시술소 및 같은 호 사목에 해당하는 것

마. 「건축법 시행령」 별표 1 제5호의 문화 및 집회시설

바. 「건축법 시행령」 별표 1 제6호의 종교시설

사. 「건축법 시행령」 별표 1 제8호의 운수시설

아. 「건축법 시행령」 별표 1 제9호의 의료시설 중 종합병원 · 병원 · 치
과병원 및 한방병원

자. 「건축법 시행령」 별표 1 제10호의 교육연구시설 중 같은 호 다목부
터 마목까지에 해당하는 것

차. 「건축법 시행령」 별표 1 제13호의 운동시설(운동장은 제외한다)

카. 「건축법 시행령」 별표 1 제15호의 숙박시설로서 도시 · 군계획조례
로 정하는 지역에 설치하는 것

타. 「건축법 시행령」 별표 1 제17호의 공장 중 다음의 어느 하나에 해
당하는 것

　① 「수도권정비계획법」 제6조제1항제3호에 따른 자연보전권역 외
의 지역 및 「환경정책기본법」 제38조에 따른 특별대책지역 외
의 지역에 설치되는 경우(제1호자목에 해당하는 것은 제외한다)

　② 「수도권정비계획법」 제6조제1항제3호에 따른 자연보전권역 및
「환경정책기본법」 제38조에 따른 특별대책지역에 설치되는 것
으로서 부지면적(둘 이상의 공장을 함께 건축하거나 기존 공장부지에 접하
여 건축하는 경우와 둘 이상의 부지가 너비 8미터 미만의 도로에 서로 접하는

경우에는 그 면적의 합계를 말한다)이 1만제곱미터 이상인 경우

③「공익사업을 위한 토지 등의 취득 및 보상에 관한 법률」에 따른 공익사업 및「도시개발법」에 따른 도시개발사업으로 해당 특별시·광역시·특별자치시·특별자치도·시 또는 군의 관할구역으로 이전하는 레미콘 또는 아스콘 공장

파.「건축법 시행령」별표 1 제18호의 창고시설(창고 중 농업·임업·축산업·수산업용으로 쓰는 것은 제외한다)

하.「건축법 시행령」별표 1 제19호의 위험물 저장 및 처리 시설

거.「건축법 시행령」별표 1 제20호의 자동차 관련 시설

너.「건축법 시행령」별표 1 제27호의 관광 휴게시설

## 높이

앞의 건축할 수 있는 건축물의 괄호에서 알수 있듯이 4층 이하를 적용하고 있다.

# 농림지역 농지의 개발

## 건폐율

국토계획법 및 해당 「도시 · 군 계획조례」에 의하여 건폐율 40% 이하를 적용한다.

## 용적률

국토계획법에 정한 용적률 "50% 이상 80% 이하"의 범위 내에서 「도시 · 군 계획조례」로 정한 용적률을 적용한다.

## 건축할 수 있는 건축물

허용행위 열거방식을 적용하고 있다. 따라서, 아래에서 열거된 건축물을 건축할 수 있으며 열거되지 않은 건축물은 건축할 수 없다.

### 1. 건축할 수 있는 건축물

　　가. 「건축법 시행령」 별표 1 제1호의 단독주택으로서 현저한 자연훼손을 가져오지 아니하는 범위 안에서 건축하는 농어가주택

　　나. 「건축법 시행령」 별표 1 제3호의 제1종 근린생활시설 중 같은 호 아목 및 차목에 해당하는 것

　　다. 「건축법 시행령」 별표 1 제10호의 교육연구시설 중 초등학교

라. 「건축법 시행령」 별표 1 제18호가목의 창고(농업 · 임업 · 축산업 · 수산업용만 해당한다)

마. 「건축법 시행령」 별표 1 제21호의 동물 및 식물관련시설 중 동호 마목 내지 아목에 해당하는 것

바. 「건축법 시행령」 별표 1 제25호의 발전시설


## 2. 도시 · 군계획조례가 정하는 바에 의하여 건축할 수 있는 건축물

가. 「건축법 시행령」 별표 1 제3호의 제1종 근린생활시설(같은 호 나목, 아목 및 차목에 해당하는 것을 제외한다)

나. 「건축법 시행령」 별표 1 제4호의 제2종 근린생활시설(동호 나목 및 사목에 해당하는 것과 일반음식점 · 단란주점 및 안마시술소를 제외한다)

다. 「건축법 시행령」 별표 1 제5호의 문화 및 집회시설 중 동호 마목에 해당하는 것

라. 「건축법 시행령」 별표 1 제6호의 종교시설

마. 「건축법 시행령」 별표 1 제9호의 의료시설

바. 「건축법 시행령」 별표 1 제12호의 수련시설

사. 「건축법 시행령」 별표 1 제19호의 위험물저장 및 처리시설 중 액화석유가스충전소 및 고압가스충전 · 저장소

아. 「건축법 시행령」 별표 1 제21호의 동물 및 식물관련시설(동호 마목 내지 아목에 해당하는 것을 제외한다)

자. 「건축법 시행령」 별표 1 제22호의 분뇨 및 쓰레기처리시설

차. 「건축법 시행령」 별표 1 제23호의 교정 및 국방 · 군사시설

카. 「건축법 시행령」 별표 1 제24호의 방송통신시설

타. 「건축법 시행령」 별표 1 제26호의 묘지관련시설

파. 「건축법 시행령」 별표 1 제28호의 장례식장


▶ 여기서 유의할 점은 "「국토의 계획 및 이용에 관한 법률」 제76조제5항제3호에 따라 농림지역 중 농업진흥지역, 보전산지 또는 초지인 경우에 건축물이나 그 밖의 시설의 용도 · 종류 및 규모 등의 제한에 관하여는 각각 「농지법」, 「산지관리법」 또는 「초지법」에서 정하는 바에 따른다"는 것이다.

# 자연환경보전지역 농지의 개발

## 자연환경보전지역 농지 사례

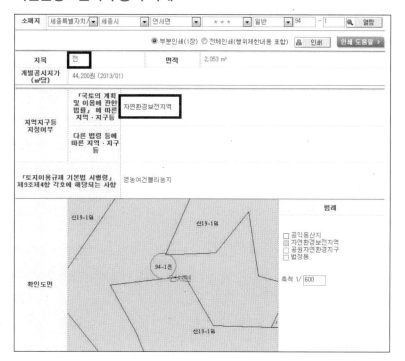

## 농업진흥지역 밖에 있는 농지

해당 농지는 토지이용계획확인서상의 「다른 법령 등에 따른 지역 · 지구
등」란에 '농업진흥구역〈농지법〉' 이나 '농업보호구역〈농지법〉'의 표시가
없으므로 농업진흥지역 밖의 농지에 해당한다.

## 건폐율

국토계획법 및 해당 「도시 · 군 계획조례」에 의하여 건폐율 20% 이하를 적용한다.


## 용적률

국토계획법에 정한 용적률 "50% 이상 80% 이하"의 범위 내에서 「도시 · 군 계획조례」로 정한 용적률을 적용한다.


## 건축할 수 있는 건축물

허용행위 열거방식을 적용하고 있다. 따라서, 아래에서 열거된 건축물을 건축할 수 있으며 열거되지 않은 건축물은 건축할 수 없다.


### 1. 건축할 수 있는 건축물

　가. 「건축법 시행령」 별표 1 제1호의 단독주택으로서 현저한 자연훼손을 가져오지 아니하는 범위 안에서 건축하는 농어가주택

　나. 「건축법 시행령」 별표 1 제10호의 교육연구시설 중 초등학교


### 2. 도시 · 군계획조례가 정하는 바에 의하여 건축할 수 있는 건축물

(수질오염 및 경관 훼손의 우려가 없다고 인정하여 도시 · 군계획조례가 정하는 지역내에서 건축하는 것에 한한다)

　가. 「건축법 시행령」 별표 1 제3호의 제1종 근린생활시설 중 같은 호

가목, 바목, 사목, 아목 및 차목에 해당하는 것

나. 「건축법 시행령」 별표 1 제4호의 제2종 근린생활시설 중 종교집회장으로서 지목이 종교용지인 토지에 건축하는 것

다. 「건축법 시행령」 별표 1 제6호의 종교시설로서 지목이 종교용지인 토지에 건축하는 것

라. 「건축법 시행령」 별표 1 제21호의 동물 및 식물관련시설 중 동호마목 내지 아목에 해당하는 것과 양어시설(양식장을 포함한다)

마. 「건축법 시행령」 별표 1 제23호라목의 국방·군사시설 중 관할 시장·군수 또는 구청장이 입지의 불가피성을 인정한 범위에서 건축하는 시설

바. 「건축법 시행령」 별표 1 제25호의 발전시설

사. 「건축법 시행령」 별표 1 제26호의 묘지관련시설

CHAPTER 23

# 개발제한구역 농지의 개발

## 개발제한구역이란?

개발제한구역(그린벨트)이란 도시의 무질서한 확산을 방지하고 도시주변의 자연환경을 보전하여 도시민의 건전한 생활환경을 확보하기 위하여 도시의 개발을 제한할 필요가 있거나 국방부장관의 요청이 있어 보안상 도시의 개발을 제한할 필요가 있다고 인정되는 경우에 국토교통부 장관이 도시·군관리계획으로 결정하는 구역을 말한다. 개발제한구역의 지정 또는 변경에 필요한 사항은 개발제한구역의 지정 및 관리에 관한 특별조치법(이한 '개발제한구역 특별법' 이라 한다)에서 정하고 있다.

## 현재 그린벨트가 존재하는 7대 대도시권

그린벨트는 아래와 같이 현재 7대 대도시권에만 존재하며 대부분 토지거래허가구역으로 지정되어 있다.

1. 수도권( 서울, 인천, 경기)

2. 부산권( 부산, 김해, 양산 )

3. 대구권( 대구시, 경북경산 )

4. 광주권( 광주, 전남나주시 )

5. 대전권( 대전, 공주, 계룡, 금산, 연기, 옥천, 청원 )

6. 울산권( 울산시 )

7. 마창진권( 마산, 창원, 진해 )

## 개발제한구역 농지 사례

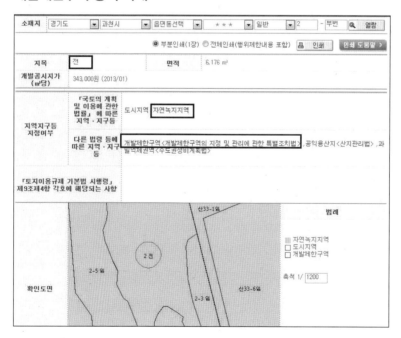

## 개발제한구역 토지의 확인

토지이용계획확인서에 「다른 법령 등에 따른 지역 · 지구 등」란에 개발제
한구역〈개발제한구역 특별법〉 이렇게 표시되어 있는 토지가 개발제한구
역 토지이다.

▶ 여기서 유의할 점은 국토계획법에 의하여 자연녹지지역으로 지정되어 있더라도 개발제한구역
토지에서는 앞에서 배운 국토계획법에 의한 자연녹지지역에서의 건축제한은 적용되지 않으며, 특
별법인 개발제한구역 특별법의 행위제한이 적용된다는 점이다.


## 개발제한구역 농지에서의 행위제한(건축제한)

개발제한구역 농지에서의 행위제한은 개발제한구역 특별법 시행령 〈별
표 1〉에서 규정하고 있다. 따라서, 개발제한구역 농지를 활용하여 어떤
행위를 할 수 있을 것인가는 다음의 표를 참조하여야 한다.

# 건축물 또는 공작물의 종류, 건축 또는 설치의 범위
## (제13조제1항 관련)

| 시설의 종류 | 건축 또는 설치의 범위 |
|---|---|
| 1. 개발제한구역의 보전 및 관리에 도움이 될 수 있는 시설 | |
| 가. 공공공지 및 녹지 | |
| 나. 하천 및 운하 | 하천부지에 설치하는 환경개선을 위한 자연생태시설, 수질개선시설, 홍보시설을 포함한다. |
| 다. 등산로, 산책로, 어린이 놀이터, 간이휴게소 및 철봉, 평행봉, 그 밖에 이와 비슷한 체력단련 시설 | 가) 국가 · 지방자치단체 또는 서울올림픽기념국민체육진흥공단이 설치하는 경우만 해당한다.<br>나) 간이휴게소는 33㎡ 이하로 설치하여야 한다. |
| 라. 실외체육시설 | 가) 「체육시설의 설치 · 이용에 관한 법률」 제6조에 따른 생활체육시설 중 배구장, 테니스장, 배드민턴장, 게이트볼장, 롤러스케이트장, 잔디(인조잔디를 포함한다. 이하 같다)축구장, 잔디야구장, 농구장, 야외수영장, 궁도장, 사격장, 승마장, 씨름장, 양궁장 및 그 밖에 이와 유사한 체육시설로서 건축물의 건축을 수반하지 아니하는 운동시설(골프연습장은 제외한다) 및 그 부대시설을 말한다.<br>나) 부대시설은 탈의실, 세면장, 화장실, 운동기구 보관창고와 간이휴게소를 말하며, 그 건축 연면적은 200㎡ 이하로 하되, 시설 부지면적이 2,000㎡ 이상인 경우에는 그 초과하는 면적의 1천분의 10에 해당하는 면적만큼 추가로 부대시설을 설치할 수 있다.<br>다) 승마장의 경우 실내마장, 마사 등의 시설을 2,000㎡ 이하의 규모로 설치할 수 있다. |
| 마. 시장 · 군수 · 구청장이 설치하는 소규모 실내 생활체육시설 | 가) 게이트볼장, 배드민턴장과 그 부대시설(관리실, 탈의실, 세면장, 화장실, 운동기구 보관창고와 간이휴게소를 말한다)을 설치할 수 있다.<br>나) 건축연면적은 부대시설을 포함하여 각각 600㎡ 이하의 규모로 설치하여야 한다.<br>다) 임야인 토지에는 설치할 수 없다. |

| | |
|---|---|
| 바. 실내체육관 | 가) 개발제한구역 면적이 전체 행정구역의 50% 이상인 시·군·구에만 설치하되, 설치할 수 있는 부지는 복구사업지역과 제2조의2제4항에 따라 개발제한구역 관리계획에 반영된 개수 이내에서만 설치할 수 있다.<br>나) 시설의 규모는 2층 이하(높이 22m 미만), 건축 연면적 5,000㎡ 이하로 한다. |
| 사. 골프장 | 가) 「체육시설의 설치·이용에 관한 법률 시행령」 별표 1의 골프장과 그 골프장에 설치하는 골프연습장을 포함한다.<br>나) 숙박시설은 설치할 수 없다.<br>다) 훼손된 지역이나 보전가치가 낮은 토지를 활용하는 등 자연환경을 보전할 수 있도록 국토해양부령으로 정하는 입지기준에 적합하게 설치하여야 한다. |
| 아. 휴양림, 산림욕장, 치유의 숲 및 수목원 | 가) 「산림문화·휴양에 관한 법률」에 따른 자연휴양림, 산림욕장 및 치유의 숲과 그 안에 설치하는 시설(산림욕장의 경우 체육시설은 제외한다)을 말한다.<br>나) 「수목원 조성 및 진흥에 관한 법률」에 따른 수목원과 그 안에 설치하는 시설을 말한다. |
| 자. 청소년수련시설 | 가) 국가 또는 지방자치단체가 설치하는 것으로서 「청소년활동진흥법」 제2조제2호에 따른 청소년활동시설 중 청소년수련관, 청소년수련원 및 청소년야영장만 해당한다.<br>나) 설치할 수 있는 지역 및 그 개수는 마목가)를 준용한다. |
| 차. 자연공원 | 「자연공원법」 제2조제1호에 따른 자연공원과 같은 법 제2조제10호에 따른 공원시설(이 영에서 설치가 허용되는 시설에 한정한다) |
| 카. 도시공원 | 「도시공원 및 녹지 등에 관한 법률」 제2조제3호에 따른 도시공원과 그 안에 설치하는 같은 조 제4호에 따른 공원시설(스키장 및 골프연습장은 제외한다)을 말한다. |
| 타. 잔디광장, 피크닉장 및 야영장 | 국가 또는 지방자치단체가 설치하는 경우로서 그 부대시설·보조시설(간이시설만 해당한다)을 설치할 수 있다. |
| 파. 탑 또는 기념비 | 가) 국가 또는 지방자치단체가 녹지조성과 병행하여 설치하는 것으로서 전적비와 충화탑 등을 포함한다.<br>나) 설치할 수 있는 높이는 5m 이하로 한다. |
| 하. 개발제한구역 관리·전시·홍보관련시설 | 개발제한구역을 합리적으로 보전·관리하고 관련 자료의 전시·홍보를 위한 시설을 말하며, 설치할 수 있는 지역은 「국토의 계획 및 이용에 관한 법률」 제10조에 따라 지정된 광역계획권별로 1개 시설(수도권은 2개)을 초과할 수 없다. |

| | |
|---|---|
| 거. 수목장림 | 「장사 등에 관한 법률」에 따른 수목장림을 말하며, 다음의 요건을 모두 갖춘 경우에만 설치할 수 있다.<br>가) 「장사 등에 관한 법률 시행령」 제21조제2항, 별표 5 제1호부터 제4호까지의 규정에 따른 수목장림에 한정할 것<br>나) 해당 시장 · 군수 · 구청장이 설치하려는 지역 주민의 의견을 청취하여 수립하는 배치계획에 따를 것<br>다) 수목장림 구역에는 보행로와 안내표지판을 설치할 수 있도록 하되, 수목장림 관리 · 운용에 필요한 사무실, 유족편의시설, 공동분향단, 주차장 등 필수시설은 최소한의 규모로 설치할 것 |
| 너. 방재시설 | 방풍설비, 방수설비, 방화설비, 사방(砂防)설비 및 방조설비를 말한다. |
| 더. 저수지 및 유수지 | |
| 러. 서바이벌게임 관련 시설 | 주민의 여가선용과 심신단련을 위하여 모의총기 등의 장비를 갖추고 모의전투를 체험하게 하는 모의전투체험장을 관리 · 운영하는 데 필요한 시설을 말하며, 관리사무실, 장비보관실, 탈의실, 세면장 및 화장실 등을 합하여 건축 연면적 300㎡ 이하로 설치할 수 있고, 이용자의 안전을 위하여 감시탑 및 그물망 등의 공작물을 설치할 수 있다. |
| 2. 개발제한구역을 통과하는 선형시설과 필수시설 | 가) 각 시설의 용도에 직접적으로 이용되는 시설과 이에 필수적으로 수반되어야만 기능이 발휘되는 시설로 한정한다.<br>나) 기반시설의 경우에는 도시계획시설로만 설치할 수 있다. 다만, 라목 및 마목의 경우에는 그러하지 아니하다. |
| 가. 철도 | |
| 나. 궤도<br>다. 도로 및 광장 | 차목 및 제4호의 국방 · 군사시설로 설치 · 운영하기 위한 경우로 한정한다.<br>고속국도에 설치하는 휴게소를 포함하며, 광장에는 교통광장, 경관광장만 해당한다. |
| 라. 삭제 〈2012.11.12〉 | |
| 마. 관개 및 발전용수로 | |
| 바. 삭제 〈2012.11.12〉 | |
| 사. 수도 및 하수도 | |
| 아. 공동구 | |
| 자. 전기공급시설 | 가) 「신에너지 및 재생에너지 개발 · 이용 · 보급 촉진법」 제2조 제1호가목에 따른 태양에너지 설비를 포함하되, 건축물에 설치하는 경우에는 도시 · 군계획시설로 설치하지 아니할 수 있다.<br>나) 옥내에 설치하는 변전시설의 경우 도시계획시설로 설치하지 아니할 수 있다. |

| | |
|---|---|
| 차. 전기통신시설 · 방송시설 및 중계탑 시설 | 도시계획시설만 해당한다. 다만, 중계탑 시설 및 바닥면적이 50㎡ 이하인 이동통신용 중계탑은 설치되는 시설의 수, 주변의 경관 등을 고려하여 시장 · 군수 · 구청장이 개발제한구역이 훼손되지 아니한다고 인정하는 경우에는 도시계획시설로 설치하지 아니할 수 있다. |
| 카. 송유관 | 「송유관 안전관리법」에 따른 송유관을 말한다. |
| 타. 집단에너지공급시설 | 「집단에너지사업법」에 따른 공급시설 중 열수송관(열원시설 및 같은 법 제2조제7호의 사용시설 안의 배관은 제외한다)을 말한다. |
| 파. 버스 차고지 및 그 부대시설 | 가) 「여객자동차 운수사업법 시행령」 제3조제1호에 따른 노선 여객자동차운송사업용 버스차고지 및 그 부대시설(자동차 천연가스 공급시설을 포함한다)에만 한정하며, 시외버스 운송사업용 버스 차고지 및 그 부대시설은 개발제한구역 밖의 기존 버스터미널이나 인근 지역에 버스차고지 등을 확보할 수 없는 경우에 만 설치할 수 있다. <br> 나) 노선 여객자동차운송사업용 버스차고지는 지방자치단체가 설치하여 임대하거나 「여객자동차 운수사업법」 제53조에 따른 조합 또는 같은 법 제59조에 따른 연합회가 도시계획시설로 설치하거나 그 밖의 자가 도시계획시설로 설치하여 지방자치단체에 기부채납하는 경우만 해당한다. <br> 다) 부대시설은 사무실 및 영업소, 정류소 및 기종점지, 차고설비, 차고부대시설, 휴게실 및 대기실만 해당하며, 기종점지에는 화장실, 휴게실 및 대기실 등 별도의 편의시설을 66㎡ 이하의 가설건축물로 설치할 수 있다. <br> 라) 시설을 폐지하는 경우에는 지체 없이 철거하고 원상복구하여야 한다. |
| 하. 가스공급시설 | 「도시가스사업법」에 따른 가스공급시설로서 가스배관시설만 설치할 수 있다. |
| 3. 개발제한구역에 입지하여야만 기능과 목적이 달성되는 시설 | 해당 시 · 군 · 구 관할 구역 내 개발제한구역 밖에 입지할 수 있는 토지가 없는 경우로서 이미 훼손된 지역에 우선 설치하여야 한다. |
| 가. 공항 | 도시계획시설에만 한정하며, 항공표지시설을 포함한다. |
| 나. 항만 | 도시계획시설에만 한정하며, 항로표지시설을 포함한다. |
| 다. 환승센터 <br> 라. 주차장 | 「국가통합교통체계효율화법」 제2조제13호의 시설로서 「대도시권 광역교통 관리에 관한 특별법」에 따른 대도시권 광역교통 시행계획에 반영된 사업에만 해당되며, 이 영에서 허용되는 시설을 부대시설로 설치할 수 있다. |

| | |
|---|---|
| 마. 학교 | 가) 신축할 수 있는 경우는 다음과 같다. 다만, 개발제한구역 밖의 학교를 개발제한구역으로 이전하기 위하여 신축하는 경우는 제외한다.<br>① 「유아교육법」 제2조제2호에 따른 유치원: 개발제한구역의 주민(제2조제3항제2호에 따라 개발제한구역이 해제된 취락주민을 포함한다)을 위한 경우로서 그 시설의 수는 시장·군수 또는 구청장이 개발제한구역 및 해제된 취락의 아동 수를 고려하여 수립하는 배치계획에 따른다.<br>② 「초·중등교육법」 제2조에 따른 초등학교(분교를 포함한다)·중학교·고등학교·특수학교<br>　(가) 개발제한구역에 거주하는 세대의 학생을 수용하는 경우와 같은 시·군·구(2㎞ 이내의 다른 시·군·구를 포함한다)에 거주하는 세대의 학생을 주로 수용하는 경우로 한정한다.<br>　(나) 사립학교는 국립·공립학교의 설립계획이 없는 경우에만 설치할 수 있다.<br>　(다) 임야인 토지에 설치할 수 없다.<br>　(라) 특수학교의 경우는 (가) 및 (나)를 적용하지 아니한다.<br>　(마) 복구사업지역과 제2조의2제4항에 따라 개발제한구역 관리계획에 제2조의3제1항제8호의 관리방안이 반영된 지역에 설치하는 경우에는 4층 이하로 설치하고, 옥상녹화 등 친환경적 대책을 마련하여야 한다.<br>나) 개발제한구역 또는 2000년 7월 1일 이전에 개발제한구역의 인접지에 이미 설치된 학교로서 개발제한구역의 인접지에 증축의 여지가 없는 경우에만 증축할 수 있다.<br>다) 농업계열 학교의 교육에 직접 필요한 실습농장 및 그 부대시설을 설치할 수 있다. |
| 바. 지역공공시설 | 가) 국가 또는 지방자치단체가 설치하는 보건소(「노인복지법」 제34조제1항제1호에 따른 노인요양시설을 병설하는 경우 이를 포함한다), 보건진료소<br>나) 노인요양시설[「노인복지법」 제34조제1항제1호 및 제2호의 시설을 말하며, 설치할 수 있는 지역 및 그 개수는 제1호바목가)를 준용한다]<br>다) 경찰파출소, 119안전신고센터, 초소<br>라) 「영유아보육법」 제2조제3호에 따른 어린이집로서 개발제한구역의 주민(제2조제3항제2호에 해당하여 개발제한구역에서 해제된 지역을 포함한다)을 위한 경우만 해당하며, 그 시설의 수는 시장·군수 또는 구청장이 개발제한구역의 아동 수를 고려하여 수립하는 배치계획에 따른다.<br>마) 도서관: 건축 연면적 1,000㎡ 이하의 규모로 한정한다. |
| 사. 국가의 안전·보안업무의 수행을 위한 시설 | |

| | |
|---|---|
| 아. 폐기물처리시설 | 가)「폐기물관리법」제2조제8호에 따른 시설을 말하며, 도시계획시설로 설치하는 경우에 한정한다.<br>나)「건설폐기물의 재활용촉진에 관한 법률」에 따른 폐기물 중간처리시설은 다음의 기준에 따라 설치하여야 한다.<br>① 토사, 콘크리트덩이와 아스팔트콘크리트 등의 건설폐기물을 선별·파쇄·소각처리 및 일시 보관하는 시설일 것<br>② 시장·군수·구청장이 설치·운영하여야 한다. 다만, 「건설폐기물의 재활용촉진에 관한 법률」제21조에 따른 건설폐기물 중간처리업 허가를 받은 자 또는 허가를 받으려는 자가 대지화되어 있는 토지 또는 폐천부지에 설치하는 경우에는 시·군·구당 3개소 이내로 해당 토지를 소유하고 도시계획시설로 설치하여야 한다.<br>③ 시설부지의 면적은 10,000㎡ 이상, 관리실 및 부대시설은 건축 연면적 66㎡ 이하일 것. 다만, 경비실은 조립식 공작물로 필요 최소한 규모로 별도로 설치할 수 있다.<br>④ 시설을 폐지하는 경우에는 지체 없이 이를 철거하고 원상복구할 것 |
| 자. 자동차 천연가스 공급 시설 | 가)「대기환경보전법」에 따른 자동차 천연가스 공급시설로서 그 부지면적은 3,300㎡ 이하로 하며, 부대시설로 세차시설을 설치할 수 있다.<br>나)「국토의 계획 및 이용에 관한 법률」에 따른 계획관리지역과 공업지역이 없는 시·군·구에만 설치할 수 있으며, 시설을 폐지하는 경우에는 지체 없이 이를 철거하고 원상복구하여야 한다. |
| 차. 유류저장 설비 | 「국토의 계획 및 이용에 관한 법률」에 따른 계획관리지역과 공업지역이 없는 시·군·구에만 설치할 수 있으며, 시설을 폐지하는 경우에는 지체 없이 이를 철거하고 원상복구하여야 한다. |
| 카. 기상시설 | 「기상법」제2조제13호에 따른 기상시설을 말한다. |
| 타. 장사 관련 시설 | 가) 공동묘지 및 화장시설을 신설하는 경우는 국가, 지방자치단체에 한정하며, 그 안에 봉안시설 및 장례식장을 포함하여 설치할 수 있다.<br>나) 가)에도 불구하고 봉안시설 또는 수목장림은 다음 중 어느 하나에 해당하는 경우, 국가 또는 지방자치단체가 신설하는 공동묘지 및 화장시설이 아닌 곳에 설치할 수 있다.<br>① 기존의 공동묘지 안에 있는 기존의 분묘만을 봉안시설로 전환·설치하는 경우<br>② 봉안시설을 사찰의 경내에 설치하는 경우<br>③ 가족·종중 또는 문중의 분묘를 정비(개발제한구역밖에 있던 분묘를 포함한다)하는 부지 안에서 봉안시설 또는 수목장림으로 전환·설치하는 경우<br>④ 수목장림을 사찰의 경내지에 설치하는 경우<br>다) 나)에 따라 봉안시설이나 수목장림으로 전환·설치하는 경우 정비된 분묘가 있던 기존의 잔여부지는 임야·녹지 등 자연친화적으로 원상복구하여야 한다. |

| | |
|---|---|
| 파. 환경오염방지시설 | |
| 하. 공사용 임시 가설건축물 및 임시시설 | 가) 공사용 임시 가설건축물은 법 제12조제1항 각 호 또는 법 제13조에 따라 허용되는 건축물 또는 공작물을 설치하기 위한 경우로서 2층 이하의 목조, 시멘트블록, 그 밖에 이와 비슷한 구조로 설치하여야 한다.<br>나) 임시시설은 공사를 위하여 임시로 도로를 설치하는 경우와 해당 공사의 사업시행자가 그 공사에 직접 소요되는 물량을 충당하기 위한 목적으로 해당 시·군·구에 설치하는 것으로 한정하며, 블록·시멘트벽돌·쇄석(해당 공사에서 발생하는 토석의 처리를 위한 경우를 포함한다), 레미콘 및 아스콘 등을 생산할 경우에 설치할 수 있다.<br>다) 공사용 임시 가설건축물 및 임시시설은 사용기간을 명시하여야 하고, 해당 공사가 완료된 경우에는 다른 공사를 목적으로 연장허가를 할 수 없으며, 사용 후에는 지체 없이 철거하고 원상복구하여야 한다. |
| 거. 동물보호시설 | 가) 「동물보호법」 제10조에 따른 시설을 말하며, 기존 동식물시설을 용도변경하거나 기존 동식물시설을 철거한 후 신축할 수 있다.<br>나) 가)에 따라 신축할 경우에는 철거한 기존 시설의 부지 전체 면적을 초과할 수 없다. |
| 너. 문화재의 복원과 문화재관리용 건축물 | 「문화재보호법」 제2조제1항제1호, 제3호 및 제4호에 따른 문화재에 한정한다. |
| 더. 경찰훈련시설 | 경찰기동대·전투경찰대 및 경찰특공대의 훈련시설로서 사격장, 헬기장 및 탐지견 등의 훈련시설과 부대시설에 한정한다. |
| 러. 택배화물 분류 관련 시설 | 가) 택배화물의 분류를 위한 것으로서 고가도로의 노면 밑의 부지를 활용(토지 형질변경을 포함한다)하는 경우만 해당한다.<br>나) 경계 울타리, 컨베이어벨트 및 비가림시설의 공작물과 100㎡ 이하의 관리용 가설건축물을 설치할 수 있다. |
| 4. 국방·군사시설 및 교정시설 | 가) 대통령 경호훈련장의 이전·신축을 포함한다.<br>나) 해당 시설의 용도가 폐지된 경우에는 지체 없이 이를 철거하고 원상복구하여야 한다. 다만, 국토교통부장관과 협의한 경우에는 그러하지 아니하다. |

| | |
|---|---|
| 5. 개발제한구역 주민의 주거ㆍ생활편익 및 생업을 위한 시설 | 가) 가목 및 나목의 경우에는 개발제한구역에서 농림업 또는 수산업에 종사하는 자가 설치하는 경우만 해당한다.<br>나) 이 영에서 정하는 사항 외에 축사, 콩나물 재배사, 버섯 재배사의 구조와 입지기준에 대하여는 시ㆍ군ㆍ구의 조례로 정할 수 있다.<br>다) 축사, 사육장, 콩나물 재배사, 버섯 재배사는 1가구[개발제한구역(제2조제3항제2호에 따라 개발제한구역에서 해제된 집단취락지역을 포함한다)에서 주택을 소유하면서 거주하는 1세대를 말한다. 이하 같다]당 1개 시설만 건축할 수 있다. 다만, 개발제한구역에서 2년 이상 계속 농업에 종사하고 있는 자가 이미 허가를 받아 설치한 축사, 사육장, 콩나물 재배사, 버섯 재배사를 허가받은 용도대로 사용하고 있는 경우에는 시ㆍ군ㆍ구의 조례로 정하는 바에 따라 영농계획에 부합하는 추가적인 건축을 허가할 수 있다. |
| 가. 동식물 관련 시설 | |
| 1) 축사 | 가) 축사(소ㆍ돼지ㆍ말ㆍ닭ㆍ젖소ㆍ오리ㆍ양ㆍ사슴ㆍ개 의 사육을 위한 건축물을 말한다)는 1가구당 기존 면적을 포함하여 1,000㎡ 이하로 설치하여야 한다. 이 경우 축사에는 33㎡ 이하의 관리실을 설치할 수 있고, 축사를 다른 시설로 용도변경하는 경우에는 관리실을 철거하여야 한다. 다만, 수도권과 부산권의 개발제한구역에 설치하는 축사의 규모는 상수원, 환경 등의 보호를 위하여 1,000㎡ 이하의 범위에서 국토교통부장관이 농림축산식품부장관 및 환경부장관과 협의하여 국토교통부령으로 정하는 바에 따른다.<br>나) 과수원 및 초지의 축사는 1가구당 100㎡ 이하로 설치하여야 한다.<br>다) 초지와 사료작물재배지에 설치하는 우마사(牛馬舍)는 초지 조성면적 또는 사료작물 재배면적의 1,000분의 5 이하로 설치하여야 한다.<br>라) 다음 어느 하나의 경우에 해당하는 지역에서는 축사의 설치를 허가 할 수 없다.<br>① 「가축분뇨의 관리 및 이용에 관한 법률」에 따라 가축의 사육이 제한된 지역<br>② 복구사업지역과 제2조의2제4항에 따라 개발제한구역 관리계획에 제2조의3제1항제8호의 관리방안이 반영된 지역<br>③ 법 제30조제2항에 따라 국토교통부장관으로부터 시정 명령에 관한 업무의 집행 명령을 받은 시ㆍ군ㆍ구 |
| 2) 잠실(蠶室) | 뽕나무밭 조성면적 2,000㎡당 또는 뽕나무 1,800주당 50㎡ 이하로 설치하여야 한다. |
| 3) 저장창고 | 소ㆍ말 등의 사육과 낙농을 위하여 설치하는 경우만 해당한다. |
| 4) 양어장 | 유지(溜池)ㆍ하천ㆍ저습지 등 농업생산성이 극히 낮은 토지에 설치하여야 한다. |

| | |
|---|---|
| 5) 사육장 | 꿩, 우렁이, 달팽이, 지렁이, 그 밖에 이와 비슷한 새·곤충 등의 사육을 위하여 임야 외의 토지에 설치하는 경우로서 1가구당 기존 면적을 포함하여 300㎡ 이하로 설치하여야 한다. |
| 6) 콩나물 재배사 | 가) 1가구당 기존면적으로 포함하여 300㎡ 이하로 설치하여야 한다.<br>나) 콩나물재배사에는 10㎡ 이하의 관리실을 설치할 수 있으며, 콩나물재배사를 다른 시설로 용도변경하는 경우에는 관리실을 철거하여야 한다.<br>다) 1)라)② 및 ③의 지역에서는 설치할 수 없다. |
| 7) 버섯 재배사 | 가) 1가구당 기존 면적을 포함하여 500㎡ 이하로 설치하여야 한다.<br>나) 1)라)② 및 ③의 지역에서는 설치할 수 없다. |
| 8) 퇴비사 및 발효퇴비장 | 기존 면적을 포함하여 300㎡(퇴비사 및 발효퇴비장의 합산면적을 말한다) 이하로 설치하되, 발효퇴비장은 유기농업을 위한 경우에만 설치할 수 있다. |
| 9) 육묘 및 종묘배양장 | |
| 10) 온실 | 수경재배·시설원예 등 작물재배를 위한 경우로서 재료는 유리, 플라스틱, 그 밖에 이와 비슷한 것을 사용하여야 하며, 그 안에 온실의 가동에 직접 필요한 기계실 및 관리실을 66㎡ 이하로 설치할 수 있다. |
| 나. 농수산물 보관 및 관리 관련 시설 | |
| 1) 창고 | 가) 개발제한구역의 토지를 소유하면서 영농에 종사하는 자가 개발제한구역의 토지 또는 그 토지와 일체가 되는 토지에서 생산되는 생산물 또는 수산물을 저장하기 위한 경우에는 기존 면적을 포함하여 150㎡ 이하로 설치하여야 한다. 이 경우 해당 토지면적이 10,000㎡를 초과하는 경우에는 그 초과하는 면적의 1,000분의 10에 해당하는 면적만큼 창고를 추가로 설치할 수 있다.<br>나) 「농어업경영체 육성 및 지원에 관한 법률」 제16조에 따른 영농조합법인 및 같은 법 제19조에 따른 농업회사법인이 개발제한구역의 농작업의 대행을 위하여 사용하는 농기계를 보관하기 위한 경우에는 기존 면적을 포함하여 200㎡ 이하로 설치하여야 한다. |
| 2) 담배 건조실 | 잎담배 재배면적의 1,000분의 5 이하로 설치하여야 한다. |
| 3) 임시 가설건축물 | 농림수산업용 기자재의 보관이나 농림수산물의 건조 또는 단순가공을 위한 경우로서 1가구당 기존 면적을 포함하여 100㎡ 이하로 설치하여야 한다. 다만, 해태건조처리장 용도의 경우에는 200㎡ 이하로 설치하여야 한다. |

| | |
|---|---|
| 4) 지역특산물가공작업장 | 「수질 및 수생태계 보전에 관한 법률」, 「대기환경보전법」 및 「소음·진동관리법」에 따라 배출시설의 설치허가를 받거나 신고를 하여야 하는 것이 아닌 경우로서 지역특산물(해당 지역에서 지속적으로 생산되는 농산물·수산물·축산물·임산물로서 시장·군수가 인정하여 공고한 것을 말한다)을 가공하기 위하여 1가구당 기존 면적을 포함하여 100㎡ 이하로 설치하여야 한다. 이 경우 지역특산물가공작업장을 설치할 수 있는 자는 다음과 같다.<br>가) 지정 당시 거주자<br>나) 5년 이상 거주자로서 해당 지역에서 5년 이상 지역 특산물을 생산하는 자 |
| 5) 관리용 건축물 | 가) 관리용 건축물을 설치할 수 있는 경우와 그 규모는 다음과 같다. 다만, ①·②·④에 따라 관리용 건축물을 설치하는 경우에는 생산에 직접 이용되는 토지 또는 양어장의 면적이 2,000㎡ 이상이어야 한다.<br>① 과수원, 초지, 유실수·원예·분재 재배지역에 설치하는 경우에는 생산에 직접 이용되는 토지면적의 1천분의 10 이하로서 기존 면적을 포함하여 66㎡ 이하로 설치하여야 한다.<br>② 양어장에 설치하는 경우에는 양어장 부지면적의 1천분의 10 이하로서 기존 면적을 포함하여 66㎡ 이하로 설치하여야 한다.<br>③ 「농어촌정비법」 제2조제16호다목에 따른 주말농원에 설치하는 경우에는 임대농지면적의 1천분의 10 이하로서 기존 면적을 포함하여 66㎡ 이하로 설치하여야 한다.<br>④ 「농어업경영체 육성 및 지원에 관한 법률」 제16조에 따른 영농조합법인 및 같은 법 제19조에 따른 농업회사법인이 개발제한구역의 농작업의 대행을 위하여 설치하는 경우에는 기존 면적을 포함하여 66㎡ 이하로 설치하여야 한다.<br>⑤ 어업을 위한 경우에는 정치망어업면허 또는 기선선인망어업허가를 받은 1가구당 기존 면적을 포함하여 66㎡ 이하로 설치하여야 한다.<br>나) 농기구와 비료 등의 보관과 관리인의 숙식 등의 용도로 쓰기 위하여 조립식 가설건축물로 설치하여야 하며, 주된 용도가 주거용이 아니어야 한다.<br>다) 관리용 건축물의 건축허가 신청 대상 토지가 신청인이 소유하거나 거주하는 주택을 이용하여 관리가 가능한 곳인 경우에는 건축허가를 하지 아니하여야 한다. 다만, 가)③·④의 경우에는 그러하지 아니하다.<br>라) 관리의 대상이 되는 시설이 폐지된 경우에는 1개월 이내에 관리용 건축물을 철거하고 원상복구하여야 한다.<br>마) 관리용 건축물의 부지는 당초의 지목을 변경할 수 없다. |

|  |  |
|---|---|
| 다. 주택(「건축법 시행령」 별표 1 제1호가목에 따른 단독주택을 말한다. 이하 이 호에서 같다) | 신축할 수 있는 경우는 다음과 같다.<br>가) 개발제한구역 지정 당시부터 지목이 대인 토지(이축된 건축물이 있었던 토지의 경우에는 개발제한구역 지정 당시부터 그 토지의 소유자와 건축물의 소유자가 다른 경우만 해당한다)와 개발제한구역 지정 당시부터 있던 기존의 주택[제24조에 따른 개발제한구역 건축물관리대장에 등재된 주택을 말한다. 이하 나) 및 다)에서 같다]이 있는 토지에만 주택을 신축할 수 있다.<br>나) 가)에도 불구하고 「농어업·농어촌 및 식품산업 기본법」 제3조제2호가목에 따른 농업인에 해당하는 자로서 개발제한구역에 기존 주택을 소유하고 거주하는 자는 영농의 편의를 위하여 자기 소유의 기존 주택을 철거하고 자기 소유의 농장 또는 과수원에 주택을 신축할 수 있다. 이 경우 생산에 직접 이용되는 토지의 면적이 10,000㎡ 이상으로서 진입로를 설치하기 위한 토지의 형질변경이 수반되지 아니하는 지역에만 주택을 신축할 수 있으며, 건축 후 농림수산업을 위한 시설 외로는 용도변경을 할 수 없다.<br>다) 가)에도 불구하고 다음의 어느 하나에 해당하는 경우에는 국토교통부령으로 정하는 입지기준에 적합한 곳에 주택을 신축할 수 있다.<br>① 기존 주택이 「공익사업을 위한 토지 등의 취득 및 보상에 관한 법률」에 따라 공익사업의 시행으로 인하여 더 이상 거주할 수 없게 된 경우로서 그 기존 주택의 소유자(같은 법에 따라 보상금을 모두 지급받은 자를 말한다)가 자기 소유의 토지(철거일 당시 소유권을 확보한 토지를 말한다)에 신축하는 경우<br>② 기존 주택이 재해로 인하여 더 이상 거주할 수 없게 된 경우로서 그 기존 주택의 소유자가 자기 소유의 토지(재해를 입은 날부터 6개월 이내에 소유권을 확보한 토지를 말한다)에 신축하는 경우<br>③ 개발제한구역 지정 이전부터 건축되어 있는 주택 또는 개발제한구역 지정 이전부터 다른 사람 소유의 토지에 건축되어 있는 주택으로서 토지소유자의 동의를 받지 못하여 증축 또는 개축할 수 없는 주택을 법 제12조제1항제2호에 따른 취락지구에 신축하는 경우 |

| | |
|---|---|
| 라. 근린생활시설 | 증축 및 신축할 수 있는 시설은 다음과 같다.<br>가) 주택을 용도변경한 근린생활시설 또는 1999년 6월 24일 이후에 신축된 근린생활시설만 증축할 수 있다.<br>나) 개발제한구역 지정 당시부터 지목이 대인 토지(이축된 건축물이 있었던 토지의 경우에는 개발제한구역 지정 당시부터 그 토지의 소유자와 건축물의 소유자가 다른 경우만 해당한다)와 개발제한구역 지정 당시부터 있던 기존의 주택(제24조에 따른 개발제한구역건축물관리대장에 등재된 주택을 말한다)이 있는 토지에만 근린생활시설을 신축할 수 있다. 다만, 「수도법」 제3조제2호에 따른 상수원의 상류 하천(「하천법」에 따른 국가하천 및 지방하천을 말한다)의 양안 중 그 하천의 경계로부터 직선거리 1㎞ 이내의 지역(「하수도법」 제2조제15호에 따른 하수처리구역은 제외한다)에서는 「한강수계 상수원수질개선 및 주민지원 등에 관한 법률」 제5조에 따라 설치할 수 없는 시설을 신축할 수 없다. |
| 1) 슈퍼마켓 및 일용품소매점 | |
| 2) 휴게음식점 · 제과점 및 일반음식점 | 휴게음식점 · 제과점 또는 일반음식점을 건축할 수 있는 자는 5년 이상 거주자 또는 지정 당시 거주자이어야 한다. 이 경우 건축물의 연면적은 300㎡ 이하이어야 하며, 인접한 토지를 이용하여 200㎡ 이하의 주차장을 설치할 수 있되, 휴게음식점 또는 일반음식점을 다른 용도로 변경하는 경우에는 주차장 부지를 원래의 지목으로 환원하여야 한다. |
| 3) 이용원 · 미용원 및 세탁소 | 세탁소는 공장이 부설된 것은 제외한다. |
| 4) 의원 · 치과의원 · 한의원 · 침술원 · 접골원 및 조산소<br>5) 탁구장 및 체육도장<br>6) 기원<br>7) 당구장<br>8) 금융업소 · 사무소 및 부동산중개업소 | |
| 9) 수리점 | 자동차부분정비업소, 자동차경정비업소(자동차부품의 판매 또는 간이수리를 위한 시설로서 「자동차관리법 시행령」 제12조제1항에 따른 자동차정비업시설의 종류에 해당되지 아니하는 시설을 말한다)를 포함한다. |
| 10) 사진관 · 표구점 · 학원 · 장의사 및 동물병원<br>11) 목공소 · 방앗간 및 독서실 | |

| 마. 주민 공동이용시설 | |
|---|---|
| 1) 마을 진입로, 농로, 제방 | 개발제한구역(제2조제3항제2호에 따라 집단취락으로 해제된 지역을 포함한다)의 주민이 마을 공동으로 축조(築造)하는 경우만 해당한다. |
| 2) 마을 공동주차장, 마을 공동작업장, 경로당, 노인복지관, 마을 공동회관 및 읍·면·동 복지회관 | 가) 지방자치단체가 설치하거나 마을 공동으로 설치하는 경우만 해당한다.<br>나) 읍·면·동 복지회관은 예식장 등 집회장, 독서실, 상담실, 그 밖에 읍·면·동 또는 마을단위 회의장 등으로 사용하는 다용도시설을 말한다. |
| 3) 공동구판장, 하치장, 창고, 농기계보관창고, 농기계수리소, 농기계용유류판매소, 선착장 및 물양장 | 가) 지방자치단체 또는 「농업협동조합법」에 따른 조합, 「산림조합법」에 따른 조합, 「수산업협동조합법」에 따른 수산업협동조합(어촌계를 포함한다)이 설치하거나 마을 공동으로 설치하는 경우만 해당한다.<br>나) 농기계수리소는 가설건축물 구조로서 수리용 작업장 외의 관리실·대기실과 화장실은 건축 연면적 30㎡ 이하로 설치할 수 있다.<br>다) 공동구판장은 지역생산물의 저장·처리·단순가공·포장과 직접 판매를 위한 경우로서 건축 연면적 1,000㎡ 이하로 설치하여야 한다. |
| 4) 공판장 및 화훼전시판매시설 | 가) 공판장은 해당 지역에서 생산되는 농산물의 판매를 위하여 「농업협동조합법」에 따른 지역조합(수도권과 광역시의 행정구역이 아닌 지역의 경우만 해당한다)이 설치하는 경우에만 해당한다.<br>나) 화훼전시판매시설은 시장·군수·구청장이 화훼의 저장·전시·판매를 위하여 설치하는 것을 말한다. |
| 5) 상여보관소, 간이휴게소, 간이쓰레기소각장, 어린이놀이터 및 유아원 | |
| 6) 간이 급수용 양수장 | |
| 7) 낚시터시설 및 그 관리용 건축물 | 가) 기존의 저수지 또는 유지를 이용하여 지방자치단체 또는 마을 공동으로 설치·운영하거나 기존의 양어장을 이용하여 5년 이상 거주자가 설치하는 경우만 해당한다.<br>나) 이 경우 낚시용 좌대, 비가림막 및 차양막을 설치할 수 있고, 50㎡ 이하의 관리실을 임시가설건축물로 설치할 수 있다. |
| 8) 미곡종합처리장 | 「농업협동조합법」에 따른 지역농업협동조합이 개발제한구역에 1천헥타르 이상의 미작 생산에 제공되는 농지가 있는 시·군·구에 설치(시·군·구당 1개소로 한정한다)하는 경우로서 건축 연면적은 부대시설 면적을 포함하여 2,000㎡ 이하로 설치하여야 한다. |

| | |
|---|---|
| 9) 목욕장 | 마을 공동으로 설치 · 이용하는 경우에만 해당한다. |
| 10) 휴게소(고속국도에 설치하는 휴게소는 제외한다), 주유소 및 자동차용 액화석유가스 충전소 | 가) 시장 · 군수 · 구청장이 수립하는 배치계획에 따라 시장 · 군수 · 구청장 또는 지정 당시 거주자가 국도 · 지방도 등 간선도로변에 설치하는 경우만 해당한다. 다만, 도심의 자동차용 액화석유가스 충전소(자동차용 액화석유가스 충전소 외의 액화석유가스 충전소를 겸업하는 경우를 포함한다. 이하 같다)를 이전하여 설치하는 경우에는 해당 사업자만 설치할 수 있다.<br>나) 지정 당시 거주자가 설치하는 경우에는 각각의 시설에 대하여 1회만 설치할 수 있다. 다만, 공공사업에 따라 철거되거나 기존 시설을 철거한 경우에는 그러하지 아니하다.<br>라) 휴게소 및 자동차용 액화석유가스 충전소의 부지면적은 3,300㎡ 이하로, 주유소의 부지면적은 1,500㎡ 이하로 한다. 이 경우 시장 · 군수 · 구청장 또는 지정 당시 거주자만이 주유소 및 자동차용 액화석유가스 충전소에는 세차시설을 설치할 수 있다.<br>마) 휴게소는 개발제한구역의 해당 도로노선 연장이 10㎞ 이내인 경우에는 설치되지 아니하도록 하여야 하며, 주유소 및 자동차용 액화석유가스 충전소의 시설 간 간격 등 배치계획의 수립기준은 국토교통부령으로 정한다. |
| 11) 버스 간이승강장 | 도로변에 설치하는 경우만 해당한다. |
| 12) 효열비, 유래비, 사당, 동상, 그 밖에 이와 비슷한 시설 | 마을 공동으로 설치하는 경우만 해당한다. |
| 바. 공중화장실 | |

# 개발제한구역과 이축권

## 공공이축권

### 1. 공공이축권이란?

이축권 발생 사유 중 공익사업의 시행으로 인해 건축물이 수용되는 경우에 발생하는 이축권이다. 일명 '자유이축권'이라고도 하고 대표적인 공익사업이 도로의 개설이기 때문에 '도로딱지' 또는 '길딱지'라고도 한다. 수용되는 건축물이 주택인 경우에는 그린벨트내 본인토지로 이축이 가능하다.

### 2. 공공이축권의 확인

중개나 매매시 딱히 공공이축권이라고 표시한 증명서는 존재하지 않는다. 다만 전후관계 사정을 통해서 이축권이 발생되어 있음을 알 수 있다. 다음과 같은 세 가지 정도를 가지고 확인해 볼 수 있다.

① 건축물 대장

건축물 대장에 등재되어 있는 건축물임을 확인할 수 있다. 무허가 건축물은 이축권 발생의 대상이 되지 않는다.

② 사업지정 고시문

해당 공익사업이 결정 고시된 공익사업임을 확인할 수 있다.

③ 편입확인서

토지와 건축물이 해당 공익사업에 포함되어 수용되는 것을 확인할 수 있다.

## 일반이축권

이축권 발생 사유 중 기존의 주택을 취락지구로 이전하여 신축하고자 하는 경우에 발생한다. 대게 개발제한구역 지정일 이전부터 타인의 토지위에 주택을 지어 살고 있다가 재산권행사를 위해 토지소유주가 철거를 요구함에 따라 주택을 옮겨야 하는 경우에 발생한다. 일명 '일반딱지'라고도 한다. 공공이축권과의 차이점은 반드시 그린벨트내 취락지구로 이전해야 한다는 점이다. 따라서 일반이축권은 반드시 해당 시·군에 활용할 수 있는 취락지구, 기왕이면 입지가 좋은 취락지구가 있어야 제 값을 받고 써먹을 수가 있다.


## 근린생활의 신축 및 증축

### 1. 근린생활시설의 증축 및 신축

근린생활시설의 증축 및 신축할 수 있는 시설은 다음과 같다.

① 주택을 용도변경한 근린생활시설 또는 1999년 6월 24일 이후에 신축된 근린생활시설만 증축할 수 있다.

② 개발제한구역 지정 당시부터 지목이 대인 토지(이축된 건축물이 있었던 토지의 경우에는 개발제한구역 지정 당시부터 그 토지의 소유자와 건축물의 소유자가 다른 경우만 해당한다)와 개발제한구역 지정 당시부터 있던 기존의 주택(개발제한구역 건축물관리대장에 등재된 주택을 말한다)이 있는 토지에만 근린생활시설을 신축할 수 있다.

## 2. 휴게음식점 · 제과점 및 일반음식점의 신축

휴게음식점 · 제과점 또는 일반음식점을 건축할 수 있는 자격은 5년 이상 거주자 또는 지정 당시 거주자이어야 한다. 이 경우 건축물의 연면적은 300㎡ 이하이어야 하며, 인접한 토지를 이용하여 300㎡ 이하의 주차장을 설치할 수 있되, 휴게음식점 또는 일반음식점을 다른 용도로 변경하는 경우에는 주차장 부지를 원래의 지목으로 환원하여야 한다. 결국 일반음식점을 건축할 수 있는 자격을 갖춘 사람에다 일반음식점이 가능한 이축권이 결합하였을 때 그린벨트 내 일반음식점이 탄생하게 되는 것이다.


## 개발제한구역 내에서 건축허가의 일반적 조건

1. 임야 또는 경지 정리된 농지는 건축물의 건축 또는 공작물의 설치를 위한 부지에서 가능하면 제외하여야 한다.
2. 건축물을 건축하기 위한 대지 면적이 60㎡ 미만인 경우에는 건축물의 건축을 허가하지 아니하여야 한다. 다만, 기존의 건축물을 개축하거나 재축 하는 경우에는 그러하지 아니하다.
3. 도로 · 상수도 및 하수도가 설치되지 아니한 지역에 대하여는 원칙적으로 건축물의 건축(건축물의 건축을 목적으로 하는 토지형질변경을 포함한다)을 허가하여서는 아니 된다. 다만, 무질서한 개발을 초래하지 아니하는 경우 등 시장 · 군수 · 구청장이 인정하는 경우에는 그러하지 아니하다.

## 개발제한구역 내에서 토지의 형질변경

1. 토지의 형질변경면적은 건축물의 건축면적 및 공작물의 바닥면적의 2배 이하로 한다. 다만, 다음의 경우에는 그 해당 면적으로 한다.

    ① 축사 및 미곡종합처리장은 바닥면적의 3배 이하

    ② 주택 또는 근린생활시설의 건축을 위하여 대지를 조성하는 경우에는 기존면적을 포함하여 330㎡ 이하

2. 개발제한구역에서 시행되는 공공사업에 대지(건축물 또는 공작물이 있는 토지를 말한다)의 일부가 편입된 경우에는 그 편입된 면적만큼 새로 대지를 조성하는 데 따르는 토지의 형질변경을 할 수 있다.